Alison Bell

OUT OF THE NÉANT

Loi n°49-956 du 16 juillet 1949 sur les publications destinées à la jeunesse.

© 2025 Alison Bell
Édition : BoD · Books on Demand,
31 avenue Saint-Rémy, 57600 Forbach, bod@bod.fr
Impression : Libri Plureos GmbH,
Friedensallee 273, 22763 Hamburg (Allemagne)
ISBN : 978-2-3225-6091-2
Dépôt légal : Avril 2025

Préface

Décembre 2022

J'ai envie d'écrire depuis longtemps, surtout depuis cette année, pour avoir vécu une année pour le moins compliquée.
Alors, je vous livre mon récit ici et on verra bien où cela m'emmènera. Je remercie surtout mon nouvel iPad de me permettre d'écrire en dictant, car cela va beaucoup plus vite, tout en saisissant l'essence de mes paroles et surtout de mes pensées.

Je suis sur le point de tenter une expérience qui me conduira jusqu'au bout de qui je suis, jusqu'au bout de toutes mes vies, en confiance et dans l'espoir de vraiment changer quelque chose en moi.

En 2022, j'ai vécu une année pleine, mais pas forcément de ce qui me passionne. J'ai voulu sauver mon entreprise en innovant, en créant un projet itinérant de caravane vintage, véhicule dont je suis tombée follement amoureuse. Mais le sort en a voulu autrement, car cette caravane m'a coûté toutes mes économies en achat et réparations, pour me rendre compte finalement que je n'avais pas assez de force pour conduire en la tractant.

Comme toujours dans la psychologie positive, je vais démarrer avec les réussites de cette année 2022.

- Premièrement, j'ai une nouvelle petite-fille, faisant de moi une *nan*[1] de deux merveilleuses petites. L'aînée, qui aura bientôt deux ans, apprend l'anglais avec moi, je lui dis un mot et elle le répète presque parfaitement dès la première fois et mon cœur chante.
- J'ai développé mes capacités en cartomancie, je ne suis ni voyante ni médium, j'interprète les cartes en ajoutant mes ressentis.
- Je me suis fait de nouvelles amies, mes amies existantes et les nouvelles ont été là pour moi pendant des moments durs où j'avais l'impression que tout ce que j'entreprenais échouait cette année.
- Je commence à être reconnue et appréciée pour mes qualités d'enseignante dans un organisme de cours en ligne et c'est avec beaucoup de surprise que je constate que je m'éclate avec mes élèves.
- Je vis seule, mais je ne souffre nullement de la solitude, car cette vie me convient et je suis en paix avec moi-même.
- Les choses que je ne veux plus en 2023, je les connais maintenant, surtout jamais dire « je ne veux plus vivre ça »,

---

[1] Nan : mamie en anglais

puisque sinon vous le vivrez. Dire « j'ai vu, j'ai vécu » et ne pas dire « je ne veux plus ». Dire plutôt « merci pour cette expérience, mais j'ai compris et je souhaite vivre d'autres expériences encore plus belles, Gratitude. »

Maintenant, je m'autorise à lister le négatif, car même les aspects moins agréables de nos vies peuvent se transformer en expérience positive.

- L'expérience la plus dure cette année pour moi a été la perte de mon petit chien Eskymo. Il vivait à mes côtés avec sa sœur depuis quatorze ans, mais une tumeur opérée et revenue rapidement a eu raison de lui. Quelques semaines après son décès, on m'a fait une communication animale et ce petit peureux est devenu un grand aventurier pour partir vers d'autres planètes en exploration. Tant mieux pour lui, pour moi il me manque tous les jours.

Le côté positif de cette expérience est que cela m'a permis de connaître la méthode EMDR[2], qui travaille sur les traumas et qui empêche la pérennisation de nos souffrances. Par ailleurs, j'ai

---

[2] L'intégration neuro-émotionnelle par les mouvements oculaires ou plus couramment EMDR, d'après l'anglais Eye Movement Desensitization and Reprocessing, est un type d'intervention à visée psychothérapeutique mis au point par Francine Shapiro à partir de 1987. Elle est utilisée aujourd'hui comme un des traitements pour la prise en charge du stress post-traumatique. Source : Wikipédia.

appris à apprécier encore plus la présence de ma petite chienne, Eidi, qui reste avec moi. Elle a aussi quatorze ans et j'ai l'intention qu'elle vive la plus joyeusement possible jusqu'à la fin.

Le manque d'activité pour mon entreprise dans le domaine du bien-être m'a vraiment coûté en début d'année. Néanmoins, pour cette fin d'année, je me sens en paix avec cette expérience de néant, quasi-néant. Récemment, après un tirage quantique avec une belle personne, qui est aujourd'hui devenue une nouvelle amie, j'ai compris que j'ai un contrat d'âme qui bloque mon évolution. Voilà ce qui va m'emmener à me diriger vers ma nouvelle expérience dans moins d'une semaine – l'hypnose régressive, selon la méthode de Dolores Cannon (QHHT®)[3].

Oublions donc le négatif, il se transforme en positif, car chaque expérience nous enseigne de nouvelles connaissances sur le monde et sur nous-même.

J'attends tellement cette nouvelle expérience et je lis énormément depuis cet été. En deux mois, j'ai lu onze livres, plus de livres que durant les dix dernières années, incroyable ! Aujourd'hui, par exemple, au lieu d'écrire, j'avais prévu de « picorer » ; j'ai trois livres en cours : un sur le développement personnel, un sur des vies

---

[3] *QHHT®* : Quantum Healing Hypnosis Technique[SM] de Dolores Canon. Hypnose regressive pour un voyage intérieur et une connexion avec le « Subconscient ».

antérieures lors d'hypnose régressive et un autre sur l'apprentissage de soi.

Quelle joie, quel épanouissement, cette nouvelle boulimie intellectuelle ! Comme si mon âme me criait, « tu sais déjà tout cela et tu as très envie de capter de nouvelles connaissances, instruis-toi rapidement et on te soufflera le reste. » Car oui, en plus de beaucoup lire, j'ai des formations en cours, j'ai fait une formation de *Remote Viewing*[4]. Le RV est un apprentissage pour maîtriser et stimuler son intuition. Je l'ai appris grâce au livre de Laurent Gounelle, *Intuito*[5] et il ne me reste plus qu'à m'entraîner beaucoup, pour apprendre à faire taire le mental et me connecter plus à mon intuition naturelle.

On m'a également proposé un complément de formation sur les enseignements de Grigori Grabovoï[6]. Cependant, je ne me sens pas prête à consacrer le temps nécessaire tout de suite, car les enseignements sont intenses et très denses. J'ai également la possibilité de refaire mon reiki[7] niveau un et de passer le reiki niveau deux. Je remercie Annie de me permettre de suivre sa

---

[4] *Remote Viewing :* une méthode avec protocole pour développer l'intuition naturelle, nous l'appellerons RV pour la suite.
[5] Laurent Gounelle, *Intuito,* Calmann Levy, *2021.*
[6] Grigori Grabovoï, d'origine russe et Docteur en sciences physico-mathématiques, académicien et auteur. Nommé "pilotage de la réalité", il a créé les SN - séries numériques ou combinaisons chiffrées, pour rétablir l'harmonie en nous et dans notre environnement.
[7] Le reiki est une méthode de guérison énergétique qui a pour objectif de d'harmoniser l'équilibre énergétique du corps avec des techniques de contact doux ou de positionnement des mains. Selon cette approche, l'énergie vitale circule à travers l'organisme, et toute perturbation ou altération de cette énergie pourrait être associée à des troubles du bien-être.

formation. Annie représente pour moi une si belle personne, mise sur mon chemin juste au moment où j'en avais besoin.

Alors, oui finalement, lorsqu'on fait le bilan d'une année, le positif dépasse toujours le négatif. Avec la bonne attitude, le négatif n'existe presque plus, car il est toujours transformé, transmuté vers une expérience plus lumineuse.

Jusqu'ici mes écrits ont toujours été inspirés ou intuitifs. Je ne sais pas si cette fois-ci c'est le cas, je n'ai pas l'impression de réfléchir, surtout que je n'utilise plus mes doigts, je dicte tout simplement. Ma voix est le vecteur par lequel je vous transmets ces paroles et en même temps le chien aboie et je m'amuse en pensant que mon iPad traduise l'aboiement en langage humain. Sans étonnement, cela ne fonctionne pas, la machine ne connaît pas le son animal, c'est bien dommage. Les voix des animaux n'ont pas encore totalement leur place dans ce monde d'humains.

Maintenant que je sais que je peux coucher mes pensées sur écran, pour ensuite vous les livrer, je pourrais vivre le rêve de transmettre de nouveau et pourquoi pas, éclairer votre chemin. Certaines parties de ce livre se liront comme un journal de bord, vous aurez une date et un moment vécu ou une pensée, un petit bout de l'instant présent. S'il y a une chose que j'ai apprise en écrivant ces mots, c'est que l'instant présent est le *seul* moment qui compte dans la vie, nous n'avons aucun pouvoir sur tout le reste.

Nota bene : Explications des pages blanches.

À la fin de chaque chapitre, vous trouverez une page blanche. Ce sont vos pages « silence » ou « ressentis ». Vous pouvez les utiliser de différentes façons, soit pour noter vos idées et appréciations du chapitre, sous forme de pense-bête. Soit lors d'une *méditation en pleine conscience*[8], à relever vos ressentis corporels et émotionnels, tout ce qui vous vient à la fin du chapitre. Vous pouvez aussi faire comme moi, extraire des phrases qui vous parlent, ou pourquoi pas, faire un petit croquis qui résume le chapitre (clin d'œil aux *croquis intuitif*[9] du RV).

NOTES

---

[8] Méditation en pleine conscience : la capacité d'être dans l'instant présent, tout en lâchant le mental, sans forcément avoir les yeux fermés.
[9] Croquis intuitif : on pose le crayon et on le laisse dessiner dans le but de nous aider à identifier la cible au début d'un travail de RV.

Introduction

L'aînée de deux enfants, je suis née en Angleterre, à côté de Liverpool, une nuit d'été en 1965. Mes parents m'aimaient et m'aiment encore ainsi que mon frère, de quatre ans mon cadet. Ils étaient commerçants et travaillaient de longues heures, sept jours sur sept. Mon père se levait tous les matins à cinq heures et rentrait tard, agacé et stressé par sa journée.

Petite fille, je l'aimais de tout mon cœur, papa et je l'aime toujours, ça va de soi, il fête ses quatre-vingt-dix ans cette année, en 2023. Pendant les vacances d'été, moments précieux et trop rares à mon goût, je me réjouissais du changement de son caractère. Papa était joyeux et drôle, parti le papa de tous les jours, hargneux et qui se plaignait de son épuisement. Mon papa « vacances » était le papa de tous les rires, de toutes les folies, loin du quotidien, il nous amusait en faisant le pitre avec un collant sur la tête et le haut de maillot de maman. Eh oui, drôle de tenue pour ce commerçant stressé et réservé trois cent cinquante jours par an !

Il était fier de moi et m'aidait dans mon chemin d'apprentissage vers l'amour de soi. Il me disait (en toute sincérité, avec son cœur de papa), ce que veulent entendre toutes les jeunes filles, « tu es belle ma fille, tu pourrais être mannequin » et il devenait photographe au bord de la piscine, immortalisant sa princesse sur pellicule.

Avec maman, c'était autre chose. Elle disait m'aimer, malgré son comportement presque jaloux à mon égard et mon frère, lui, était un « golden boy » (garçon doré littéralement ou le préféré) à ses yeux. Elle n'avait pas l'air d'apprécier les moments complices que je partageais avec papa, que ce soit lorsqu'on travaillait ensemble au magasin ou quand j'allais au club de tir avec lui. Eh oui, j'ai pratiqué le tir à la carabine pendant cinq années, afin de passer des moments privilégiés avec ce papa qui n'exprimait que trop peu ses sentiments. Je savais qu'il était fier de sa *Annie Oakley*[10], surtout le jour où j'ai obtenu le score de quatre-vingt-dix-huit sur cent en compétition. Mon frère avait tenté le tir une seule fois et il avait réussi à rompre la corde métallique qui tenait les cibles, sans arriver à toucher les cibles !

Un médium m'avait prédit il y a quelques années que mon père allait mourir (l'échéance est passée et il est encore là) et qu'il allait devenir mon ange gardien. Cette expérience a été un électrochoc et depuis ce jour je le pousse à exprimer ses émotions refoulées. Son cœur, déjà malade, souffre de voir sa femme depuis plus de soixante ans, dépérir.

---

[10] Annie Oakley : Américaine légendaire, connue pour sa précision au tir.

Maman a la maladie de Parkinson, depuis presque dix ans et un diagnostic plus précoce n'aurait pas vraiment changé la donne, sauf à son moral. Elle se laisse mourir, la déprime faisant partie de la pathologie, on la trouve souvent en pleurs, des larmes de désespoir d'avoir tout perdu. Les pertes de mobilité, d'envie d'avancer, de mémoire et d'énergie, transforment maman en une version amoindrie d'elle-même et cela lui est insupportable.

Papa souffre en silence. Il souffre d'avoir été soumis à cette femme autrefois forte et directive. Il n'osait pas exprimer ce qu'il avait sur le cœur, mais le médium m'a dit qu'il m'aimait très fort et je l'encourageais à le dire. Je les vois peu depuis que je vis en France, une ou deux fois par an, mais en vieillissant j'essaie de profiter de chaque instant avec eux. Je suis la brebis galeuse, celle qui a fui la patrie, qui a abandonné ses parents et mon père me l'exprime régulièrement.

En résumé, les deux femmes de sa vie le font souffrir, une par sa présence étouffante, l'autre par son absence. Je n'y avais jamais pensé, mais j'y pense à l'instant. Petite fille, je voyais mon père qui se laissait faire et lorsque je l'interrogeais à ce sujet il me disait vouloir avoir la vie tranquille. La vérité était que coexistait la personnalité éblouissante de ma mère à côté d'un mari très réservé et discret. Moi, je suis bien la fille de ma mère, électrique et je n'ai pas eu un modèle de père fort qui prenait les décisions dans un rôle de chef de famille.

Attention je ne porte aucun jugement sur mes parents, je n'ai pas de leçons à donner, ayant échoué dans toutes mes relations amoureuses. Mon frère lui, s'accroche à son couple, la même femme depuis toujours, même si dans son couple je vois des similitudes avec celui de mes parents.

Avec mon frère, j'étais plutôt dure. De quatre ans mon cadet, je lui en ai fait des misères le pauvre, dont certaines que j'ai même trop honte pour raconter ici ! Nous avions toutes les semaines notre « quota » de bonbons du magasin et mon frère s'empressait de s'empiffrer dès le samedi soir, mais moi j'étais beaucoup plus maligne que ça. Mon « quota » de bonbons devenait alors mon argent de poche, car, attendant quelques jours, je les vendais ensuite à mon petit frère et plus cher qu'ils ne valaient. Commerçante dans l'âme j'avais tout de même un peu honte, mais les affaires étaient les affaires, même avec mon frère !

Je l'aimais pourtant, mon petit blondinet de frère (mon fils, petit, lui ressemblait comme deux gouttes d'eau). Assez garçon manqué, je préférais jouer avec ses *Action Man*[11] et ses *Dinky Toys*[12] car les poupées aux robes scintillantes, j'en avait horreur. Je m'amusais même à m'asseoir à l'envers sur les w.-c. parfois, pensant que les garçons faisaient ainsi, juste pour voir comment c'était de faire pipi

---

[11] Action man : figurines soldats articulées de 30 cm commercialisées de 1966 à 1984 au Royaume-Uni.
[12] Dinky toys : la référence du jouet en métal injecté au 1/43 (notamment les petites voitures).

comme un garçon. Eh oui, j'étais une petite fille pas tout à fait comme les autres !

Ma vie n'a jamais été banale et depuis longtemps on m'encourage à la raconter, chose faite, mais sous forme de chemin-parcours vers la compréhension de soi et de ce monde et l'amour. Cela dit, mon récit n'est pas un journal de bord à la Bridget Jones, même si ce personnage britannique me plaît beaucoup. J'ai beaucoup ri de mes propres mésaventures, on me dit que l'autodérision n'est pas à la portée de tout le monde, j'en suis donc fière d'en rire.

Chapitre 1 – Être ou ne pas être

« Être ou ne pas être ? » c'est bien la question, ajoutez « qui suis-je ? » et on arrive à mes interrogations actuelles. Combien de personnes ont des certitudes à propos de qui elles sont, qui elles veulent devenir ou qui elles ont été ? Pour l'interrogation sur qui je suis, j'aurais certainement un élément de réponse à la fin de la semaine lors de ma séance d'hypnose régressive.

En ce qui concerne la célèbre phrase « être ou ne pas être ? », je pourrais en écrire un livre pour répondre à cette question à elle toute seule. Nous sommes si nombreux à passer notre temps à *faire* plutôt qu'*être*, on me l'a suffisamment dit d'apprendre à *être, juste être,* souffler et prendre le temps. *Rire.* J'avais commencé ce chapitre en tapant sur le clavier de mon iPad, ayant déjà oublié cette magnifique technologie de *dictatexte.* Je ne sais pas si le terme existe, sinon je viens de l'inventer.

Mon amie qui devait nous former en reiki d'ici quelques jours est alitée avec la grippe. Quand le corps veut nous calmer, il ne nous rate pas ! J'ai commencé des séances d'acuponcture il y a quelques semaines, car des douleurs constantes me rappellent que j'ai encore des choses à entendre. Pour certaines zones je connais la correspondance émotionnelle, chaque partie du corps correspond à des émotions mal gérées, ou des blessures non comprises. Mes cervicales, j'en souffre depuis longtemps, à la suite d'un accident de voiture lors de mon adolescence, mais ce n'est pas la seule raison de mes douleurs. Pour les affections des cervicales et des épaules, il s'agit des personnes qui se mettent trop la pression, j'en fais partie, perfectionniste dans l'âme. La tendinite au coude est plus récente, mais je la traîne depuis un moment. D'après Jacques Martel dans *Le grand dictionnaire des malaises et maladies*[13] (j'ai eu la grande joie de rencontrer Jacques lors d'un moment privilégié dans un magasin ésotérique à Limoges l'année dernière), la tendinite représente la rigidité. Il est vrai que mes anciennes collègues m'appelaient parfois « la psychorigide », je n'étais pas encore totalement ouverte au monde et j'avais des idées reçues sur un grand nombre de sujets. Cela s'appelle aussi des croyances limitantes et nous en avons forcément, ce sont des programmations survenues pendant notre enfance.

Pour rester sur le thème de la santé, j'écoutais récemment une émission de Dolores Cannon, sur la fameuse chaîne de vidéo dont je ne citerai pas pour ne pas faire de la publicité. La vidéo était intitulée « changement et création de notre réalité », je pense. Elle parlait de ce sujet tellement à la mode qui est la loi de l'attraction, la pensée positive et comment manifester le tout dans notre réalité. Pendant le début de la vidéo je me disais, « elle est très intéressante

---

[13] Jacques Martel, *Le grand dictionnaire des malaises et maladies*, Quintessence, 2007.

cette dame, mais tout ce qu'elle raconte je le sais déjà. ». Puis ma petite voix intérieure me soufflait « Oui, mais est-ce que tu mets toujours cela en pratique ? ».

Ma réponse à moi-même fut d'énumérer les différentes étapes de ce processus.

1. Décrire ce qu'on souhaite voir arriver dans sa vie
2. Croire qu'on pourra l'obtenir
3. Le vouloir réellement et se sentir légitime de le demander
4. Le décrire très précisément pour n'omettre aucun détail au risque que l'Univers comble le vide par quelque chose qu'on ne souhaite pas
5. Demander la manifestation de cette réalité, en donnant un temps ou une date
6. Surtout ne pas visualiser comment cela va se réaliser, la provenance de ce qu'on a demandé. Si vous cherchez à savoir d'où vient ce cadeau qu'on vous envoie et bien on ne vous l'enverra pas !
7. Croire, surtout croire que ce qu'on demande est réalisable, si vous demandez l'impossible pour vous, il le sera.

Et là vous me dites, « oui, mais nous aussi nous savons tout ça, nous l'avons déjà essayé, rien n'a fonctionné. » « Idem », ai-je envie de vous répondre. Mais lorsque j'entends Dolores Cannon parler de sa difficulté à faire publier ses livres, ses échecs, les refus qu'elle a essuyés maintes fois, j'ouvre un peu plus grand les oreilles. Elle raconte une anecdote puis deux, puis trois et je suis captivée et vite conquise.

Un homme lui écrit à la sortie d'un de ses livres, *Conversations with Nostradamus : His Prophecies Explained 1 - America West Publishers Sep 1989*) le premier tome d'une trilogie. Il lui raconte qu'il était dans une librairie pour acheter son livre et qu'il a vu le tome 2 (*Conversations with Nostradamus : His Prophecies Explained 2 - Ozark Mountain Publishing Jan 1992*), il a pris les deux, puis il est allé à la caisse pour les payer. Un moment d'hésitation plus tard, il a décidé de poser le tome 2 et de revenir le chercher à la fin de sa lecture du premier tome. Une semaine plus tard, il revient dans la librairie acheter ce deuxième livre. Le tome 2 ne s'y trouvait plus et lorsqu'il interroge la libraire, elle lui dit que l'auteur ne l'avait pas encore écrit, qu'il n'était pas encore publié et qu'il n'y avait que le tome 1. « Impossible ! » dit le monsieur « Je le tenais dans mes mains seulement la semaine dernière. ». « Impossible ! » dit la libraire, « je vous dis que l'auteur n'a pas encore sorti le livre que vous avez vu, que vous avez **cru** voir. ».

À la lecture de ce message, Dolores Cannon a compris que ce qu'elle avait demandé à manifester, la publication du deuxième livre, était déjà dans les tuyaux, même si en effet, elle n'avait pas encore terminé l'écriture de ce dernier.

Les récits de sa vie et de ses expériences qu'énumère Dolores dans ses vidéos et ses interviews sont extraordinaires. Chaque expérience qu'elle a vécue est plus extraordinaire que la précédente et je voudrais être capable d'en faire autant, bon ce n'est pas très français certainement, mais je suis anglaise il y a donc prescription !

Alors, voici ma liste :

« Ceci est ma manifestation.
Je manifeste ici et maintenant la vente cette année 2022 de ma caravane, au prix que j'ai demandé et dans des conditions qui conviennent aux deux parties.

Je manifeste ici et maintenant, la découverte de mes oracles rapidement par une maison d'édition ou tout autre média, me permettant de vendre tout mon stock d'oracles.

Je manifeste ici et maintenant, l'écriture d'un nouveau livre avec un éditeur qui attend déjà pour pouvoir le publier. Je manifeste beaucoup de ventes de ce livre et de tous les livres à suivre que j'écrirai à mon gré. »

Suis-je toujours dans le sujet d'être ou ne pas être, où suis-je sorti du champ ? Peu importe, chers lectrices et lecteurs, l'essentiel est que vous suiviez et compreniez mes pensées. La petite guirlande électrique à ma droite clignote gaiement, me rappelant que dans quelques semaines beaucoup de personnes vont sombrer, lors de cette fête qui rappelle l'importance de la famille.

Tout le monde n'a pas une famille, enfin si, si on acceptait qu'on est tous interconnectés et que la terre entière est une grande famille. Une grande famille qui s'est perdue de vue, qui a perdu sa mission, qui a parfois perdu sa tolérance et surtout qui manque cruellement d'amour envers les autres.
Alors, oui ma chère Dolores, vous m'avez inspiré, grande dame, car vous expliquez que lorsqu'on quitte ce monde, on regarde vers la Terre et on se dit que ce n'était qu'un jeu. Ce n'était qu'un tout petit passage de vie de peu d'importance. Nous donnons tellement d'importance à ce passage sur Terre, mais nous ne sommes que des étincelles, que des brins de poussière qui volent, survolent dans les airs, pour ensuite disparaître et revenir sous d'autres formes, pour d'autres vies.

J'ai envie de croire en la création de la réalité dont je rêve, toujours est-il que j'arrive à savoir ce que j'attends de cette vie précisément. Savez-vous vraiment ce que vous voulez dans cette vie ? Savez-vous ce que vous souhaitez voir manifester, arriver dans votre vie ? Comme Dolores l'explique, si vous demandez à recevoir davantage d'argent par exemple et vous devenez riche, vous devez être prêt à perdre une partie de vos amis, de votre entourage, car l'argent attire la jalousie et crée un vide autour de vous. Les autres n'acceptent pas que vous ayez manifesté cet argent et eux estiment mériter autant que vous.

Cette notion judéo-chrétienne de *mérite* existe toujours de nos temps et il nous fait même culpabiliser et nous empêche d'oser demander, car nous pensons ne pas mériter cela. Seulement cet après-midi, une amie chez moi, m'a dit : « Je veux bien demander cela à l'Univers, mais j'ajoute toujours, "si cela ne te dérange pas, je sais qu'il y a d'autres personnes plus méritantes" ». « Non ! » ai-je crié « nous avons le droit, même le devoir, de demander de l'aide, ils ne demandent que ça. ». Surtout ne pas mettre des conditions, ne pas mettre une somme minimum, demandez toujours plus, car demandez moins montre que vous avez de petites prétentions, trop petites, car vous estimez ne pas valoir davantage.

Mais l'argent est-il vraiment le nerf de la guerre ? L'argent est-il vraiment la première chose à laquelle les gens pensent, lorsqu'ils cherchent à manifester cela dans leur réalité ? Certains vont demander une meilleure santé, ou demander à garder leur bonne santé. Mais avant tout, la première chose que les gens veulent, mais ne demandent pas toujours, c'est la reconnaissance.

Lorsque vous êtes en quête d'amour, vous êtes en réalité, en quête de reconnaissance. Vous recherchez une personne qui vous dira « merci de m'avoir trouvé, merci de ton amour, tu es la personne qui me correspond totalement. » Cette reconnaissance pour moi aujourd'hui est devenue un frein. Comment la reconnaissance peut-elle devenir un frein ? Tout simplement, par rapport à mon métier de coach en bien-être.

Dans ce métier, nous avons besoin de savoir si nos conseils et nos prestations font du bien à la personne qui vient en quête de sérénité. Il est évident qu'un client qui rédige un avis positif sur vous, représente une bonne annotation dans le cahier de notes de votre enfant intérieur. Tout comme lorsque vous êtes enfant, un compliment vous nourrit le cœur et vous rappelle lorsque vos parents étaient contents de vous.

Alors oui, cette notion de reconnaissance, aujourd'hui, me fait peur dans le cadre de l'exercice d'un métier qui pourtant me correspond. Pour moi la quête de reconnaissance est devenue un besoin de nourrir notre ego, de briller, et cela je ne le veux plus, mon ego doit se contenter de moins. L'année 2022 m'a appris une chose essentielle : être c'est tellement mieux que faire et elle m'a permis à entamer une longue réflexion sur qui je suis.

L'hypnothérapeute m'a écrit aujourd'hui pour me demander des précisions sur ma santé, rien de bien grave, un petit souci aux yeux qui ne m'empêche pas de voir, seulement gênant le matin au lever pendant quelques instants. L'idée de partir à l'exploration des méandres de mes anciennes vies me fascine et me terrifie. La fascination est simple à comprendre, c'est plutôt une forme de curiosité saine et peut-être un début de réponse à la question « qui suis-je », en tout cas je l'espère.

Chapitre 2 – Un petit bout de qui je suis

Vive les grands-parents !

Je ne sais pas vous, mais quand j'étais petite je trouvais que toutes les personnes plus âgées que moi paraissaient anciennes, vieilles comme le monde et j'imaginais que cela faisait des siècles qu'elles vadrouillaient sur cette belle terre.

Mes grands-parents par exemple, mon grand-père, peintre en bâtiment, m'emmenait parfois sur l'un de ses chantiers, très tôt, avant l'heure d'aller à l'école. J'aimais l'odeur de peinture qui régnait dans les maisons bourgeoises qu'il peignait. Sa tenue de travail me faisait sourire. Elle était à l'origine blanche, mais souvent recouverte de taches de couleur comme si un oiseau exotique et magique avait fait des crottes multicolores sur sa combinaison !

Il était beau mon grand-père, moustache courte et bien entretenue, des yeux bleus pétillants et toujours les mots pour me faire rire aux éclats. Je souffrais souvent de douleurs aux mollets en grandissant – eh oui, je ne voulais pas vieillir, car j'avais l'impression de grandir trop vite ! Il me faisait assoir, posait ma jambe sur un genou et me massait le mollet pour soulager les tensions.

Je le voyais âgé oui, quand on est petit c'est le propre d'un grand-parent d'être beaucoup moins jeune que nous, mais je le trouvais tellement beau que je lui disais souvent « grandad » eh oui, je suis d'origine anglaise « tu es si beau, quand je serai grande je t'épouserai ! »

Lorsque je suis devenue grande, je ne l'ai pas épousé, mais c'était mon tour de lui masser les jambes et les mains, pour l'aider à garder sa mobilité et sa souplesse après son AVC.

Sa relation avec mamie n'a pas toujours été un lit de roses. Je n'oublierai jamais le jour où il a voulu peindre le couloir chez eux pour faire plaisir à mamie. Elle s'était absentée quelques jours pour aller rendre visite à son frère en laissant ces consignes : « Peins ce couloir, qui ne me convient plus, fais quelque chose de plus propre et gai et que ce soit terminé avant mon retour ! »

Ma grand-mère était une femme dure en apparence, mais dotée d'un cœur de chamallow. Ils se chamaillaient souvent et je pense même que papy en avait un peu peur. Alors, il s'est mis tout de suite au travail en commençant par la sous-couche blanche pour effacer les traces de la couleur d'origine. La tapisserie faisait partie des anciens papiers peints, je ne sais pas si vous avez connu cela, du papier avec de petites échardes de bois enfouies, créant de minuscules aspérités et un effet texturé. Le mur était facile à repeindre, autant de couches qu'on souhaitait.
Papy avait surtout retenu la demande de mamie d'une couleur gaie, alors quoi de mieux qu'un rose fuchsia vif et sombre à la fois !

J'émettais un doute que ce serait à son goût, mais papy, quand il était lancé, rien ne l'arrêtait. Les rouleaux volaient dans les airs comme s'ils étaient vivants et en un tour de baguette magique, les murs ont été transformés en couleur fraise Tagada, version framboise !

Quelle ne fut ma surprise de mamie en rentrant à la maison quelques jours plus tard ! Avec papy, on entendit la clé dans la porte d'entrée, puis mamie qui se déchaussait dans le petit vestibule, avant d'ouvrir la deuxième porte, vitrée et couleur fumée. Nous étions comme deux complices, figés en statues de marbre, nous ne savions pas s'il fallait nous cacher ou nous montrer, fuir ou rester, retenir notre souffle ou rire. Donc nous avons choisi de nous mettre en retrait et attendre sa réaction, comme si nous n'étions pas certains d'un retour positif de sa part.
« Nooooon » a-t-elle lâché d'un long cri-soupir de désespoir, « qu'as-tu fait de mon joli couloir lumineux ? C'est si sombre et si rouge, on se croirait chez les filles de joie, mais ce n'est pas possible ! » s'exclama-t-elle d'un ton plus qu'exaspéré.

Je ne comprenais pas trop ce que c'était une fille de joie, mais j'ai compris tout de suite que malgré le mot « joie » il n'en était rien et que mamie était malgré tout très en colère. Ses joues prirent la même couleur que la peinture murale, elles étaient joliment assorties au décor, mais ce n'était pas un bon point pour mon pauvre papy. L'expression de son visage révélait son désarroi et son incompréhension, face aux exclamations blessantes de la part de sa dulcinée.

« Je croyais sincèrement te faire plaisir », dit-il d'un ton de petit garçon qui venait d'être grondé après une grosse bêtise. « Tu as vingt-quatre heures pour recouvrir cette couleur immonde, du blanc, du blanc cassé, peu importe, mais quelque chose de lumineux sinon je ne serais plus responsable de mes actes. »

La tête de mon pauvre papy ! J'en aurais pleuré, la mine déconfite, les joues légèrement rosées de honte (pas aussi fuchsia que mamie ni le papier peint), sa tête regardait nerveusement le sol. Je l'ai aidé à repeindre, un peu, car j'avais de petites mains, pas assez expertes pour effectuer le travail de professionnel qu'il était, lui. Il a utilisé deux fois plus de peinture blanche, car recouvrir une telle couleur d'une couche, vous imaginez, la mission était difficile.

Après cet incident, papy n'a plus pris d'initiatives et je trouvais que ses yeux pétillaient un peu moins, même si les miens brillaient encore plus fort d'amour pour lui. Mamie n'était pas vraiment méchante, seulement un peu sévère, mais au fond elle avait un bon cœur et j'avais la joie de dormir avec elle tous les jeudis soir. Elle venait travailler dans le magasin de mes parents, elle préparait le repas de papy chez nous et il arrivait du travail pour le manger. Je l'aidais bien sûr, cette assiette d'aliments cuits longtemps au four me mettait l'eau à la bouche et du coup il n'en mangeait pas beaucoup pour m'en laisser.

Tels deux oisillons autour de la table, les becs ouverts, mon frère et moi attendions qu'il écrase tout à la fourchette, mélangeant la purée, le jus de viande et les légumes pour créer une bouillie verdâtre. Et puis, il nous nourrissait l'un après l'autre, c'était si bon ce goût salé, le repas interdit, car papy en rentrant chez lui était obligé de se refaire à manger !

Il était tranquille les jeudis soir chez lui et faisait comme bon lui semblait, même si moi je ne l'étais pas ! Moi, je dormais tête-bêche avec mamie dans un petit lit, mes yeux grands ouverts, bercée par le ronflement de mamie qui allait crescendo. Cela me faisait imaginer que j'étais dans un train à vapeur, partie visiter des contrées lointaines. Il n'en était rien et les vendredis matin à l'école mes paupières étaient bien lourdes.

Mais malgré tout, le côté tendre de mamie qui se révélait parfois de façon inattendue comme la fois où elle m'a aidée à sortir en cachette malgré l'interdiction de maman. J'avais treize ans, l'église que je fréquentais (contre la volonté de maman qui était totalement athée), organisait une petite fête dansante pour les jeunes, un vendredi soir dans la pièce à l'arrière qui servait pour les cours de catéchisme. Moi je rêvais de rencontrer l'amour, car les premiers signes d'adolescence pointaient leur nez. Je pressais maman, lui demandant l'autorisation d'y assister avec mes camarades de catéchisme (on dit chez nous « bible class », étant à l'origine protestante, mais peu importe).

Eh oui, comme pour sa mère, maman était aussi la patronne à la maison. Mon doux papa, réservé et travailleur, la laissait faire, il disait « pour avoir la vie tranquille » !

Quand maman a refusé que je m'y rende, quelle déception pour moi ! Et subitement, maman s'est transformée à mes yeux, en méchant dragon, son souffle de feu brûlant tous mes rêves de passer une soirée magique. C'était sans compter sur les pouvoirs de supermamie ! Les vendredis et parfois les samedis, je dormais avec mon frère chez mes grands-parents, notre magasin étant ouvert sept jours sur sept. Pour ainsi dire une partie de mon éducation a été effectuée par les parents de maman.

Mamie ne comprenait pas trop la réaction de sa fille par rapport à cette petite fête innocente encadrée et où l'on trouverait de la musique disco, quelques chips et du jus d'orange. Rien de bien dangereux, surtout dans une église, une boîte de nuit dans une église, c'était bien les Anglais, ça !

Alors on a fait un vœu de secret, elle allait m'aider à me préparer et m'accompagner à cette fête sans rester sur place, papy avait prévu de venir me récupérer quelques heures plus tard.

Molly, ma grand-mère, du vrai nom de May Louise, était une femme fière et pimpante, mais simple malgré tout, elle avait été autrefois ouvrière dans une fabrique de pièces d'usinage.

Elle avait de magnifiques cheveux longs auburn, tirés en un très haut chignon perché sur la tête. D'ailleurs l'été, quand elle sortait dans le jardin, la laque qui tenait ses cheveux attirait de petits travailleurs du miel et les abeilles bourdonnaient joyeusement autour de son essaim chevelu.

Alors, ce vendredi soir là, elle m'invita dans sa chambre pour me montrer sa petite boîte à maquillage et elle sortit un fard à paupières bleu poudré, la couleur de mes yeux. Je ne connaissais pas cette sensation de poudre douce et parfumée sur mes paupières, maman m'interdisait le maquillage, ce n'était pas encore de mon âge. Pour terminer ma transformation, elle mit une pointe de rouge sur mes lèvres et vêtue de ma plus jolie robe, j'étais prête !

Je ne me souviens pas vraiment de la soirée, juste de ce délicieux secret que nous avons gardé, car le goût de l'interdit reste longtemps dans le cœur. Et vous, quels petits secrets avez-vous partagés avec vos grands-parents ?

Ce petit bout de moi est une nouvelle, écrite cette année ; il était prévu de la lire pour animer une soirée avec des personnes âgées (d'où le langage douillet, comme pour des enfants). Le projet n'a pas abouti, mais j'ai eu tellement de plaisir à l'écrire que je ne voulais pas qu'elle soit perdue. Alors, de cette façon je vous livre un petit bout de moi, un petit bout de mon enfance, un petit bout de qui je suis ou plutôt de qui j'étais.

Je ne sais pas vous, mais à présent à cinquante-sept ans, j'ai l'impression que mon enfance et mon adolescence sont des chapitres qui ne m'appartiennent pas. Cette jeune fille qui ne s'estimait pas, quasi anorexique, car sa mère la trouvait trop ronde, n'est pas la femme que je suis aujourd'hui.

Cela vous arrive-t-il aussi ? Si votre chemin de vie a évolué, ou s'il a bifurqué en route, alors je suis certaine que vous êtes dans le même cas que moi. Cela pourrait être intéressant de réfléchir sur les différences entre la personne que vous étiez enfant et celle que vous êtes maintenant. Et si c'était à refaire, quel message donneriez-vous à l'enfant que vous étiez ?

NOTES

Chapitre 3 – Rencontre avec mes autres « moi »

Vendredi 16 décembre 2022

Séance d'hypnose régressive dans la Vienne (86) avec Patricia (Tricia).
Méthode QHHT (Dolores Canon)

Je ne sens plus mon corps… Je suis dans le noir peut-être l'espace, mes pieds ne touchent pas par terre… je suis une forme gazeuse, des couleurs…

« As-tu une existence en tant qu'âme ? Elle a des sentiments cette forme ? »
Non.

« OK on lui demande de repartir, laisse rentrer le bien dans ton corps. Laisse le soleil *pénétrer* dans ton corps » (le mot me dérange au plus profond de moi).
Et là je pleure de façon incontrôlable, j'ai l'impression de ne plus avoir de corps.

« Tu évacues cette lourdeur, elle s'en va, l'émotion traverse accepte-la. Tu le pardonnes, pardonne-toi. Tu en as besoin. Tu vas aller à l'endroit où tu as besoin d'aller. Repose-toi près de cet arbre. Quand tu auras la force, relève-toi pour marcher. »
Non je n'ai toujours pas de corps.

« Tu es donc ton esprit, ton âme. Où veut-elle aller ? Dans les cieux. Vas-y alors. »
C'est tout noir. C'est silencieux.

« Tu es dans la galaxie. Alors que fait-elle, elle attend ? Elle veut se reposer ? »
Elle est perdue.

« Comment peut-elle retrouver son chemin ? Peut-on la faire avancer dans une direction ? Les lumières vont arriver après le noir. On va la diriger, l'accompagner jusqu'où c'est plus lumineux. Va vers la lumière derrière les nuages. Que vois-tu ? »
Rien.

« Ton âme sait où elle veut aller, elle ne peut pas être perdue, elle va aller là où elle a une famille originelle, dirige-toi vers elle. Et en un instant, elle est rendue » (claquement des doigts), « elle est arrivée où elle doit aller. Où te trouves-tu tout de suite ? »
Tout au long je respire fort pour chasser cette douleur qui ne me quitte pas un instant.

« Sans réfléchir que vois-tu tout de suite ? »

Toujours rien, je suis dans le noir.

« Tu retournes dans le noir ? Est-ce que tu te sens toujours perdue ? »
Je n'ai plus envie de revenir sur Terre en tout cas.

« OK, OK. Est-ce qu'elle a un choix à faire ? Il y a quelque chose à faire, on peut lui demander donc de se diriger vers un endroit où elle a déjà vécu ? En arrière, complètement en arrière, nous avons besoin de cette information aujourd'hui. Donc, elle retourne dans le temps et dans l'espace. Elle retourne dans une vie qu'elle a vécue quelle qu'elle soit et elle va le faire maintenant » *(Claquement de doigts).*
Ici on est déjà à un tiers de l'entretien et mon mental fait blocage. Il résiste, la psychorigidité dans toute sa splendeur !
Je ne vois pas, mais je ressens de grosses pierres comme un château fort ou une cathédrale, je ne les vois pas, mais je les ressens.

« On va demander à ton âme de se diriger exactement à l'endroit où tu étais et de lever le voile. On a besoin de voir clairement cet endroit en enlevant le voile, est-ce que tu vois plus clairement maintenant cet endroit ? »
Le noir revient.

« Demande à la partie de l'esprit qui te perturbe de s'asseoir à côté et de ne plus déranger ta vision. Est-ce que tu vois toujours la cathédrale ? »
Oui.

« Et est-ce que tu te vois dans un corps maintenant ? »
Oui. Peut-être que je suis prêtre je ne sais pas.

« Tu es prêtre ? C'est le premier mot qui te vient à l'esprit donc on va le retenir. C'est instinctivement le premier mot ou la première vision que tu vois que tu prends d'accord ? De quoi es-tu vêtu ? Quelle couleur vois-tu ? »
Du marron comme un moine.

« D'accord. Est-ce que tu sens que tu es masculin ? »
Oui.

« Que portes-tu sur les pieds ? »
Des sortes de chaussures pointues en cuir.

« As-tu quelque chose dans les mains ? »
Je ne suis pas sûre, non.

« Tu es toujours dans une cathédrale ? »
Oui très haut.

« Et qu'est-ce que tu fais dans cette cathédrale, tu mènes les prières ? »
Non je suis juste en train de réfléchir.

« À quoi ? »
J'écoute les messages de Dieu, je me connecte à lui.

« C'est ton travail en fait. »
Oui.

« Tu as un prénom ? »
J'entends Joshua.

« Es tu es moine. Tu es plutôt jeune ou âgé ? »
La quarantaine, je pense.

« Tu habites dans cette cathédrale, ou tu as un endroit à l'extérieur où tu habites ? »
Non j'habite dans la forêt.

« Veux-tu aller dans la forêt maintenant, retrouver ta maison ? »
Oui.

« Elle est comment cette maison, comment tu la visualises ? »
Toute petite, seulement une pièce.

« Tu rentres dans la maison ? Et qu'est-ce qu'il y a à l'intérieur de cette pièce ? »
Une cheminée, une table, des chaises.

« D'accord, c'est assez austère ? »
Oui.

« D'ailleurs tu es moine. Qu'est-ce que tu fais dans cette maison, tu te reposes ? »
J'écris.

« Ah tu écris, tu écris quoi ? »
J'écris les messages de Dieu.

« Tu reçois des messages de Dieu ? »
Oui.

« D'accord c'est très agréable, ça. »
Oui.

« Tu es un moine heureux dans cet endroit ? »
Je me sens un peu seul.

« Vous n'avez pas d'amis ? »
Non je ne vois personne d'autre à part moi.
« Tu ne vois personne d'autre à part toi dans cette petite maison ? »
Même dans l'église.

« D'accord tu es seul, c'est un choix ? »
Je pense que les autres ont été tués, je suis le seul survivant de cette église.

« Ah d'accord c'est pour ça que tu es seul dans cette église tu es le seul rescapé ? »
Oui.

« Est-ce que l'on peut préciser à quel temps nous nous trouvons exactement ? Est-ce que c'est l'époque du Moyen Âge ou avant ? »
Peut-être juste avant le Moyen Âge.

« D'accord et tu sais par qui ils ont été tués, tes autres amis moines ? »
Des non-croyants.

« Ah d'accord des non-croyants, est-ce que c'était des soldats ? »
Non des brigands.

« Ah d'accord, ils menaient la guerre à ce moment-là ? »
Ils menaient la guerre contre la religion, oui.

« Ah oui, d'accord donc tous, évidemment tous ceux qui étaient croyants apparentés aux moines ou à l'église, ils ont été exterminés, c'est ça ? »
Oui.

« Et ce moine il a réussi à s'échapper comment ? »
Par la protection de Dieu.

« Ah d'accord, par la protection de Dieu. Il s'est caché dans l'église ou ailleurs ? »
Non, dans sa maison secrète dans les bois.

« D'accord donc il s'est caché dans les bois ? »
Oui.

« D'accord, donc ce que l'on va faire, c'est qu'on va aller à un moment important, après cet événement dans la vie de ce moine d'accord ? Qu'est-ce que tu pourrais me dire sur ce moment important de sa vie après ses 40 ans, qu'est-ce qui s'est passé ? »
Silence je ne réponds pas. Tricia insiste. Tout en douceur.

« Un moment important de sa vie dans le futur. »
Je respire profondément, j'ai toujours cette douleur qui ne me quitte pas au niveau de l'utérus.
J'ai l'impression de voir un incendie, que l'église brûle.

« D'accord, c'est effectivement un moment très important. Et là, qu'est-ce qu'il fait ? »
Il est désemparé parce qu'il n'a plus de lieu pour prier et être proche de Dieu.
« D'accord, est-ce que c'est toujours la guerre à ce moment-là, ou c'est terminé ? »

Je ne sais pas, je ne vois personne, il n'y a personne d'autre autour.

« D'accord, est-ce que tu peux me dire si c'est volontaire ou involontaire, est-ce que tu le sais ? »
Je pense que c'est volontaire.

« D'accord, c'est volontaire, ce n'est pas lui qui l'a mis ? »
Non.

« D'accord, donc lui il va être sans église ? »
Oui.

« Que va-t-il faire ? »
Il va voyager, il va aider les femmes, les femmes qui sont seules avec leurs enfants.

« D'accord, en tant que moine c'est un beau rôle, il se sent bien à ce moment-là ? »
Oui.

« Quel est son sentiment à ce moment-là ? »
Il capte la souffrance des autres.

« D'accord, donc il va aider les femmes, avec les enfants ? »
Oui.
« Il se sent bien dans son rôle ? »
Oui.

« D'accord. C'est bien, on va demander à cet homme-là, ce moine, d'aller jusqu'au moment de la fin de sa vie. On va se diriger vers le dernier moment de sa vie. Le dernier instant, qu'est-ce que tu vois ? Où est-il ? »

Il est dans la maison d'une dame qu'il a aidée.

Je respire fort encore.

« Explique-moi ce que tu vois. »

Je commence à pleurer en parlant.

Il ne peut pas quitter son corps, parce qu'il a encore des choses à faire pour Dieu.

« D'accord, je vois, on lui demande alors de quitter son corps maintenant, il était vieux ? »

Oui.

« D'accord, il n'était pas malade ? »

Non.

« Donc, on lui demande de passer tout de suite derrière, c'est déjà fait de toute façon, c'est une expérience qu'il a déjà vécue. Il est passé de l'autre côté maintenant et il regarde, il regarde tout ce qu'il a fait, tout son œuvre. Là il est de l'autre côté, c'est terminé.

Son âme est là de l'autre côté. Il n'y a eu aucune douleur. En regardant en arrière comme ça, qu'est-ce que tu peux dire sur ce qu'il a vécu, pourquoi il a vécu cette vie de moine ? »

Il avait besoin de cette austérité pour être près de Dieu, *toujours en larmes*, qu'il aime plus que tout au monde. Mais il est frustré de ne pas avoir aidé plus de monde.

« Il est frustré de ça, mais il a appris beaucoup de choses ? »
Il a été trop caché dans sa forêt, il n'a pas aidé assez de monde.

« D'accord, donc quelle leçon a-t-il apprise de ça ? »
Qu'il fallait oser parler de Dieu pour répandre la parole, il voulait aider plus de monde et dire qu'il ressentait cet amour.

« D'accord. »
Il demande pardon parce qu'il n'a pas su dire, n'a pas aidé suffisamment de personnes.

« D'accord, c'est ce qu'il a appris, c'est bien. »
Oui.

« Bien, maintenant, il a appris la leçon, on va pouvoir le laisser partir. Il est en paix maintenant, il est passé de l'autre côté. Donc, nous remercions cette âme d'être venue nous voir. Nous le laissons continuer son chemin, il trouve la paix et il le trouvera dans d'autres vies également. »
Ici je commence à peine à reprendre mes esprits, les larmes s'estompent, mais le désarroi était réel.

« Et on reprend en toute tranquillité notre voyage et ton âme qui est sortie, va reprendre son chemin. On va lui demander d'aller à un autre endroit, si elle nous permet. Dans une autre vie, dans un autre lieu. On va lui demander de nous montrer une autre vie qui pourrait apporter quelque chose à la vie d'Alison aujourd'hui. De nous donner une leçon par rapport à une autre vie qu'elle aurait vécue. Nous demandons à l'âme de repartir à l'endroit où elle doit aller. Et instinctivement là, ton âme, sait où elle doit aller tout de suite. Immédiatement que voit-elle à l'instant présent ? »
Le mot « donjon ».

« D'accord, tu te diriges vers le donjon ? »
Non je suis dedans.

« Où tu es dedans ? Regarde-toi est-ce que tu vois tes pieds ? »
Oui.

« D'accord, qu'as-tu à tes pieds ? »
Je suis pieds nus.

« Regarde si tu as des vêtements. »
Une vieille robe toute déchirée.

« D'accord et que fais-tu dans ce donjon ? »
Je suis oubliée.

« Tu es oubliée, on t'a mis dans un donjon pour t'oublier ? »
Oui.

« Est-ce que tu sais qui tu es précisément ? »
Non.

« Est-ce que tu es une femme, un homme ? »
Une femme.

« D'accord et cette femme que faisait-elle avant d'être dans le donjon ? »
Pas de réponse de ma part.

« Revois-toi avant d'être dans le donjon. Que faisais-tu avant d'être dans le donjon ? »
Elle aidait les enfants.

« C'est-à-dire les aider, elle avait une fonction particulière ? »
Silence.

« Donc, tu ne sais pas et elle est dans le donjon pourquoi, elle a fait quelque chose de mal ? »
Elle a enfreint la loi.

« Elle a fait quoi, qu'est-ce qu'elle a fait de mal, c'était quoi la loi ? »

Elle donnait de l'espoir aux gens et il ne fallait pas.

« D'accord, donc, est-ce qu'on peut considérer qu'elle était une sorte de voyante ou que... elle donnait de l'espoir, qu'est-ce qu'elle pouvait être ? »

Pas de réponse de ma part.

Elle se disait messagère.

« D'accord, messager de qui ? »

De Dieu.

« D'accord, donc elle n'avait pas le droit et quelle loi a-t-elle enfreinte ? »

Elle n'avait pas le droit, ça donnait de l'espoir, on l'a traitée de sorcière.

« Ah d'accord, on l'a traitée de sorcière, je l'attendais ce mot. »

Rire.

« On la considérait comme sorcière ? »

Oui.

« Elle faisait le bien autour d'elle pourtant, elle donnait des messages d'espoir de Dieu c'est ça ? »

Oui.

« Et on va l'enfermer dans le donjon donc, qu'est-ce qu'il va lui arriver ? On va l'oublier ? »

Je pense qu'on va venir la sauver, la sortir de là.

« Qui va la sortir de là ? Tu connais les personnes qui vont venir la sauver ? »
Je viens d'apercevoir comme un vaisseau spatial.

« Ah d'accord un vaisseau spatial, tu le perçois, et qui va la sortir de là ? Tu vois quoi, des personnes ou des êtres ? Est-ce que tu rentres dans le vaisseau ? »
Non je la vois de loin pour l'instant.

« Tu la vois de loin pour l'instant, d'accord. Ce qu'on va faire c'est qu'on va se diriger vers un moment important dans la vie de cette femme, peut-être le moment où elle a été sauvée, ou bien un autre moment. C'est toi qui vas me dire quel est le moment important de la vie de cette femme, on se dirige vers cet instant précis. Qu'est-ce que tu vois ? »
Pas de réponse...

« Est-ce qu'elle est toujours dans le donjon ? »
Respiration forte, j'ai toujours mes douleurs qui ne s'atténuent pas.
Je pense qu'elle a été torturée parce qu'elle a très très mal.

« Elle a été torturée ? Donc elle n'a pas été sauvée par le vaisseau ? »
Non elle n'est pas tuée, mais torturée, je pense qu'elle était enceinte. Elle était seule et on lui a enlevé l'enfant de son ventre.

« Donc, elle a été torturée, c'est ça la douleur au ventre qui persiste ? »
Oui.

« D'accord, donc ce qu'on va demander à ton âme aujourd'hui c'est que les mémoires de cette torture et la perte de son enfant, au niveau de ton ventre, puissent ne pas se manifester dans ta vie de femme en tant qu'Alison, celle que tu es aujourd'hui, en 2022. Ces mémoires sont passées, elles ont déjà été vécues. Elles ne doivent pas continuer à être vécues. Ces tortures c'était avant, elles ont déjà été faites, elles ont déjà été perpétuées, les tortures ont déjà été réalisées. Maintenant, c'est terminé, on ne le veut plus, donc on va maintenant fermer cette porte.

La porte des mémoires qui sont dans les cellules, de ce souvenir, on ferme cette porte immédiatement pour toujours. Ils n'ont pas lieu d'incomber sur le corps d'Alison aujourd'hui et sur ses futurs corps. On va même demander que même ses futurs corps n'aient plus ces mémoires. Elle n'a pas besoin de les transporter, c'est terminé, elle les a déjà vécues. Un, deux, trois *(claquement des doigts)*. Terminé on ferme la porte. »

Respiration forte pour évacuer la douleur omniprésente.

« On va demander que cette femme aille jusqu'au dernier jour de sa vie, nous allons être transportées jusqu'au dernier moment du dernier jour de cette femme. Que lui arrive-t-il ? »
Elle est dans le vaisseau spatial.

« Donc, elle est dans le vaisseau maintenant ? »
Oui.

« D'accord, elle a été enlevée ? »
Oui, pour des expériences.

« Ah... Quels types d'expériences ? »
Pour savoir si on peut faire pousser des bébés à l'extérieur du corps.

« Est-ce que tu vois les entités qui t'ont enlevée ? Est-ce que tu sais **qui** t'a enlevée ? »
Des êtres avec de gros yeux et une grande tête, pas de cheveux, des yeux globuleux et...

« De quelle couleur est la peau ? »
Un peu blanc-jaune.

« D'accord, tu sais comment on peut les appeler ? Est-ce qu'on les appelle d'une certaine façon ? Connais-tu leur nom ou pas ? »
J'ai le mot « eek » qui me vient (*rire nerveux, je me sens stupide, pourtant je ne suis pas responsable des noms qui me viennent*).

« D'accord ce sont des "eeks" c'est ça ? »
Oui (*rire*)

« Et ils viennent faire des expériences ? »

Oui, mais ils ne sont pas méchants, ils ont un regard d'enfants curieux, ils tournent la tête comme s'ils cherchaient à comprendre et à envoyer de l'amour quand même.

« D'accord, ils sont bienveillants ? »
Oui.

« Tu ne ressens pas de peur avec eux ? »
Non.

« D'accord »
Ils estiment que l'enfant n'a pas à prendre possession du corps de la maman et il doit pousser à l'extérieur.

« D'accord, c'est leur idée ? »
Oui.

« D'accord, ça se passe comme ça chez eux ? »
Hmm peut-être, je ne sais pas.

« D'accord, tu sais de quelle planète ils viennent, est-ce qu'ils peuvent te le dire ? »

Pas de réponse de ma part.

« Ils sont bienveillants, ils peuvent te le dire, ou de quelle autre région si ce n'est pas notre planète ? »
Non je ne sais pas.

« D'accord, ce n'est peut-être pas important, on sait que ce sont des eeks, ils sont bienveillants, ils enlèvent des personnes et tu as accepté d'être enlevée ? »
Ils m'ont sauvée du donjon, donc oui, je suis partie avec eux.

« Ils vont te redescendre ou tu restes avec eux ? »
Je ne sais pas.

« Est-ce que tu peux voir ce moment-là ? Ils te gardent avec eux ou ils te redescendent quelque part ? »
Je ne sais pas (*chuchoté*).

« Donc, ce qui serait bien c'est d'aller voir justement le dernier jour de cette femme, on va aller voir le dernier jour de la vie de cette femme sur Terre, ou ailleurs peut-être, son dernier jour, le dernier instant de sa vie. Où est-elle ? ».
Elle est dans les bras d'un de ces êtres.

« D'accord, donc elle va finir sa vie dans les bras de ces êtres ? »
Oui.

« D'accord, elle est restée avec eux ? »
Oui.

« Dans le vaisseau ? »
Non, elle n'est... pas forcément sur Terre, mais dans une grotte...

« D'accord, sur une autre planète, ils vivent dans une grotte ? »
Oui. Des grottes arrondies, pas de la pierre saillante.

« D'accord, c'est leur habitation ? »
Oui.

« D'accord, pas sur Terre ? »
Non.

« D'accord, est-ce qu'on peut avoir maintenant une information pour savoir où c'est ? C'est dans un système bien particulier ? »
Je ne sais pas du tout (*chuchoté*).

« D'accord, ce n'est pas important. Donc, on va aller au dernier instant de sa vie, elle va donc être passée des bras de ces êtres à l'autre côté, là où l'âme reprend sa place, elle est de l'autre côté, elle n'a pas souffert, c'est déjà fait. Quelle est la leçon qu'elle a apprise, de sa vie d'accompagnant, de messagère ? »
Que chacun est responsable de soi et qu'on ne peut pas être responsable des autres.

« D'accord, c'est donc principalement la leçon qu'elle a apprise ? »
Oui même les enfants, c'est leur vie, la gestation ne se fait plus à

l'intérieur de la femme, mais à côté, ce sont des êtres à part entière.

« C'est ça, d'accord, très bien, bah écoute on va laisser cette femme admirable continuer son chemin, elle a trouvé la paix, elle a trouvé son propre chemin et elle va continuer dans d'autres vies. On précisera tout de même qu'elle ne gardera pas les séquelles de ce qu'elle a vécu. On a demandé qu'elle oublie tout cela et qu'elle ne les transporte pas dans les futures vies non plus. Ça c'est pour elle et c'est pour toi. Nous allons la laisser continuer son chemin, pour elle et pour toi. Et toi tu vas reprendre toute la conscience de ta personnalité, en Alison, pour qu'elle revienne dans son corps et qu'elle intègre complètement toutes les cellules de son corps.
Et je vais me tourner maintenant vers le subconscient d'Alison et je vais demander à lui parler. »
En réécoutant, je me délecte, car c'est vraiment ici que je vais recevoir des réponses aux questions posées en début de séance. Lorsque c'était possible, Tricia prend une intonation encore plus respectueuse, plus douce, comme si elle s'adressait à une personne noble ou même de grande autorité.

« Puis-je parler au subconscient d'Alison ? »
Oui.

« Ai-je la permission de parler au subconscient et d'avoir les informations dont elle a besoin aujourd'hui pour sa vie ? »
Oui.

« Merci, je respecte la puissante tout haute du subconscient, parce que je sais que le subconscient prend soin du corps d'Alison et fait un très bon travail. Je sais également que le subconscient possède toute la mémoire de tout ce qui est arrivé à Alison dans cette vie-ci et dans toutes les autres vies qu'elle a vécues. Ainsi je respecte la puissance du subconscient et je demande toujours la permission de lui parler et de lui poser des questions. Ai-je la permission de poser des questions au subconscient d'Alison ? »
Oui.

« Merci, je sais qu'aujourd'hui vous aurez pu montrer bien d'autres vies différentes, mais que vous avez choisi de montrer tout particulièrement deux vies à Alison. Une vie, en tant que moine isolé, persécuté par la religion à l'époque dans une cathédrale et la vie d'une femme, accompagnante, messagère de messages sur la Terre pour donner de l'espoir. Pourquoi nous avoir montré ces deux vies ? Est-ce que vous pouvez nous donner une explication concernant ces choix ? Pourquoi la vie de moine, pourquoi montrer la vie de moine à Alison ? »
Pour lui rappeler que Dieu est toujours là, qu'elle ne fait pas assez appel à elle, à lui. À elle, parce que Dieu est une femme.

« D'accord et pourquoi la vie de l'âme de la femme dans le donjon ? (*Silence*) Pourquoi ce choix, pourquoi lui avoir montré cette femme dans ce donjon ? »
Je ne sais pas.

« Et dans le vaisseau spatial, parce que vous lui avez montré également le vaisseau spatial, est-ce qu'une partie de son âme vient de cette famille galactique ? »
En tout cas, elle n'a plus envie d'être sur cette terre.

« D'accord, pourtant elle est venue s'incarner sur cette terre pour vivre une mission ici ? »
Oui, mais elle a perdu l'espoir de changer les êtres humains, ils n'écoutent plus rien.

« Comment peut-elle remédier à cela puisque son choix de s'incarner sur Terre c'était sa mission sur Terre, donc elle est obligée d'y être et d'accomplir sa mission ? Comment peut-elle la faire, sa mission ? Comment peut-elle retrouver l'espoir ? »
Elle peut écrire et demander à Dieu de répandre la parole.

« Donc, elle doit répandre la parole ? »
Oui.

« En demandant à Dieu ? Elle ne demande pas assez ? Est-ce qu'elle se tourne vers Dieu suffisamment ? »

Oui, mais pas en profondeur.

« D'accord et que faut-il faire pour qu'elle le fasse en profondeur ? »
Qu'elle prie davantage.

« D'accord, donc on demande à Alison de prier davantage, c'est bien ça ? »
Oui.

« D'accord, OK, nous avons plusieurs questions, concernant la vie aujourd'hui d'Alison. Donc, le subconscient va répondre consciemment des relations avec sa mère. Pourquoi cette relation conflictuelle avec sa mère ? »
Grand souffle de ma part.

« Pourquoi a-t-elle eu cette relation ? »
Silence et souffle.

« C'est au subconscient de répondre concernant cette relation envers sa mère. Est-ce qu'elle avait besoin de subir cela ? »
C'est sa mère qui n'a pas guéri et qui punit sa fille pour ça.

« Est-ce qu'Alison a pardonné à sa mère ? »
Oui.
« D'accord, c'est l'essentiel ? »
Oui.

« D'accord et quelle est la relation avec son fils ? Conflictuelle également ? »
Son fils sait au fond de lui qu'il n'était pas voulu.

« D'accord, il lui en veut ? »

Oui.

« Comment peut-elle faire pour améliorer ses relations ? »
Se pardonner déjà pour ce qu'elle a ressenti, c'est-à-dire de refuser de vouloir le mettre au monde, parce qu'elle n'était pas bien avec son mari.

« D'accord, donc elle se pardonne ? »
Oui.

« Et maintenant, elle peut considérer que ses relations avec son fils seront meilleures ? »
Il faut que lui, il la pardonne.

« D'accord, est-ce qu'on peut demander au subconscient de parler au subconscient du fils d'Alison ? Son fils qui s'appelle *(elle cherche dans ses notes, elle ne peut se rappeler toute mon histoire)* J. On demande au subconscient de parler au subconscient de J. et de demander qu'il pardonne sa mère ? Vous pouvez faire ça pour nous ? »
Oui.

« Merci. » *Pause.* « Alison a eu un rejet si l'on peut dire, concernant son pays d'origine qu'est l'Angleterre. Elle vit maintenant en France. Pourquoi a-t-elle un rejet de l'Angleterre, il y a une histoire derrière cela ? »
Silence.

« Pourquoi a-t-elle quitté son pays d'origine, l'Angleterre ? Pouvez-vous nous dire pourquoi ? »
Parce que ce n'est pas son pays.

« Ce n'est pas son pays ? »
Non.

« Quel est son pays ? »
Cela a toujours été la France.

« D'accord, mais elle n'est pas née en France. »
Pas dans cette vie.

« D'accord, la vie d'avant, là où elle était moine ? »
Non, dans une autre vie.

« D'accord, OK c'était juste pour préciser. Pas celle où elle était aussi, dans le donjon ? »
Non.

« Ce n'était pas celle-là, d'accord. OK. Donc, elle est arrivée en Angleterre par hasard, on va dire, c'est une erreur ? »
Oui.

« D'accord, mais elle a rectifié son erreur en vivant en France ? »
Oui.

« Voilà, d'accord. »
Elle est chez elle ici.

« D'accord, donc ici elle est bien ? »
Oui.

« D'accord, elle pourra être encore mieux ? »
Oui. *(Ma voix est plus grave ici)*

« Comment peut-elle être encore mieux ? Est-ce que vous pouvez nous dire ? »
Silence.

« De quelle manière ? »
En acceptant ce qui est.

« On peut avoir un peu plus de détails ? »
Je souris en écoutant l'enregistrement, car mes réponses étaient cryptiques et succinctes, il fallait vraiment aller à la pêche ! Tricia était d'une patience !
Quand on arrête de chercher, on trouve.
Mon Moi supérieur nous fournissait la réponse qui m'agaçait le plus au monde, cette phrase qui veut dire « débrouilles-toi avec ça » !

« Est-ce le conseil qu'on va lui donner ? »
Oui.

« OK »
On dirait que Tricia était aussi frustrée que moi par cette réponse !

« Alison a des douleurs, est-ce qu'il y a une partie qui est fermée maintenant ? »
Je respire encore fort pour chasser ma douleur qui ne part pas.

« Concernant le bas, est-ce qu'on a fermé la porte pour celle-ci ? Vous pouvez nous confirmer que ces douleurs ont été fermées ? »
Pas complètement, elle doit les vivre.

« Pas complètement, d'accord donc vous ne voulez pas les lui enlever ? »
Pas encore, elle doit comprendre d'où ça vient.

« Et on ne peut pas savoir déjà d'où ça vient ? »
Elle a bien fait de demander, car pour d'autres séances, j'ai parfois entendu dire que certaines personnes sont reparties avec encore plus de questionnements. J'étais venue pour des réponses plutôt que des nouvelles remises en question.

« Est-ce que toutes ces douleurs c'est en rapport avec l'enfant non voulu et des tortures qu'elle a subies en tant que femme dans le donjon ? Est-ce que c'est en rapport avec tout ça ? »
C'est par rapport à elle en tant que femme.

« D'accord, est-ce justement ces douleurs en tant que femme, ça lui provoque des blocages dans sa féminité et sa sexualité ? »
Ça lui rappelle que la femme est faite pour la souffrance. Quand elle enfante, quand elle naît.

« Hmm et après, elle n'est pas obligée de vivre les douleurs pendant sa sexualité ? »
Ici, elle fait référence à une petite période que j'ai mentionnée lors de notre entretien. J'avais connu, une courte période (quelques mois) de douleurs lancinantes ressemblant à des crises d'endométriose. Je sais que beaucoup de femmes aujourd'hui vivent avec cette pathologie paralysante, mais pour moi c'était purement un blocage, contre les rapports et je n'avais pas consulté pour avoir confirmation. Je reste persuadée que les émotions jouent un rôle important dans cette pathologie.

« La sexualité, c'est quelque chose de tout à fait normal dans une vie d'un homme ou d'une femme. Pourquoi ne peut-elle pas avoir une féminité tout à fait normale ? »
Je ne sais pas.

« Est-ce que s'il y a un blocage, il peut être débloqué ? »
Je souffle toujours.
Peut-être que ça l'arrange de ne pas débloquer.

« D'accord et est-ce que ça, vous pouvez lui infuser l'idée de débloquer justement ceci, pour qu'elle vive normalement sa vie de femme ? »
Oui parce qu'au fond d'elle, elle le veut vraiment.

« D'accord, donc vous allez travailler là-dessus, consciemment et inconsciemment même pendant qu'elle dort, pour que vous lui infusiez cette idée comme quoi elle peut vivre tout à fait sa vie de femme ? »
Oui.

« D'accord, je vous remercie. Et puis c'est pareil, pour le fait qu'elle soit plus attirée par les femmes que par les hommes, ça n'a pas d'importance ça ? »
Non.

Ce contenu est inédit, car récent dans ma vie. Puisque rien ne nous oblige à divulguer des informations intimes sur sa sexualité à sa famille, je n'ai pas encore fait ce coming-out tardif.
C'était tout de même quelque chose qui me tourmentait avant cette séance, car je n'aime pas le secret. On ne parle pas de mensonge ici, car ma famille n'est plus intéressée par mes histoires amoureuses, après
deux divorces. Depuis cette séance avec Tricia, la question ne me tourmente plus en tout cas, je vis ma vie et je laisse venir. « Quand on arrête de chercher, on trouve ! ». Mes amies sont au courant,

mais tant que je ne suis pas dans une relation, je pars du principe que cela ne regarde que moi. On verra si je décide d'en parler dans ce livre ou si je conserve une part de mystère, qui sait, pour un autre livre.

« Donc elle vit sa vie de femme comme elle le souhaite ? »
Oui.

« Très bien, il faut qu'elle suive son instinct ? »
Oui.

« D'accord, très bien, c'est important. Alison a une fascination à propos d'un personnage, peut-être justement vous allez nous éclairer, par rapport à un personnage qui revient beaucoup dans sa vie, dans sa mémoire, dans ses souvenirs. C'est le personnage de Jeanne d'Arc. Est-ce que vous, Subconscient, vous pouvez donner un peu plus de détails concernant ça ? Est-ce qu'il y a quelque chose de précis à ce niveau-là ? »
Elle aimerait qu'on dise qu'elle était Jeanne, même son deuxième prénom quand on le dit vite, ressemble à Jeanne. *(Deuxième prénom, Diane)*

« D'accord, c'est par rapport à sa personnalité ? »

Elle est quand même habitée par son esprit.
« Par l'esprit de Jeanne d'Arc ? »
Oui.

« Quand vous dites "habitée", que voulez-vous dire ? »
C'est qu'elle canalise quand elle parle d'elle, elle ressent.

« Ah, elle ressent son esprit ? »
Oui.

« D'accord. Elle peut aller un peu plus loin dans cette canalisation ? Est-ce que c'est une possibilité pour elle ? »
Si elle est accompagnée, oui.

« D'accord, donc elle trouvera les personnes adéquates pour faire les canalisations et aller vers l'esprit de Jeanne d'Arc ? »
Peut-être.

« D'accord, c'est important pour elle ? »
Oui, elle en rêve, je ne sais pas pourquoi.

« D'accord, donc certainement parce que l'esprit de Jeanne d'Arc veut lui transmettre des messages ? »
Oui, pourquoi pas, oui.

« D'accord, donc le Subconscient, vous êtes à même de savoir ce que veut Jeanne d'Arc ? L'esprit de Jeanne d'Arc, donc je suppose que si elle a besoin de canaliser, d'envoyer des messages, il n'y a pas de problème, vous l'aiderez à faire cela ? »
Oui.

« D'accord, bien. On voulait savoir au niveau du travail, parce qu'évidemment sur terre, nous avons besoin de travail pour survivre, pour avoir de l'argent, c'est une nécessité physique de troisième dimension. Vous, le Subconscient, vous savez pertinemment que nous avons besoin d'un travail pour nous nourrir, pour habiter une maison, pour payer nos factures. Tout cela est évidemment à un niveau 3 D. Mais Alison trouve qu'elle n'a pas assez de travail aujourd'hui.

Donc, Subconscient, pouvez-vous nous dire, vous qui savez tout là-haut, quel est le travail qui peut lui permettre d'être plus dans l'abondance et dans la sécurité financière, parce que vous seul savez où elle peut tirer cette abondance et cette sécurité financière. À quel niveau doit-elle faire le travail ? Est-ce que vous pouvez nous dire à quel niveau elle peut, elle doit aller ? Pour obtenir cela ? »

C'est elle qui choisira.

« Est-ce que vous ne pouvez pas l'aider un petit peu, lui donner une piste pour trouver, pour la guider ? »

Elle doit déjà faire le deuil de son métier, tel qu'il était.

« D'accord et c'est le deuil de quoi, le deuil du magnétisme ? »

Du massage, du magnétisme, oui.

« D'accord, elle n'a plus besoin de ça ? »

Elle l'utilisera ponctuellement.

« Quand quelqu'un aura besoin ? »
Oui.

« D'accord, c'était quelque chose de contraignant pour elle, ou c'est qu'elle n'a plus du tout besoin de cela pour vivre, c'était un moment de sa vie ? »
Oui.

« D'accord et maintenant, le moment de sa vie c'est quoi, vers quoi faut-il se tourner pour qu'elle puisse... »
Faire éclater la vérité.

« D'accord, donc comment fait-elle pour faire éclater la vérité ? »
Qu'elle écrive, qu'elle explique aux gens en parlant de l'amour universel.

« D'accord et donc l'écriture c'est un moyen de partager tout ça ? »
Oui.

« D'accord, est-ce que c'est le meilleur moyen pour elle aujourd'hui ? »
Oui.

« D'accord, est-ce que vous allez lui faire rencontrer les personnes qu'il faut pour qu'elle puisse éditer correctement son livre ? »
Oui, elles attendent.

« Elles attendent, d'accord. Est-ce que, tout à l'heure dans l'entretien préalable, à notre rencontre, elle a parlé d'envoyer un mail à certaines personnes, est-ce cela ? Est-ce qu'elle peut envoyer ces mails à toutes ces personnes ? »
Ce ne sera pas forcément parmi celles-ci.

« D'accord, ça sera donc d'autres personnes, elle va les découvrir maintenant ou plus tard ? Elle les connaît ? »
C'est trop tôt, là.

« C'est trop tôt ? D'accord, elle va les avoir bientôt ? »
Je ne sais pas.

« D'accord, donc vous ne pouvez pas lui donner une idée de temps, je sais que le temps n'existe pas, mais sur Terre, on a besoin de savoir un petit peu. Est-ce qu'il y a une idée de… »
J'interromps : Quand elle sera proche de la fin de son livre.

« D'accord, ce sera le moment voulu ? »
Oui.

« D'accord, parfait, de toute façon, nous vous faisons confiance, Alison vous fait confiance. Elle fait confiance au Subconscient et à l'Univers. Elle sait qu'au moment voulu, elle aura ce dont elle a besoin, puisque vous nous fournissez tout ce dont on a besoin au moment voulu. Et nous faisons entièrement confiance et Alison va vous faire confiance maintenant, pour tout cela. »

La notion de faire confiance, à un Soi supérieur dont j'ignorais jusqu'alors l'existence, peut paraître périlleuse. Néanmoins, si je décide de ni croire ni faire confiance, il est certain que je ne réaliserai pas mes projets et rêves. Je choisis donc de faire confiance. C'est aussi simple que cela.

« Est-ce que vous avez quelque chose, Subconscient, à dire à Alison, plus particulièrement, autre que les questions qu'elle avait à vous poser ? »
D'une voix étranglée, étouffée de larmes : Sois plus douce avec toi-même. Pardonne-toi, pas pour cette vie, mais pour les autres vies.

« D'accord, oui, on pardonne. C'est la plus belle chose le pardon. »
En pleurs : Aime-toi, aime-toi pour la belle âme que tu es.

« Merci, merci infiniment, oui, merci infiniment. Merci beaucoup. »
Je souffle pour me remettre de mes fortes émotions.

Le profond respect dans la voix de Tricia pour mon Moi supérieur m'impressionnait et me remplissait d'admiration, pour cette belle personne, si professionnelle, jusqu'au bout de la séance.

« Je remercie le Subconscient en tout cas pour toutes les réponses

qu'elle nous a apportées aujourd'hui. C'est toujours un plaisir et un grand amour de vous avoir près de nous. De nous guider, guider chaque pas que l'on fait, tous les jours et de nous donner ce dont on a besoin au moment voulu. Et que tout ce que l'on doit vivre, même si ce n'est pas positif, on doit le vivre. En tout cas, voilà.
Subconscient, une dernière petite question avant de vous quitter, c'était surtout de vous demander si aujourd'hui Alison avait des contrats d'âme qu'il faut qu'elle rompe, ou pas ? A-t-elle signé des contrats quelconques, avant, dans ses vies antérieures ? »
Elle n'a pas été fidèle à elle-même... elle a travaillé à l'encontre de qui elle était, **elle**. Donc, peut-être le contrat, c'est contre elle-même.

« D'accord, donc ça, est-ce que Subconscient, vous pouvez me donner l'assurance que vous rompez tout contrat d'âme qui aurait été signé avec ses vies antérieures ? Avec les êtres antérieurs, qui ne sont pas en adéquation avec son corps aujourd'hui ? C'est dans la vie actuelle qu'elle vit donc, les contrats, dont elle n'aurait pas besoin. Est-ce que vous pouvez nous dire que vous allez rompre tous ces contrats ? »
Oui, il est temps qu'elle apprenne sa leçon.

« D'accord, donc vous nous donnez la certitude que ça va être fermé ? »
Oui.

« Merci, très bien ».

*

Je bâille, je m'étire, Tricia me parle et je suis bien réveillée, persuadée que c'est mon mental qui a géré toute la séance. Je lui dis « est-ce que tu peux me certifier que je n'ai pas tout inventé avec mon mental. » Elle me dit que bien sûr, elle me promet que ce n'était pas inventé. Je constate à l'enregistrement que ma voix est plus forte et beaucoup moins douce que pendant l'hypnose, je n'étais pas tout à fait la même personne, du coup. Elle me demande si j'ai ressenti ou vu le moine, vu des images. Je pensais que oui, mais sans certitude. Elle me rappelle que j'ai vu des images, je les ai décrites.

J'étais aussi persuadée que le donjon était en lien avec mon envie d'être Jeanne, puis j'ai bifurqué dans l'histoire pour faire moins flagrant. Elle m'écoutait tranquillement argumenter de l'impossibilité d'autre chose que mon mental, puis elle m'a fourni les preuves du contraire.

Et là, c'était comme une bombe qu'elle me lâchait, pour annihiler toutes mes croyances limitantes. « Moi j'ai vu les images de toute façon, j'ai vu tout ce que tu m'as expliqué. Pourquoi avoir inventé ça plutôt qu'autre chose ? Tu ne peux pas inventer quand tu es en hypnose profonde de détente comme ça. Puisque, tu es allée sur le vaisseau, tu as déjà vu un vaisseau spatial ? Tu as déjà vu ces êtres en vrai ? Même si tu as vu certaines images dans des films, là tu es

partie à un endroit avec des personnes que tu connais déjà, pourquoi des extraterrestres iraient sauver une sorcière dans un donjon ? ».
Il est vrai que mon histoire était digne d'un film de Spielberg !
« Où est-ce que tu as inventé ça ? »
Rires de Tricia.

« Tu imagines un peu, il faut avoir l'imagination débordante quand même ! Et en plus après quand tu meurs c'est encore plus frappant je dirais, tu ne meurs pas sur Terre, mais dans ses bras, ça ne s'invente pas non plus, c'est quand même très beau. Ça veut dire que tu es restée avec eux, ils t'ont gardée parce que sur Terre de toute façon tu étais persona non grata ».

Je ne voulais pas revenir en tant que terrien de toute façon, dis-je.
« Exactement ! Donc, il y a des éléments Alison que l'on ne peut pas inventer. Ce n'est pas possible. On se dit forcément, parce qu'on a toujours notre mental qui dit qu'on l'a inventé. Mais non, on n'invente pas toujours, parce que les vies antérieures ce ne sont pas des inventions. Ce sont des VIES qui ont existé. »

Dans ma tête je cherche toujours une explication cartésienne et logique, car vous qui lisez, vous vous posez les mêmes questions, avouez.

« Il a existé le moine et ton âme a été dans son corps et tu as ressenti des choses. Il y a même un moment où tu as dit, je suis seul, comment tu peux ressentir cette impression de solitude en pleurant ? Et tu as pleuré, l'âme se souvient, tu ne pleures pas comme ça pour un oui ou pour un non, tu vois ce que je veux dire ? Tu as ressenti, tu as beaucoup pleuré Alison, tu as ressenti beaucoup d'émotions et ces émotions sont sorties de ton âme pour montrer ce que tu as vécu et les émotions, elles ne trahissent jamais. Tu ne peux pas inventer une émotion. Quand tu parles de l'incendie de la cathédrale, il est désemparé, il est seul et ses amis ont été tués. Tu inventerais ce genre de choses ? »

Lorsque je lui dis que j'avais fait une séance il y a bien longtemps et dans les trois vies, j'étais très seule, je dois être faite pour être seule, elle répond. « Eh oui, parce que là il y a un message,
toutes les vies antérieures que tu as, c'est un renouvellement et il y a un message là-dedans. Et le subconscient, il l'a dit d'ailleurs, il y a le message comme quoi, tu vois, la solitude et le fait que tu ne te pardonnes pas.
Tu ne fais pas le deuil de toutes ces vies et à chaque fois on te montre la même chose. Tu perpétues de vie en vie le même message, la même solitude. Là, on a demandé à ton subconscient et à tes guides de rompre ce contrat. Ce n'est pas toi, le subconscient, il a dit "elle n'est pas fidèle…", etc. Si c'était toi, tu aurais dit "je". »

Encore une preuve que c'était bien le subconscient qui répond à la troisième personne. Là, je commence vraiment à croire en tout cela et un soulagement m'envahit et les larmes reviennent.

« Il y a un flot d'informations impressionnantes qui vient et les douleurs, les douleurs… elles viennent aussi de ce que tu as vécu avant, des tortures, on t'a enlevé un enfant, des expériences, on t'a quand même utilisé pour des expériences, même s'ils sont bienveillants… j'ai trouvé joli qu'ils ne veuillent pas qu'un enfant puisse vivre à l'intérieur de quelqu'un d'autre. »
Ils les considèrent comme des parasites en quelque sorte, ai-je répondu. « C'est vrai qu'une fois qu'ils sont sortis, ils vivent leur vie. »
Oui, on se sent toujours responsables d'eux, mais s'ils poussaient à l'extérieur, le déchirement serait moindre, pour la maman et l'enfant.

« Pour ta vie de femme, suit ton intuition, si tu te sens en danger, tu t'éloignes, nos rencontres on les a connues dans d'autres vies et on a des choses encore à vivre.
Tu as beaucoup parlé de personnes qui doivent être responsables d'elles-mêmes. Tu as été trop souvent responsable des autres, tu t'es oubliée, tu as eu des douleurs et tu reviens dans la solitude. »
J'étais beaucoup dans le noir, je ne voyais rien.

« Oui, la notion de lourdeur, à laisser partir ».
Oui, même avant de me mettre sur la table, mon corps était plombé comme si j'avais des courbatures partout.

« Oui, parce que c'est lourd tout ça à porter, au début il y avait

encore le contrôle de l'esprit. Il a fallu que je reparte sur un autre chemin pour contourner ton esprit. Tu t'es trouvée à l'endroit même où tu as besoin et tu as des enseignements, seul dans la forêt dans ton petit cocon, protégé du monde... Il a été agressé, encore un rapport avec ta vie d'aujourd'hui. Tu avais envie de devenir toute petite, te cacher. La sorcière aussi, enfermée pour l'empêcher de parler. Aujourd'hui, tu te trouves dans la même position enfermée pour ne pas parler. Donc, la seule solution c'est l'écriture. »
Oui, les écrits restent.

« Le magnétisme et les massages t'ont aidée au début, mais une mission, elle bouge. »
Pour me guérir, moi, au début.

« Oui, il n'y a que par écrit que tu pourras porter des témoignages d'amour, c'est important ».

*

La séance avec Tricia avait démarré par une discussion, nous étions confortablement installées dans son cabinet comme lors d'un moment complice entre copines. Elle m'a demandé de lui parler de mon enfance, des choses qui m'ont marquée pendant ma jeunesse, ensuite mon adolescence et un peu de ma vie d'adulte, mes relations et ma famille. En énumérant mes épreuves, mes expériences, j'ai glissé les cinq questions qu'elle avait préconisé qu'on pose à mon Moi supérieur à la fin de la séance d'hypnose.

Vers la fin de cette partie d'échanges, pratiquement deux heures s'étaient écoulées depuis mon arrivée. Une douleur m'est arrivée dans l'utérus, au niveau du ventre dans l'aine, difficile d'en trouver précisément la provenance. En tous les cas, cela ressemblait à un poignard qu'on enfonçait et qu'on tournait, des couteaux, des contractions d'accouchement (que je n'ai pas connues, car j'ai eu une césarienne pour mon fils). Cette douleur ne m'a pas quittée pendant cinq heures, c'est seulement lorsque je suis arrivée chez moi qu'elle s'est estompée.

Cela m'a semblé si naturel lorsque Tricia m'a dit juste avant qu'on démarre la partie hypnose que j'étais en train d'accoucher de quelque chose. C'était bien cela, mon âme avait des choses à dire, j'allais accoucher de mes blocages, des choses incomprises à travers les âges, à travers mes vies.
Je vous ai livré plus haut la quasi-totalité de notre séance transcrite de l'audio qu'elle m'a fourni en partant. Mon mental a beaucoup résisté, lorsqu'on veut quelque chose trop fort on crée un blocage et on l'empêche de venir. Je n'ai pas retranscrit toutes les fois que j'ai répondu « je ne sais pas ». Elle était patiente Tricia, comme si elle parlait à un enfant apeuré qui ne voulait se livrer, elle m'encourageait en douceur à lâcher le contrôle de moi-même.

Pourquoi avoir retranscrit autant de détails de la séance ? Cette séance est personnelle et elle m'appartient, mais j'ai envie de la partager avec vous, car je sens que vous en avez envie également et même besoin. Comprendre comment fonctionnent nos vies antérieures et à quel point elles peuvent continuer à manipuler notre présent, notre vie actuelle est important pour notre avancement. Lorsqu'on capte les voix de notre passé et on ressent les émotions des êtres que nous étions, le chemin du présent ne peut qu'être plus clair.

Quels sont les enseignements que j'en ai tirés ? On peut toujours répondre « rien que je ne savais pas déjà ». Pourtant, lorsqu'on vit notre vie actuelle de cette façon, en la comparant à la lumière d'autres vies que nous avons menées sur Terre, ça change la donne.

Si j'ai une phrase clé à sortir de cette séance, elle c'est : « Je sais où je vais, je connais ma nouvelle mission et j'irai jusqu'au bout. »

Je suis vraiment enchantée, ravie, il n'y a pas de mot suffisamment fort, pour décrire ma joie à m'autoriser à vivre pleinement mon plus grand rêve. Le rêve d'écrire et de partager mes connaissances, mes ressentis et mes convictions. En effet, il ne s'agit pas de ma première publication. J'ai publié deux recueils d'histoires apaisantes pour enfants intitulés, *Rêver c'est Guérir*[14] et S*ix Contes*

---

[14] Alison Bell, *Rêver c'est Guérir,* Be Light Éditions, 2018.

pour l'Enfant Intérieur[15] et j'ai également créé deux oracles, *31 jours pour changer sa vie*[16] et *33 voies d'amour*[17]. Ces ouvrages ne retracent pas mon histoire.

Cette œuvre que vous lisez là, tout de suite, sortira de mes tripes et fera écho en vous, vous permettant d'aller jusqu'au bout de vos rêves. Je souhaite de tout cœur que ce livre vous serve de déclic pour aller chercher au fond de vous qui vous voulez être. Notre passage sur cette terre est à la fois court et long et il me semble qu'en profitant pleinement, il est bien plus agréable.

Dimanche 18 décembre de l'année 2022

Voici ce que Jeanne vient de me communiquer :

« *Fonce ma fille, ma guerrière adorée, ouvrière de la lumière et de la vérité. N'aie pas peur des représailles, crois en toi, tu sais que tu en es capable. La lumière de Dieu et le feu brûlent dans tes yeux et dans ton cœur. On t'a choisie pour partager des informations d'espoir et de courage aux autres. Ils attendent d'être sauvés, mais tu les responsabiliseras, tu leur montreras le chemin de vérité, la vérité sur qui ils sont et ce qu'ils peuvent devenir. Cette lumière*

---

[15] Alison Bell, *Six Contes pour L'enfant Intérieur*, Be Light Éditions, 2020.
[16] Alison Bell, *31 jours pour changer sa vie*, 2019.
[17] Alison Bell, *33 voies d'amour*, 2020.

divine changera la lueur en toi et cela se verra. Les gens te prendront plus au sérieux, et les autres ? Alors, tu feras comme moi, tu ne les écouteras pas, cela ne fera que renforcer Dieu dans ton cœur. Il te tient dans ses bras, mais tu n'es pas sa marionnette, tu es Diane, tu es forte. »

Quel magnifique message, je remercie Jeanne pour ce premier contact qui m'a vraiment émue ! La référence à Diane a non seulement une sonorité ressemblante à celle de Jeanne, mais il s'agit également mon deuxième prénom.

Chapitre 4 – S'aider ou se faire aider ?

Je vous ai déjà expliqué que j'ai plusieurs cordes à mon arc. Je suis notamment enseignante d'anglais à distance en visio. Ce soir, j'ai eu une étudiante qui a encore testé ma frustration de ne pas pouvoir faire la sauveuse.

Lorsqu'on échange avec quelqu'un de façon régulière, toutes les semaines et même parfois tous les jours, que ce soit dans leur langue maternelle ou pas, j'arrive toujours à comprendre ce qu'il y a derrière certaines paroles et lire entre les lignes. Une personne malheureuse ou perdue ou même désemparée ne va pas forcément le montrer ouvertement, mais je le décèle assez facilement.

Une personne qui commence à vous dire qu'elle ne sait plus où elle va dans la vie, cela se produit de plus en plus souvent. En revanche, je suis en cours d'anglais, pas en séance de coaching. Néanmoins, il m'est impossible de dissocier les deux moments. Une personne désemparée, qu'elle soit en cours d'anglais en visio ou en séance de coaching, pour moi, cela représente la même chose.

Cependant, parfois une personne ne sait pas demander de l'aide. On entend régulièrement des phrases comme, « je vais voir, je réfléchis, je vais chercher des idées », mais très rarement, « j'ai besoin d'aide ».

Jusqu'à très récemment, une personne qui déclarait sa souffrance, sans demander de l'aide, représentait une frustration sans nom pour moi. Bien entendu, je sais que chercher à sauver quelqu'un qui n'a pas demandé à être sauvé est une très mauvaise idée, mais aujourd'hui grâce à l'hypnose j'ai trouvé le plan B. Plutôt que rester les mains liées, à ne pas pouvoir aider l'autre, car la personne n'a rien demandé, écrire est la nouvelle solution pour moi. Par le biais de l'écriture, la personne qui achète ce livre le fait pour s'en sortir toute seule, elle cherche la solution en elle, et ceci est déjà un très bon début.

Réveillon de Noël, 24 décembre 2022

Tout s'accélère, je suis en profonde réflexion pour ce réveillon 2022. Je suis seule, comme je le serai pour les autres fêtes jusqu'à la fin de l'année, mais cela ne me gêne pas particulièrement. J'ai eu mes petites-filles à déjeuner ce midi et avec la plus grande, nous avons joué à la dînette, et à la pâte à modeler. Quelle joie aussi de tenir la petite de sept mois dans mes bras, lui faire des baisers sur le crâne, sentir sa douce chaleur, sa présence, son amour !
Alors vous me demandez, pourquoi je suis triste ? Il s'est produit quelque chose hier matin qui m'a profondément marquée et je n'arrive pas à chasser cette tristesse qui m'envahit. En rentrant des courses à midi, il y avait le SAMU et deux ambulances devant chez

mon voisin. Son épouse était en face sur le trottoir effondrée, dans les bras d'une autre voisine. J'ai baissé ma vitre pour proposer mon aide, mais on m'a fait signe de passer mon chemin, en secouant la tête.

Les ambulances sont restées plus de deux heures et j'avais un ressenti de mort, d'infarctus, ou je dois avouer, de suicide, je n'en étais pas certaine (mais plutôt le cœur quand même). Toujours est-il qu'un autre voisin de l'autre côté m'a vite mis au courant une heure plus tard, le voisin qui venait de faire un malaise et qu'on avait tenté de secourir était décédé. Il s'agissait de son cœur, des soupçons de cailloux et personne n'avait plus de détails, mais quelle importance. Le plus triste est qu'un père de famille de quarante-neuf ans ne verra plus ses petits, ses trois enfants qui attendaient Noël avec impatience et la mère, désemparée, ne sachant quoi leur dire.

Je m'autorise à pleurer en écrivant ces lignes, car je n'ai pas toujours été tendre à son égard. Je m'en veux d'avoir pesté lorsqu'il parlait trop fort dans son jardin, l'été. Il criait après ses enfants, pas méchamment, mais il avait une voix qui portait et cela me dérangeait parfois quand j'étais sur ma terrasse. Bien entendu, je n'aurais jamais souhaité une telle issue et j'éprouve des remords, pourquoi sommes-nous toujours dans le jugement ? Personne n'est parfait, vous me direz, mais en attendant, je suis triste pour cette vie qui s'est terminée la veille du réveillon.

La chambre où il est décédé est en face de la mienne, à quelques mètres. Je n'ai pas pu m'empêcher d'imaginer que lorsque son âme sera montée, elle me rendra visite avec des messages pour sa famille. Même si j'étais capable de dialoguer avec les défunts, je n'oserais jamais transmettre des messages à sa famille. Dans mon lotissement, on me trouve déjà trop « différente », alors je reste discrète, mon âme de sorcière ne souhaite pas être accusée.

La famille n'a pas dormi là cette nuit, vous imaginez bien, et la mort y règne encore sans doute. Sa femme, saura-t-elle revenir dans ce lieu rempli de souvenirs ? Je ne peux m'empêcher d'imaginer sa profonde souffrance, même si je sais qu'on ne doit pas prendre la souffrance des autres pour la nôtre, car on peut l'attirer. Aucun risque que je perde mon mari, je ne suis pas mariée, je ne suis même pas en couple. Ne tentons pas le diable et restons humbles et surtout reconnaissants pour tout ce que nous avons.

*

Mon amie Denise vient de m'appeler, elle vient de passer l'après-midi dans une maison de retraite auprès d'une très bonne amie en fin de vie. Cet après-midi, pour elle, était éprouvant, car elle a quatre-vingts ans elle-même et vient voir son amie de quatre-vingt-quatre ans dans un tel état (elle n'a pas mangé depuis cinq jours) a été extrêmement dur.

Elle me parle de son état, en expliquant que dans la maison de retraite où elle réside, son amie tombait régulièrement lors de ses déplacements aux toilettes et qu'elle était couverte de bleus. Elle me dit, « comment peut-on avoir envie de continuer à vivre comme ça ? ».

Décidément, cette fin d'année paraît raide pour beaucoup de monde et elle me dit qu'elle espère ne pas avoir d'autres mauvaises nouvelles dans les tout prochains jours, car elle ne sait pas si elle pourra le supporter. Je l'aime beaucoup, Denise, nous sommes amies depuis fort longtemps, je vivais dans son village, lorsque j'étais mariée avec le père de mon fils, agriculteur. Cela fait environ trente ans qu'on se connaît, trente-deux ans que je vis en France, quasiment toute ma vie française et je l'adore.

Même si avec l'âge on ralentit, elle est encore dynamique et nous avons des discussions fort intéressantes. Je ris intérieurement en pensant à elle, parce qu'elle me suit dans toutes mes histoires et jamais elle ne m'a jugée. Au contraire, même si elle ne comprenait pas toujours mes activités, elle m'encourageait.

Elle n'est pas très loin de chez moi, mais lorsque je vais la voir et quand je peux, je passe la nuit chez elle avec Eidi, ma petite chihuahua. Cela lui fait de la compagnie depuis qu'elle a perdu son mari il y a deux ans et je profite pleinement du temps que nous passons ensemble. Nous sommes convenus de nous voir le 3 janvier et je lui ferai goûter mon cake de Noël anglais, qui est bien réussi cette année et pèse presque trois kilos, elle en salive d'avance !

Le deuxième appel de la soirée est une autre amie, que j'ai également depuis environ treize ans. Commerçante qui travaille même le jour de Noël sur le marché, j'avais proposé de passer une partie de la journée avec elle, puisque j'étais seule et que cela me faisait plaisir d'être en sa compagnie. Elle me confirme que nous pouvons nous voir, si je le souhaite encore et être à ses côtés pour travailler ensemble dans son chalet pour demain, la journée de Noël à partir de 15 heures. J'en suis ravie, je porterai mon pull et mon bonnet de Noël et une super amie à mes côtés, que demander de mieux ?!

Jour de Noël 2022

Comme un besoin d'être plus proche de Dieu en ce jour de naissance de son fils. Le ciel au lever est magnifique, irisé de couleurs de tons orangé et rose, comme une nouvelle vie qui démarre aujourd'hui. Je saisis ma lecture du moment « *The Essenes: Children of the Light* » de Stuart Wilson et Joanna Prentis[18] et dans le chapitre « Time and Timelessness » (il est en anglais), quelques

---

[18] Stuart Wilson, Joanna Prentis, *The Essenes: Children of the Light,* Ozark Mountain Publishing, 2005.

phrases me transpercent le cœur de vérité et justesse, je vous les traduis ici :

« .. si vous pouvez pardonner complètement, le passé disparaît pour vous. Si vous pouvez pardonner complètement, vous n'avez pas à vous inquiéter du futur non plus, vous pouvez être pleinement en conscience, en vivant le moment pour vous focaliser sur les énergies de la Présence Divine. Rien n'est plus important, rien d'autre n'existe pour vous. Le passé et le futur, si vous êtes envahi de culpabilité, des soucis, et de l'anxiété vous volent votre pouvoir. Seul le présent vous donne ce pouvoir, et le pardon est la clé pour vous assurer l'expansion de votre conscience, pour vivre dans l'instant présent... C'est cela la liberté... Le plus beau cadeau qui nous est donné. »

Oui, ce sont des paroles puissantes, pas les miennes, mais peu importe. Un messager de Dieu à travers des séances d'hypnose régressive nous transmet ce message puissant pour l'humanité. Quelle que soit votre religion, Dieu, votre Dieu, notre Dieu, est en nous. Nous nous devons le respect, l'humanité, et la concentration sur le présent, vivre le moment et ressentir qu'il n'y a que l'instant présent qui compte. Nous ne pouvons pas changer notre passé et nous ne pouvons pas avoir d'influence sur notre futur, car seulement une présence divine a cette capacité.

Je sors de mes pensées, un oiseau chante gaiement dans le jardin, plus fort que les autres, il raconte son instant présent.

J'aime imaginer qu'il dit : « Et vous là, dans vos petites boîtes carrées, en train d'ouvrir des petits paquets, il y a une vie ici dehors. Nous aussi, nous sommes des messagers, des messagers d'adaptation, de résistance, de communion avec la nature. Que faites-vous enfermés lorsque la vie est ici dehors, dans la nature ? À vous de communier avec les arbres, le ciel, la beauté de la vie tout simplement. »

Ni neige ni températures glaciales là où je me trouve actuellement, même si aux États-Unis ils ont des températures polaires en ce moment. Ici, juste une journée douce et apaisante qui démarre. Le soleil s'habille de ses reflets subtils, mettant en valeur les feuillages, se reflétant dans les fenêtres des maisons où tout semble s'arrêter dans le temps.

À cet instant, je suis en paix avec le maintenant, avec moi-même et avec la vie. Quel confort, de ne pas se soucier de l'avenir, de ne plus réfléchir au passé, de vivre tout simplement. Je pense aux amis et à d'autres membres de la famille, qui sont réunis pour des moments de joie, de souvenirs et parfois de tristesse. J'aurais tant aimé partager cette matinée avec d'autres, mais comme on sait que derrière les rideaux, les gens ne sont pas réellement heureux et ne vivent pas l'instant, finalement je n'ai pas de regrets.

Les réseaux sociaux envoient les mêmes images insipides de père Noël, de boules de Noël, de paysages enneigés, pour souhaiter aux uns et aux autres de la paix, de l'amour et de la joie. J'ai choisi de ne pas publier ce matin, je mettrai certainement une photo dans le chalet de Noël avec mon ami cet après-midi et une petite phrase qui dit « on n'est jamais seul, joyeux Noël ».

Je viens d'appeler mes parents avant de partir au marché cet après-midi. Ils semblent tristes que je sois toute seule pour Noël, je suis surtout triste de ne pas passer Noël avec eux, en pensant qu'il ne leur reste pas beaucoup de fêtes de fin d'année. Pourtant tout est un choix dans la vie, j'ai choisi de quitter l'Angleterre, de quitter ma famille, pour prendre mon indépendance dans un pays qui me faisait rêver depuis toujours. La France est le pays de mon cœur, depuis toute jeune, je rêvais de vivre dans un pays francophone et d'avoir un enfant bilingue, chose faite.

En ce qui concerne le reste de ma vie, si elle était à refaire, que ferais-je différemment ? La question est vaste et les réponses ne me viennent pas spontanément. Tout ce que je sais est que je préfère ne rien regretter, les regrets ne nous font pas avancer. Si je fais le bilan de ma vie, il me semble que j'ai vécu beaucoup de choses par deux, en double : deux fois divorcée, deux fois violée. Tout cela est bien derrière moi, les souffrances ne doivent pas rester accrochées à nous comme des parasites, à déterminer le reste de notre vie.

Ne pas regarder en arrière est une bonne solution pour moi, j'ai fait la paix avec mon passé et surtout j'ai pardonné. Pardonner n'est pas oublier ni accepter, pardonner c'est se libérer, ne pas rester accroché à ceux qui nous ont fait du mal, parfois il s'agit de nous-même.

Le vent souffle joyeusement dans la cheminée, je bois mon café en attendant de partir au marché, j'ai raté un appel avec mon frère et sa famille, mais je les rappellerai. Lors des périodes comme Noël, je réalise que la seule famille que j'ai ici, en France, est mon fils, qui lui a sa propre famille maintenant. Il n'est pas toujours tendre avec moi, surtout lorsqu'il me dit que j'ai choisi cette solitude, cette vie de célibat, certaines personnes ne choisissent pas, elles subissent. Je n'en fais pas partie, effectivement, j'ai choisi cette vie, j'ai choisi de quitter mon pays et ma famille, j'ai choisi de ne pas être en couple, je ne m'en plains pas.

Parfois, je manque de tolérance, lorsque j'entends les personnes se plaindre de leur sort. Puisque leur sort, ils en sont au moins partiellement responsable, non ? Je ne cherche pas à dire qu'une grave maladie, on la mérite, ni le décès subit d'une personne proche, mais les vibrations que nous émanons, nous les attirons, j'en suis convaincue.

J'ai fait un visio à l'instant avec mon frère et sa famille, mon neveu et ma nièce ont tellement grandi, je ne les ai pas beaucoup vus pendant leur petite enfance, car ils habitent à Londres et les rares fois où je retourne en Angleterre, mes parents sont toujours prioritaires. Mon frère et sa famille n'ont pas encore rencontré mes petites-filles et l'aînée a bientôt deux ans. La technologie d'appels en visio a fait qu'il y a moins d'urgence à rencontrer en face à face les gens puisqu'on peut échanger par ce biais.

De toute façon, lorsque vous prenez la décision de quitter votre pays d'origine, cela équivaut à sacrifier certaines relations familiales. Vous acceptez que l'éloignement géographique crée souvent un éloignement du cœur également. Cela fait des années que je n'échange plus régulièrement avec mon frère et je pense que lui et sa famille ne sont pas venus chez moi en France depuis environ neuf ans.

En écrivant cela, je me rends compte de cette distanciation et le fait qu'il n'éprouve pas forcément le besoin, ou plutôt il n'ose pas passer trop de temps avec moi, car il sait que je sais. Il sait que je ressens son mal-être, je ne sais pas d'où vient ce mal-être, ce n'est pas ma place de deviner, puisqu'il a choisi de ne pas se confier à moi. Cependant, il est toujours difficile de savoir un membre de sa famille en détresse, c'est frustrant, même décevant, de penser que cette personne a choisi de ne rien dire. Après, si on réfléchit bien, beaucoup de personnes, happées par le quotidien bien chargé, ne prennent pas le temps d'avouer et encore moins de s'occuper de leurs souffrances.

Chapitre 5 – Message pour l'humanité

Lundi 26 décembre 2022

Je pourrais attendre de recevoir des messages de Jeanne, mais je préfère lui demander certains renseignements, afin d'avoir des réponses plus précises à mes questions. Alors je commence par lui demander de façon simple, si elle a des messages pour l'humanité, des lumières pour éclairer notre chemin.

Je suis toujours en dictatexte et jusqu'ici je n'ai jamais canalisé de cette façon. Habituellement, j'ai plusieurs façons de faire, soit je tape la question sur l'ordinateur, en fermant les yeux et j'attends la réponse que je tape, toujours les yeux fermés. Soit, je le fais en direct, comme j'ai fait avec Véronique l'autre jour, en écrivant sur un cahier.

Véronique est une belle amie récente, formée en hypnose régressive, reiki, tirages quantiques et passionnée de la peinture de géométrie sacrée. On me l'avait conseillé pour faire un tirage quantique et depuis, elle m'a ouvert à la vie et m'a permis de révéler mes capacités de canalisation. Elle est devenue, pour moi, une personne importante et aujourd'hui nous nous soutenons mutuellement aux moments compliqués de la vie.

Alors, allons-y, je verrais bien ce qui sort à la fin de ce chapitre ou de ces quelques paragraphes, puisque je ne sais jamais combien de temps je vais capter les messages. Le bruit mental peut prendre le dessus à n'importe quel moment.

« Mes chers êtres, on me demande un message pour l'humanité, un message pour éclairer vos chemins. Je peux vous dire déjà qu'à mon époque l'humanité était tout autre. Dans le mot "humanité" il y a le mot "humain" et les relations humaines étaient bien plus simples lorsque j'étais sur Terre. Si nous commettions un crime, nous étions punis, brûlés ou garrottés. Si nous faisions du bien, nous étions vénérés, bénis ou aimés tout simplement.

Les gens connaissaient leurs places, les mères s'occupaient de leurs enfants, les pères travaillaient dans les champs ou partaient en guerre avec leurs fils aînés, et les enfants aidaient aux tâches à la maison. La vie était à la fois dure et simple. Elle était dure, car on n'avait pas les distractions que vous avez aujourd'hui, mais elle était simple, car la journée était remplie et on n'avait pas le temps de se poser autant de questions.

Vous vous interrogez beaucoup sur l'utilité de l'existence et de la vie. Vous vous interrogez aussi sur l'existence de la vie après la mort, je peux vous dire qu'elle existe, il y a également la vie après la vie. Vous pleurez vos défunts, mais vos défunts ne vous pleurent pas.

Toutes ces excuses pour ne pas vous occuper de vous, toutes les excuses pour être dans le jugement, manquer de bienveillance et surtout manquer de persévérance.
La persévérance et le courage, nous en avions tant besoin à mon époque, car lorsqu'on baissait les bras on était déjà mort. Pourtant on vivait, nous, on avait de vraies relations humaines, on avait des échanges de colère, oui, mais aussi d'amour, d'écoute et de rivalités entre amis ou entre voisins.

Et la connexion avec Dieu, quel que soit votre Dieu, puisque je comprends bien qu'il y ait des contrées lointaines qui n'aient pas le même Dieu et cela ne me dérange aucunement. L'essentiel, c'est que vous croyez en quelqu'un, que vous croyez en une force divine, mais pas supérieure, car Dieu, votre Dieu, est votre égal. Encore faut-il que vous soyez dignes de vous appeler Dieu au même niveau que lui, si vous trépassez, sachez qu'il vous punira. Si vous pratiquez des bonnes œuvres autour de vous, dans votre entourage et même au-delà, vous serez récompensés par une bonne santé et une vie riche de beaux événements.

Arrêtez de vous lamenter sur votre sort, arrêtez de pleurer, cessez de vous plaindre et de vous insurger.
Vous vous révoltez contre les conditions de vie qui ne vous conviennent pas, vous ne connaissez pas votre bonheur, vous ne connaissez pas la vraie misère du monde. Tant que vous ne l'avez pas vécue, vous continuez à vous plaindre, mais il y a un monde, là,

dehors, ne restez pas dans votre petit monde, limité à vos problèmes et à vos contraintes.

La vie est lumière, la vie est amour, la vie c'est vous qui l'avez créée avec vos intentions, et avec vos cœurs. Vous croyez que j'ai toujours eu un cœur pur et rempli d'amour ? Non, je ne suis pas née sainte, je ne suis pas née guerrière, je suis née petite fille, d'une famille modeste, qui a découvert Dieu. Je suis surtout née petite fille qui avait envie de croire que l'amour éternel et inconditionnel existait et elle a trouvé cet amour dans le Créateur, celui qui fait tant peur aux ennemis. Je me suis dévouée à la cause, je suis morte pour la cause, mais jamais je me suis plainte, jamais je n'ai baissé les bras. Dans ma vie se mêlaient les émotions, des sentiments de tristesse, de colère, de bonheur, de joie, d'amour, mais je n'ai jamais cessé de croire que la vie valait la peine de se battre, pour qu'elle continue plus belle encore.

La vie est lumière et vous êtes lumière, vous êtes des milliards de petites étoiles qui brillent dans le ciel, vous êtes le souffle qui fait frémir les feuilles dans les arbres, vous êtes le vent dans les ailes des oiseaux, qui monte plus haut et encore plus haut. Vous êtes aussi la pénombre, le noir le plus sombre, l'encre noire qui dessine vos vies, à vous de voir si vous souhaitez écrire une belle histoire d'amour, ou une histoire de guerre, de trahison et d'atrocités.

La vie est si précieuse, utilisez-la à bon escient, protégez-la, protégez votre santé, car vous n'en avez qu'une et ensuite vous remontez. La plus grande œuvre de votre vie aujourd'hui n'est pas vos enfants ni votre famille, car vous êtes la pierre angulaire de tout cela, de tout votre environnement. Si vous n'êtes pas fort, les fondations ne le seront pas et vous entraînerez tout votre entourage avec vous.

Ne pensez pas que je n'ai jamais eu des moments de doute, c'est faux, bien sûr que j'ai eu des doutes, et parfois quand je vous regarde je me demande si tous mes efforts n'étaient pas en vain. Car vous les peuples qui m'ont succédé, vous n'avez rien compris à la vie, je suis si triste pour vous. Vous n'avez pas compris que la vie est un cœur qui bat, une inspiration et une expiration en continu, une goutte d'eau qui alimente un univers d'océans.

Soyez tendres avec vous-mêmes et avec les autres, soyez justes dans vos jugements sinon vous serez jugés. Soyez travailleurs, soyez courageux dans tout ce que vous entreprenez, la vie ne vous viendra pas si vous n'allez pas la chercher.

Lorsque j'étais dans ma prison, que j'attendais par la grâce de Dieu d'être sauvée ou de mourir, je n'ai pas douté de mes convictions et j'étais en paix. Soyez en paix avec vos décisions, avec vos choix, soyez en paix avec qui vous êtes aujourd'hui, qui vous étiez hier et qui vous serez demain. On vous a créé, mais ensuite le reste du travail c'est vous qui le faites, c'est vous qui créez la suite de votre vie, c'est vous qui créez l'instant présent que vous vivez si peu.

Vous qui lisez ces mots, soyez-en convaincu que je ne veux que votre bien, que je cherche à vous ouvrir les yeux, pour aller regarder dans la profondeur de vos âmes et comprendre. La vie est une boucle continue, nous ne sommes jamais morts, notre âme perdure, à vous de voir quelles énergies et vibrations vous souhaitez lui donner. Quel est le message que vous souhaitez donner à votre descendance, un message d'espoir et d'encouragement ou au contraire un message de désespoir et de découragement ?

À vous de voir, je ne peux pas le faire à votre place, j'ai déjà tant lutté pendant la guerre à mon époque. Ai-je servi à faire comprendre à d'autres la puissance de la foi ? La foi en tout, en vous, en Dieu, foi en le monde, en les autres, la foi et l'amour sont les clés de la vie ».

Je suis extrêmement émue par ses paroles, certaines notions ressemblent à mes convictions et valeurs.

Néanmoins, j'ai sincèrement l'impression que certaines paroles viennent d'elle, cette guerrière sainte qui a tant à nous apprendre. Si vous lisez ces paroles et que vous les ressentez dans votre cœur et dans votre âme, alors cela me suffit, il m'est inutile d'être convaincue de la provenance, c'est bien le contenu qui compte.

Il est vrai que nous nous épuisons, à nous poser les mêmes questions, « où vais-je, que fais-je, qui suis-je ? ». Et si on se concentrait sur l'essentiel de la vie, c'est-à-dire vivre, tout simplement ? Et là, vous répondez « oui, mais ». Il y a souvent un « mais » dans nos propos, comme si nous étions d'éternels insatisfaits. Il n'y a pas de mal à vouloir améliorer sa situation, avancer sur son chemin, bien entendu, l'important est de savoir le faire de façon innée, sans se poser autant de questions.

Cela nous permet d'enchaîner tout naturellement sur le prochain sujet que je souhaite aborder, qui est l'intuition. Il est vrai que le sujet de l'intuition mérite bien tous les livres qui ont déjà été rédigés. Je n'ai pas la prétention de détenir la science infuse sur l'intuition, d'autant plus que je ne suis qu'aux prémices. Je me suis formée à un protocole s'appelant le Remote Viewing, il y a très peu de temps et même si je ne pratique pas suffisamment, car oui il faut pratiquer, les résultats sont déjà là.

Chapitre 6 – L'intuition, notre arme secrète

Jeudi 29 décembre 2022

L'autre jour, lorsque j'ai vu les ambulances devant chez mon voisin, mon intuition me disait un décès. Plus le temps avançait et la présence des ambulances perdurait, plus j'étais certaine qu'il s'agissait du cœur. J'avais vu juste. Aujourd'hui ont eu lieu les obsèques de ce voisin que je découvrais en échangeant avec d'autres voisins. Des bribes de sa vie m'arrivaient, comme un flot d'informations disséquées, des petits bouts de la vie d'une personne qui m'était inconnue.

Malgré de nombreuses tentatives à la fête des voisins tous les ans, chacun reste discret et chez soi, seulement les enfants se retrouvent régulièrement en communauté joyeuse de jeunes gens.
En covoiturage ce matin, j'ai évoqué la possibilité d'augmenter l'attention qu'on prête aux voisins qui nous entourent. J'ai expliqué que l'autre jour j'étais partie une nuit en déplacement sans prévenir les voisins proches de mon absence. J'ai voulu tester la curiosité des autres, si mes volets restaient ouverts plus de vingt-quatre heures. Force est de constater que personne ne m'a appelée pour savoir si j'étais là, personne ne s'est soucié de savoir si j'allais bien.

Lorsqu'on vit, seul, cela interpelle quand même, l'idée qu'on puisse tomber et que personne ne vous trouve pendant des jours. C'est la vie, vous allez me dire, et vous aurez raison. Un autre voisin a évoqué l'intérêt à installer un défibrillateur dans le lotissement, cela pourrait effectivement sauver des vies, moyennant un minimum de notions de secourisme.

Je continue à vous livrer mes ressentis sur cette cérémonie d'obsèques, même si on est sorti un peu du sujet de l'intuition, car les obsèques, en France et encore moins en Angleterre, ont peu fait partie de mes expériences, j'ai été épargnée de ce côté-là.

Je me suis retrouvée dans cette salle, partiellement remplie de mes voisins, les autres personnes m'étaient inconnues, certainement de la famille et des collègues de travail. Il s'enchaînait des chansons appropriées aux paroles qui brisent les cœurs de personnes ayant souffert et il y a eu puis le discours très touchant de son épouse. Vingt-trois ans de vie commune, trois merveilleux enfants et la lourde tâche de tenir le choc, pour le bien de sa famille.

Au moment du recueillement, avant le départ du cercueil, je me suis entendue pleurer presque de façon incontrôlable, à me fourrer le visage dans mon foulard pour étouffer le bruit. De quel droit pleurais-je ? Je n'ai pas connu cet homme, je ne l'ai pas fréquenté, nous avons échangé brièvement comme deux voisins qui se croisent.

Je savais que pleurer un homme qui partait pour être en paix, un homme qui aller entourer sa famille terrienne de ses bras célestes et les protéger, était futile. Vous savez comme moi que lorsqu'on pleure le départ d'une personne, on pleure pour ceux qui ne restent pas pour ceux qui partent. Jeanne nous a clairement dit récemment que nos défunts ne nous pleurent pas et elle a bien raison. Je crois fermement qu'une fois arrivés là-haut, les souvenirs des émotions vécues avec notre famille sur Terre s'estompent très vite et nous sommes juste en paix.

Alors, pourquoi pleurer ? J'ai pleuré pour cette maman qui venait de perdre son âme sœur, je pleurais la cadette qui venait de fêter ses quatre ans sans son papa adoré et qui avait les yeux remplis de chagrin. Elle avait fait l'éponge de toutes les larmes de sa maman ces derniers jours et elle était brisée, les deux autres enfants également.

Je me suis mise à genoux devant ma voisine, que je connais encore moins que son mari, pour lui proposer mon aide. « Quelle que soit l'heure du jour, de la nuit, pour toi, ou tes enfants, j'habite juste à côté, demande et je serai là ». Elle a hoché doucement la tête, et un sourire mêlant reconnaissance et profond chagrin a orné son visage. Telle Jeanne d'Arc, elle venait d'acquérir le statut de guerrière, se battant pour le maintien de sa petite famille et l'harmonie de cette dernière, et cela ne dépendait plus que d'elle aujourd'hui. Elle avait toute mon admiration.

Les mêmes paroles tournaient en boucle dans ma tête, « nous ne sommes rien sur cette terre, profitons, pensons à dire régulièrement, à quel point nous aimons les autres ». Si vous n'avez pas dit « je t'aime » à votre entourage aujourd'hui, poser ce livre et allez-y, il est temps.

L'après-midi du 29 décembre 2022, anniversaire de ma petite-fille Talia

Quelle journée particulière, la matinée à célébrer la vie d'une personne qui venait de quitter ce monde et l'après-midi à fêter cette jeune vie de deux ans pour son jour de naissance !

Environ douze convives, des jouets, des gâteaux et toute une famille de ma belle-fille, famille agréable, mais pas comme moi. Mon fils me fait des petites remarques qui ponctuent cet après-midi, pour me rappeler que je ne suis pas comme les autres. Vous qui lisez ce livre, si vous êtes plus avancé sur votre chemin de découverte de soi, vous comprendrez ce que c'est, d'être « différent ».

Je ne suis pas forcément mal à l'aise en compagnie des autres, seulement je ne suis pas à ma place. Si la téléportation existait, j'appuierais souvent sur le bouton pour me retrouver chez moi, dans mon cocon douillet. Je n'ai pas pu vraiment accéder aux échanges complices avec Talia, il y avait trop de « compétition », surtout avec sa nounou et son mari « Gégard », prononciation « taliane » de Gérard !

La communication que j'ai avec mes petites-filles est aussi différente que tout le reste. Je leur parle uniquement en anglais, avec l'encouragement de mon fils qui a lui-même été élevé de la même façon. Il réalise l'atout de naître bilingue. Le seul inconvénient pour l'instant, est qu'à deux ans elle parle français très bien et peut tenir une conversation avec tout le monde sauf avec moi. Alors oui, elle comprend une partie de ce que je lui dis en anglais, mais l'échange n'est pas aussi riche, pour l'instant, car elle ne peut répondre dans ma langue maternelle. Je lui montre ses pieds en disant « shoes » et elle répond, « non, chaussures ! ». C'est drôle et mignon à la fois et plus tard nous aurons notre petit langage à nous et je serai la « nan » la plus fière du monde. J'échangeais déjà avec elle lorsqu'elle était encore dans le ventre de sa mère, mais chut, personne ne le sait !

Après avoir mangé de bons gâteaux remplis de crème fouettée, en faisant abstraction des ingrédients laitiers, rarement consommés pour ma part, nous voilà partis au fond du terrain pour voir Pépite. Pépite fait partie de sept chèvres naines et un bouc chez mon fils et deux chevreaux de deux jours. Un des petits est noir avec de grandes oreilles blanches en pointe. Que c'est craquant les bébés de n'importe quelle espèce, les cœurs les plus durs s'attendrissent devant leur fragilité et leur douceur.

Je n'avais pas le cœur de remonter et échanger avec toutes ces femmes de la même famille, alors après quelques minutes d'échanges à propos de bricolage avec les hommes dans le garage, me voilà libérée pour retourner dans mon fief et vous retrouver.

Vendredi 30 décembre 2022

Dernier zoom de l'année avec mon frère et toute ma famille chez mes parents, et côté français, mon fils depuis chez lui avec sa petite famille et moi depuis chez moi. Quel plaisir de partager ce petit moment, de voir la joie sur le visage de maman qui aperçoit ses arrière-petites-filles qu'elle ne rencontrera certainement jamais. Molly et Danny, douze ans et quatorze ans respectivement, nous ont joué une petite chanson de Noël à la flûte et à la guitare, c'était bien agréable. Je les ai invités passer une semaine chez moi, leur tante française (enfin, franco-britannique) l'été prochain. Ce sera merveilleux de les connaître enfin, mon neveu et ma nièce, je les aperçois de temps en temps en visio, mais cela fait de bien longues années que je n'ai pas passé du temps avec eux.

Pour revenir au titre de ce chapitre, l'intuition, aujourd'hui je me suis permis d'inculquer l'idée que tout est possible à l'une de mes étudiantes en anglais. Mélinda est stressée, beaucoup trop stressée. Elle dit que l'enjeu est énorme, qu'elle n'a qu'une chance pour réussir cette épreuve, le TOEIC[19] et qu'il ne lui reste plus qu'une semaine pour se perfectionner en anglais. Je la mets en garde contre la nocivité du stress qui envahit le cerveau et bloque notre capacité de réfléchir et surtout d'émettre des réflexions posées.

Lorsqu'on est stressé, notre mémoire est comme voilée et nous n'avons pas accès à toutes les informations dont on a besoin. Je n'ai que deux séances de deux heures avec elle et j'ai démarré hier. Les premières minutes ont été occupées à l'apprentissage de la respiration pour maîtriser ses émotions. Ensuite, tout au long du cours, elle ponctuait ses réponses anglaises par, « je suis débile, je n'y arrive jamais, je ne réfléchis pas, je ne sais jamais, je suis bête... » Au secours ! Je l'ai suppliée d'arrêter d'utiliser ce langage, en lui expliquant que nous créons notre réalité par notre vocabulaire, nos pensées et nos paroles.

Je lui ai conseillé de retenir la phrase, « je peux le faire/I can do it » et qu'elle commence chaque journée avec de la respiration, en visualisant ses réussites de la journée. Aujourd'hui, le deuxième jour du cours, à la fin des deux heures que durent la leçon et après beaucoup d'encouragements de ma part, surtout du côté de l'intuition, elle a compris l'ampleur de cette arme secrète. Pour chaque exercice, je lui demandais de me dire la première réponse qui lui venait en tête, et c'était quasiment toujours la bonne.

---

[19] TOEIC, Test of English for International Communication - *certification qui détermine la compréhension écrite et orale en anglais.*

Si les enfants à l'école et les étudiants dans les grandes écoles pouvaient se faire confiance, faire confiance à leur intuition, alors leurs années d'études seraient tellement plus simples. Après seulement deux cours de deux heures chacun, Mélinda en était convaincue, un sourire de soulagement ornait son visage désormais plus détendu qu'au début des cours. Je lui ai demandé la date et l'heure de son épreuve en lui promettant d'être avec elle par la pensée et de lui envoyer de bonnes ondes. À ma grande surprise, elle m'a répondu : « Oh merci, merci, c'est super, j'y crois vraiment à ça, merci encore pour tout, je vous tiendrai informée. »

Cette génération de jeunes personnes, qui cherche à s'en sortir malgré deux années catastrophiques, interrompues au niveau de leurs études, est bien plus éveillée que nous pouvons l'imaginer. Ces jeunes ont envie de croire que le monde est plus que nous voyons avec nos yeux. Malheureusement, ils ont aussi besoin de s'intégrer à la masse, de ne pas faire de vagues et de se comporter comme tout le monde. Être accepté par les autres est parfois plus important pour certains que leur propre évolution personnelle, qui se trouve ainsi sacrifiée, jusqu'à plus tard.

En tant qu'adulte, ayant vécu des épreuves que ces jeunes n'ont pas encore connues pour certains, je me sens habitée de la mission de leur ouvrir les yeux sur ce monde merveilleux qui les attend. Et voilà comment cette année, mon travail de praticienne bien-être s'est tari pour être remplacé par celui d'une enseignante d'anglais qui intègre la notion de bien-être dans ses cours. De nos jours, l'adaptabilité en toutes circonstances est la clé de l'avancement personnel et je dirai même de la survie économique.

Trop de personnes se focalisent sur leurs échecs et oublient tout ce qu'ils ont réussi dans l'année. À vingt-quatre heures de la fin de l'année, je vois de nombreuses personnes sur les réseaux, impatientes de se libérer de cette année compliquée pour beaucoup. Et si on pensait à dire merci à cette année pour tout ce qu'elle nous a apporté, pour tous les enseignements que nous avons tirés et pour toutes les belles rencontres, ce serait mieux non ?

Samedi 31 décembre 2022

Dernier cours d'anglais de l'année, ce matin et note à moi-même : « Arrête de déceler les souffrances chez les autres et de leur proposer ton conseil quand ils n'ont rien demandé ! » J'ai demandé à mon élève, D., femme salariée dans une entreprise qui chauffait son bureau à dix-sept degrés et qui s'en plaignait, de me parler de ses vécus positifs de l'année. Nous avons terminé sur ses doléances qui ont pris bien plus de temps que le côté positif, je m'acharnais à proposer des solutions pour tout ce qui n'avait pas fonctionné pour elle. Elle avait une surcharge de travail, elle faisait le travail de deux personnes sans reconnaissance ni augmentation de salaire.

Côté personnel, elle ne prenait pas le temps de voir sa meilleure amie qui vivait à quinze minutes de chez elle.

J'ai fini par lui résumer la situation en disant « décide ce que tu attends de ta vie, si tu veux garder ton emploi dans de bonnes conditions, en 2023, tu vas devenir guerrière pour y arriver, sinon, cherche ailleurs ». Bon, c'est un peu basique comme raisonnement, mais elle sait qu'elle a un réel souci de manque d'estime d'elle-même, il est inutile de vous dire ce que cela donne, face à des personnes autoritaires…

Je captais ses émotions, mon intuition me disait qu'elle était en réelle souffrance, mais ne se sentait pas la force de sortir son bouclier et son épée, car son armure lui pesait déjà, tel un manteau de plomb. Je ne peux m'empêcher de me soucier des autres, même si ma résolution est « je suis ma priorité et j'arrête de vouloir aider sans qu'on me le demande ».

*

Une bonne promenade avec Eidi, dans la gadoue, téléphone collé devant le visage pour faire une vidéo de conseils de libération et d'évacuation de l'année 2022 pour les réseaux, et me voilà redevenue moi. Il n'y a rien de mieux que la nature pour se sortir de la tête de toutes ses pensées et respirer.

Les oiseaux nous rappellent que les humains sur Terre sont bien moins nombreux que toutes les autres créatures réunies. En effet, nous ne sommes pas le nombril du monde, je dirais même pas le petit orteil !

Toujours sur l'intuition, je ne vous ai pas raconté mon plus grand exploit en matière de prouesses intuitives. Revenons au jeudi 15 décembre, le jour où je suis arrivée chez mon ami, Pascal[20], pour passer un petit moment avec lui. Ma séance d'hypnose du lendemain étant à une heure et trente minutes de chez moi et seulement trente minutes de son domicile, j'avais décidé de dormir chez lui.

Pascal est un ami de longue date. Cela fait environ dix ans qu'il est rentré dans ma vie, un jour automnal, lorsqu'il a accompagné sa femme adorée atteinte d'un cancer, pour une séance de magnétisme. Isabelle était un ange sur terre et aujourd'hui elle veille sur lui et l'encourage à apaiser les maux des autres.

Son parcours de vie, mi-rockeur, mi-bad-boy était à l'opposé du mien, mais avec Pascal nous sommes devenus de grands confidents. Aujourd'hui, une queue de cheval dépasse son chapeau de paille blanc et il tente de rire à la vie qui ne lui a pas toujours fait de cadeau.

---

[20] Pascal Cary, *L'enfant du Goulot:* Edilivres, 2016.

J'étais contente de pouvoir passer ce moment privilégié en sa compagnie et cela faisait longtemps qu'on n'avait pas eu une si longue discussion. Il m'a quand même avoué le lendemain après-midi, à mon retour, que j'étais la seule personne qui l'épuisait, tellement j'étais « speed » et qu'il s'était littéralement écroulé au lit la veille au coucher !

Après mon arrivée, les bras chargés de victuailles pour notre repas du soir et autour d'un lait chaud épicé et d'une mince *pie* (tartelette anglaise de Noël, faite maison, épicée et délicieuse), je lui demande s'il peut me faire un massage. Il est masseur-magnétiseur comme moi, mais cela fait plus d'un an que notre métier est sinistré, puisquon' nous met dans le même lot que les sectes et les charlatans. Ce n'est pas mon intention ici de lancer une polémique, mais l'effondrement du monde du bien-être et la montée de personnes, mal dans leur peau, qui deviennent praticiens en quelques mois, ont fait beaucoup de tort à ceux qui pratiquent depuis des années.

Surpris par ma demande et surtout pas préparé psychologiquement, il n'a pas osé refuser, mais a émis des réserves. Il faut dire que je lui posais un certain nombre de contraintes. Persuadée que le toucher de l'homme m'était devenu repoussant, je m'étais donné comme mission de réparer ce dégoût. Comme si je cherchais à démarrer le soin qu'allait me procurer l'hypnose le lendemain. Il a compris qu'il allait devoir me masser de façon appuyée, sans ambiguïté, pour éviter que je saute de la table, tel un daim effrayé par l'humain.

Il appréhendait, ressentait la pression et l'enjeu (il participait à la guérison d'une partie de mon âme), mais il était consentant. Puisque sa salle habituelle n'était pas chauffée, me voilà en string jetable habillée d'une serviette, devant son petit poêle à bois ancien en fonte, à attendre l'installation de sa table de massage dans la salle à manger. Par crainte de courants d'air, Pascal avait prévu un chauffage d'appoint, un poêle à pétrole, bien moins agréable que la fumée d'encens habituelle, mais je n'allais pas faire ma princesse !

Quelle situation insolite, je ris en revivant la scène, mais d'abord revenons à l'intuition. Juste avant de monter sur la table, j'ai un flash, une image de la table qui s'écroule pendant le massage ! Je la chasse de ma tête, comment savoir si c'est une crainte, un doute ou plutôt une intuition ? Le massage démarre, la table se déplace (*rire*), le carrelage, ultra-brillant, telle une patinoire, obligeait Pascal à la tenir avec un pied, pour l'empêcher de faire le va-et-vient.

J'ai dû m'assoupir, car mes ronflements m'ont réveillée à plusieurs reprises, je n'avais pas très chaud aux bras, mais on ne doit pas déranger un masseur en pleine concentration. Et puis soudain, l'inévitable arriva, j'entends « chting », le bruit d'un ensemble de boulons et vis qui s'éjecte de la table, pour rouler par terre. Pascal ne semblait pas avoir entendu et moi, encore semi-consciente, j'ai ouvert les yeux et j'ai regardé par le trou de la table. Dans la pénombre et sans mes lunettes, j'aperçois les deux tiges, censées tenir les pieds, ballottant de gauche à droite et la table tremblant en faisant toujours des allers-retours sur le carrelage !

Tout est arrivé en un quart de seconde, toujours les yeux ouverts, mais encore à peine consciente, je vois, comme en action ralentie, les deux pieds de devant qui se plient vers moi. J'ai juste le temps de crier « la table va s'écrooooouler » et me voilà, la seconde suivante, debout à côté de la table, ma serviette autour de moi. Pascal pestait d'avoir gâché l'ambiance avec une table défaillante, qu'il n'utilisait jamais de surcroît et sans perdre de temps, il en a sorti une deuxième, bien plus solide. Il me dit de me remettre dans la détente, mais j'étais surexcitée à l'idée que ma « vision » d'écroulement se soit avérée une vraie intuition ! Les effluves de pétrole et l'interruption ne m'ont pas empêchée d'apprécier son massage jusqu'au bout. J'étais en confiance totale et prête, plus que jamais, pour ma grande aventure du lendemain.

Après le massage, autour d'une boisson chaude, nous avons échangé sur l'étrange déroulement de cet événement, qui aurait pu ressembler à une scène de film catastrophe. Je m'interrogeais sur l'impossibilité de se retrouver debout, à côté d'une table qui s'écroule, lorsque quelques instants auparavant, j'étais à plat ventre, en train de tomber vers l'avant. Il m'a dit : « Alison, je n'ai pas d'autres explications, je t'ai vu t'envoler, mais à l'horizontale, comme en lévitation, en même temps que j'ai attrapé la table ! Tu t'es décalée comme une plume se décale, sur le côté et sans utiliser tes mains. » J'ai un trou de mémoire total, entre la table et le fait d'être debout. Nul ne peut comprendre ce que nous ressentons encore aujourd'hui, en décrivant cet événement surnaturel, car sans l'avoir vécu, ces incidents semblent impossibles à visualiser.

Wow ! J'étais surexcitée, à l'idée d'une intervention divine qui m'aurait évité, au mieux de m'étaler de tout mon poids en étoile de mer, les fesses à l'air, et au pire, des bleus ou un membre cassé. Lorsque j'ai relaté cet incident à Véronique (mon amie cartomancienne), quelques jours plus tard, elle a eu un flash, de quelqu'un qui m'a « soulevée » pour me poser à côté, indemne. Génial, qui avait besoin de la sortie du film *Avatar 2* (prévue le jour de mon hypnose), je « nageais » (clin d'œil au film) en plein dans une autre dimension !

La vie est tellement plus que ce qu'on voit avec les yeux, on ne sait même pas un millième de ce qui existe. Ce qui nous entoure est invisible à l'œil nu, mais heureusement que nous sommes bien entourés et bien protégés ! En tout cas, l'intuition, j'avais bien intégré cela, peut prévenir des dangers et dans certains cas même, nous sauver la vie.

Chapitre 7 – Mes déboires avec la voyance

Certains de mes amis, qui savent que j'écris un livre, commencent à me demander de quoi il s'agit. Ce n'est pas facile à mettre un titre ni une explication sur un livre qui n'est pas terminé, pour moi il s'agit d'un recueil, mais au niveau marketing, le mot « recueil » n'est pas très attrayant. Il s'agit de bribes et d'anecdotes de ma vie et surtout d'une analyse de mon chemin d'évolution récente, qui prend de l'ampleur et qui va de plus en plus vite, comme si la capacité de capter les connaissances d'autrefois s'accélérait.

Je pense que vous avez compris que l'année 2022 pour moi, au niveau de mon activité bien-être, a été assez aride si l'on peut dire. Lorsqu'on se retrouve avec seulement quelques centaines d'euros par mois pour payer ses factures, on doit agir rapidement pour faire rentrer de l'argent. L'argent et la légitimité sont des sujets fort intéressants à étudier, ils font constamment partie des points d'amélioration pour moi.

Comment attirer l'argent dans sa vie, lorsque le syndrome de l'imposteur peut nuire à notre sentiment de légitimité ? Je faisais déjà un deuxième travail, l'enseignement par visio, ce qui me convenait parfaitement, puisque je peux optimiser mon temps pour mes autres activités.

Les directs gratuits sur les réseaux sociaux, les propositions d'ateliers et stages, rien ne faisait rentrer l'argent. Il fallait chercher une solution d'urgence. Dans ces cas-là, je me trouve souvent en train de faire des choses par dépit et vous savez très bien que lorsqu'on fait quelque chose à contrecœur c'est voué à l'échec, mais j'avais le mérite de tenter malgré tout.

J'écoute souvent Sud Radio qui donne des avis plus neutres que d'autres stations de radio, par rapport à l'activité du gouvernement et les actualités, l'environnement, l'économie, tous des sujets qui m'intéressent. J'entendais passer tous les jours une publicité pour un site de voyance en ligne et j'ai décidé d'aller le consulter. Lorsque je suis tombée sur l'onglet « devenir expert », je me suis dit, « pourquoi pas, je suis capable de bien des choses, pourquoi ne pas m'en servir ? »

J'ai rempli le formulaire et puis j'avais totalement oublié, lorsqu'une semaine plus tard, je me retrouve en vacances avec ma meilleure amie Josette, ah ma douce Josette. Il n'y a qu'une personne avec qui j'accepte de passer plusieurs jours en continu dans un mobil-home, au bord de la mer et c'est ma douce Josette.
Josette et moi sommes amies depuis le début de mon activité, à l'époque je pratiquais le massage ayurvédique, en 2011, il y a douze ans. Elle faisait partie de mes premières clientes régulières, venant pour son rendez-vous mensuel, afin de chasser les tensions et douleurs de son corps.

Avec le temps, nous sommes devenues les meilleures amies du monde et surtout elle me supporte avec mes histoires, mes anecdotes, mes lubies, mes nouveaux projets, bref je l'adore et elle m'aime bien aussi !

Depuis trois ans, nous nous autorisons quelques séjours en bord de mer, hors saison pour nous ressourcer. Josette appelle cela son « bol d'air de bien-être » et cela nous permet de tenir le reste de l'année en nous remémorant les crises de fou rire qui résonnent et reflètent l'amitié sincère de nos moments complices. J'aime bien faire le clown et Josette, en bon public, a vraiment le rire facile. Elle parle de façon très douce, mais lorsqu'elle rit, c'est un rire qui part du ventre et j'aime dire qu'elle rit avec le cœur. Il n'y a rien de mieux pour l'ego qu'une amie qui rit à tous vos propos, ce qui ne fait que m'encourager à faire le pitre et à forcer le trait d'exagération pour lui faire rire aux éclats.

Il nous arrive toujours des tuiles en vacances, parfois pas toujours très drôles, mais lorsqu'on est en vacances on prend tout de bon cœur et on profite de ces instants précieux en compagnie l'une de l'autre.

Où en étais-je ? Ah oui, dans le mobil-home, en pleine canicule, cloitrée avec la climatisation, à regarder la télévision en plein après-midi. Partir en vacances pour regarder des téléfilms à l'eau de rose n'était pas dans notre programme.

Nous n'avions pas prévu non plus qu'il fasse plus de quarante degrés au mois de juin ! Alors, nous avons privilégié les sorties « bonheur » du matin pour rester au frais les après-midis. Et puis nous sommes tombées sur un reportage sur des sites de voyance en ligne. Je me suis souvenue d'avoir rempli un formulaire sur un site il y a seulement quelques jours de cela.

Nous avons regardé avec intérêt cette émission, qui expliquait comment se pratiquaient les sélections des experts et comment fonctionnaient ces sites. À la fin de l'émission, j'étais déterminée à tenter ma chance pour être sélectionnée et devenir experte, tout en restant lucide sur les possibilités de devenir millionnaire (*rire*). Je cherchais en effet à arrondir, de façon plus confortable, mes fins de mois, mais je n'étais pas consciente de l'investissement en temps, nécessaire pour gagner quelques centaines d'euros.

Peu de temps après avoir regardé cette émission et en totale synchronicité, me voilà en train de réceptionner l'email m'expliquant qu'ils allaient procéder à un essai d'une heure de voyance avec des clients-testeurs. J'ai effectué le test, même si pour faire soixante minutes de voyance il a fallu attendre plusieurs heures pour recevoir les appels, elles m'ont été rémunérées par la suite. Le lendemain, j'ai eu l'accord et l'acceptation de mon dossier et je pouvais démarrer.

*

Me voilà munie de plusieurs jeux d'oracles, bien entendu les miens, mais aussi *l'oracle de G*[21]*., l'oracle du Pays des merveilles*[22], un oracle me permettant de dater des événements et d'autres petits oracles pour renforcer mes ressentis. Dans mon descriptif sur le site, j'ai bien expliqué que, ne faisant pas de voyance, je pouvais faire des guidances écrites précises en réponse à une ou deux questions et que j'accompagnais également des personnes vers le mieux-être. Le descriptif de mon profil était pourtant clair, mais si vous êtes expert sur un site de voyance en ligne, malgré le titre du site « d'accompagnement de vie spirituelle », le raccourci est vite fait. Vous êtes voyant et puis c'est tout ! Au début, cela m'amusait, enfin pas les histoires de personnes en plein désarroi, mais les personnes, notamment des hommes, qui ne voulaient pas se remettre en question, qui ne voulaient qu'une femme qui reste à leurs côtés.

Cette expérience durant plusieurs mois a été un véritable test émotionnel pour moi, je suis passée par toutes les émotions. La colère certains qui exigent qu'on leur donne des dates, presque le descriptif de la personne qu'elles allaient rencontrer et même des garanties ! Bref, c'était incroyable, cela ne relève même pas de la voyance, car l'avenir c'est nous qui le dessinons. J'ai reçu des avis adorables, très positifs sur mes compétences et j'ai reçu des avis

---

[21] *Oracle de G*, Gérard Barbier, France cartes, 2013. Jeu divinatoire qui apporte des réponses aux questions.
[22] O*racle du Pays des merveilles*, Lucy Cavendish, Editions Exergue, 2021. Inspiré du livre de Lewis Carroll.

cinglants, qui m'ont permis de travailler la blessure de l'injustice et encore la légitimité.

Une petite anecdote qui va vous faire rire, en tout cas lorsque je l'ai racontée à mes amies, elles étaient écroulées de rire. La plateforme était paramétrée pour recevoir des appels automatiquement sur mon téléphone fixe, il sonnait, je décrochais, en disant uniquement « oui » et puis l'appel m'était passé. Bien entendu, on mettait à jour régulièrement nos disponibilités et si on décochait la disponibilité, on était hors ligne pour le client.

Les meilleures heures pour recevoir des appels étaient bien entendu le soir et la nuit. J'avais pris comme habitude de rester connectée tout au long de la soirée, et lorsque le téléphone sonnait je courais à mes cartes pour commencer la lecture. La table du salon était agrémentée en permanence d'un tissu en velours (mieux pour faire glisser et étaler les cartes), des petits tas d'oracles et un carnet et stylo pour noter les noms et dates de naissance. Je n'avais pas besoin d'autant de détails, mais cela rassurait les clients et ils avaient l'habitude de les fournir, en quelque sorte, ils m'ont permis de mieux appréhender le métier. Souvent vers 23 h 30, lorsque je tombais de sommeil, je coupais et je partais me coucher. Sauf que je n'avais pas totalement compris comment couper pour être vraiment hors ligne.

Une nuit, j'étais dans les bras de Morphée, lorsque le téléphone fixe a sonné à 2 h 30 du matin, j'ai vite compris et j'ai couru pour décrocher.

N'ayant que trois sonneries pour décrocher et dire « oui » (sinon le site peut nous faire payer une amende), j'ai eu de la chance, car le téléphone était de l'autre côté de ma petite maison. De la chance si on veut, puisque lorsqu'on se lève au milieu de la nuit, n'est-ce pas mesdames, nous avons souvent une envie folle d'aller aux toilettes ! Si vous associez à cette envie folle d'uriner, le fait que vous êtes habillée en micronuisette bien trop courte et sans-culotte, vous aurez compris mon désarroi. Je croisais les jambes (debout) en attendant que le monsieur veuille bien raccrocher ! Malheureusement pour moi, il avait des problèmes d'ordre sexuels à me raconter, et heureusement qu'il ne voyait pas les grimaces que je faisais pour me retenir. En tout, il est resté quarante-cinq minutes au téléphone (rémunérée à la minute, je ne pouvais raccrocher la première) et à 3 h 15 il était vraiment temps.

Je me suis vite lassée de recevoir toujours les mêmes questions, d'ordre sentimental et parfois j'avais l'impression d'être sexologue sans en recevoir le salaire. Je ne vous parlerai même pas des personnes qui m'ont manqué de respect ou qui m'ont même menacée de mettre un mauvais avis et maintenant, lorsque mon téléphone fixe sonne, j'en suis presque traumatisée !

En tout cas, l'expérience a été intéressante, une vraie étude de la société actuelle, une bonne façon de recenser la morosité de la vie d'aujourd'hui. Les clients de cette plateforme viennent principalement de Belgique, de Suisse, de France, mais aussi parfois des îles françaises et même du Canada. Les premières préoccupations sont les mêmes, quels que soient les pays, le mal-être au travail et les relations amoureuses compliquées.

NOTES

Chapitre 8 – Le hasard, vous dites ?

Résolutions ou pas, en début d'année nous avons tous des souhaits, des choses à changer ou des rêves à réaliser. Si vous ne rentrez pas dans ce cas de figure alors, lisez ce chapitre et on verra à la fin.

Le 31 décembre, à la lueur d'une bougie et de mes guirlandes multicolores et juste avant le passage à la nouvelle année, j'ai écrit deux listes. Dans la première liste, j'ai commencé toutes mes phrases par « Gratitude pour… » en énumérant tout ce qui m'était arrivé de bien comme de mal, car les malheurs sont des enseignements et des axes d'amélioration ou de vigilance. Cette liste-là est partie au feu à minuit, avec un mélange de soulagement et quelques larmes pour mon Eskymo. Mon petit prince chihuahua, le demi-frère d'Eidi nous a quittés en juin.

La deuxième liste, je vous la mets ici, comme j'ai fait au début du livre avec les manifestations (dont certaines doivent se ressembler, forcément) :
- je manifeste de l'amour inconditionnel au monde et de la tolérance ;
- je manifeste plusieurs maisons d'édition qui souhaiteraient publier mon livre ;

- je manifeste une renommée, renforcée par la publication de mon livre avant août 2023 ;
- je manifeste santé et prospérité financière pour moi et ma famille ;
- je manifeste l'argent pour tout payer en 2023, y compris des achats et des travaux ;
- je manifeste la vente rapide, premier trimestre 2023, d'Alice, au meilleur prix pour moi et l'acheteur ;
- je manifeste de rencontrer un amour respectueux qui me corresponde. Rencontrer en 2023 la personne parfaite pour moi sur tous les plans ;
- je manifeste la force de dire « non » et de me faire respecter.

Gratitude à Jeanne, au Seigneur et à l'Univers, merci pour tout, amen.

J'ai également fait un exercice conseillé par mon amie Véronique. J'ai pris une carte d'oracle, sans texte, uniquement une image, j'ai utilisé une carte de l'Oracle de Gé, car les miennes contiennent des affirmations. La première carte représentait une pile de papiers, peu importe la représentation réelle, je devais uniquement regarder l'image jusqu'à recevoir des messages.

Une fois qu'on arrive à faire abstraction de notre mental, l'exercice est parlant et intéressant à effectuer.

Voici mes notes : *pages de livres, plusieurs projets de livre, au moins trois, celui-ci, un petit (recueil de nouvelles ?) et un troisième courant 2023. Pense à sauvegarder régulièrement (je sauvegarde tous les jours à plusieurs endroits et sur le cloud), attention de bien protéger mon travail aussi. Je recevrai deux propositions d'éditeurs. Il y aura du jaune sur la couverture. La solitude (que je n'éprouve pas consciemment, même si mon Soi supérieur me l'a évoquée à la séance d'hypnose) disparaîtra, on dansera à deux en 2023. Un voilier, un bel été, une vraie détente (parfois, je n'ai pas l'impression de savoir totalement lâcher prise, toujours dans le contrôle), bord de mer. Ce sera une personne qui me soutiendra, qui écrit aussi, elle sera un pilier, aura du succès, lui faire confiance et m'inspirer de ses connaissances.*

Cela m'a semblé tellement intéressant à faire, que, prise au jeu, j'ai recommencé avec une deuxième carte, la rose.

Voici mes notes : *Jeanne peut m'aider, elle est là, prie, une âme douce comme une rose anglaise. Féminin sacré[23] toujours à guérir, moi ou elle ? Créativité, douceur, nature, la spirale de la vie (suite de Fibonacci[24]), une bonne spirale, positive. Faire confiance, croire en un nouveau départ. La rose est rouge, de la même couleur que la bougie qui brûle dehors devant ma maison pour accueillir cette*

---

[23] Féminin sacré : tout ce que représente la femme, l'intuition féminine, les ressentis, la créativité, le contact avec qui on est en tant que femme (ce concept existe aussi chez les hommes). Il existe également le masculin sacré, l'équilibre des deux permet de se sentir plus en harmonie avec soi-même et ses choix.

[24] Suite (Spirale) de Fibonacci : si vous vous amusez à compter les pétales d'une marguerite, vous aboutirez à un nombre appartenant à la série de Fibonacci (mathématicien italien, 1170-1250). Seulement dans les deux dernières décennies, nous avons accepté l'idée que cette spirale se trouve partout dans la nature.

nouvelle année et dire adieu à 2022. Ressentis : mal au sein gauche, message compris « ouvre ton cœur, soit prête pour l'amour. Gratitude.

Au moment où j'écris ce chapitre, il pleut des manifestations d'abondance financière, incroyable et des invitations sur plusieurs régions !

Jeudi 5 janvier 2023

Ce matin, je suis allée faire ma promenade quotidienne avec ma petite Eidi, du haut de ses trois kilos et deux cents grammes, elle file et nous gardons un rythme soutenu, surtout après les excès alimentaires des dernières semaines. Mon cake de Noël rapprochant le poids de ma chienne (*rire*) diminue vite, même si je suis seule à en manger et cela ne fait pas du bien à ma ligne. Je suis actuellement en train de faire un jeûne intermittent, tous les jours... mais je divague, revenons à ce matin.

En me promenant, j'ai la fâcheuse habitude de téléphoner à mes amis ou contacts professionnels. Pourquoi « fâcheuse » ? Car lorsqu'on promène son animal et idéalement, on communie avec la nature et on est au moins en contact télépathique avec son animal, sinon, on n'est pas dans l'instant présent. J'appelle moins depuis un certain temps, mais j'aime parfois amener mes amies en promenade avec moi, même si, à la montée des côtes, la respiration laborieuse d'Alison n'est pas forcément agréable pour l'interlocutrice !

Après deux appels, qui ont eu pour résultat un message laissé sur un répondeur, j'arrive à joindre une merveilleuse amie, Christine. Elle est thérapeute, magicienne des soins au tambour et surtout une experte de la positivité. Je m'estime être une personne positive, toutefois Christine bat tous les records, tout ce qu'elle désire manifester arrive dans sa vie, elle a confiance et elle a raison, car ça marche !

Christine a quelques années de plus que moi et profite de la vie depuis qu'elle a pris sa retraite anticipée. Comme beaucoup, elle a compris que la vie est à vivre maintenant, sans se prendre la tête sur l'avenir. En général, dans cette société, les personnes sans plans, sans garanties ni sécurité financière, sont perçues comme des marginales, des « exclues » de la société, mais souvent ce sont les plus heureuses.

Christine est peut-être toute fine, mais sa présence lorsqu'elle franchit le seuil de ma maison (elle habite loin, voyage beaucoup et fait parfois escale chez moi) est marquée par son sourire éclatant. Tu ne peux t'empêcher de lui toucher ses longs cheveux blonds en t'exclamant, « tu es si belle, radieuse ! » Elle s'était arrêtée chez moi juste avant Noël (pendant ma formation reiki) et m'avait déposé un petit cadeau, en cachette, sous le sapin.

Lorsque je l'ai aperçu quelques jours plus tard, je l'ai grondée, car j'avais oublié de lui remettre le sien. J'avais terminé mon SMS « merci pour qui tu es et pour ton amitié » et elle m'avait répondu : « c'est le père Noël… et toi tu me fais plein de cadeaux sans rendre compte… joyeux Noël et plein de bisous. »

Les amitiés sont les plus beaux cadeaux du monde et si parfois une amitié s'éteint, ne pleurez pas, elle a été vécue pleinement et il est temps de passer aux prochaines. Revenons à cet appel. Je lui parle de mes nouvelles récentes, de la manifestation d'abondance financière lancée fin 2022 et le fait qu'une somme presque identique était arrivée en deux parties, la seconde partie étant arrivée aujourd'hui. Ce n'est pas à tout le monde que vous annoncez avoir reçu de l'argent inattendu, car certains peuvent vous jalouser, vous traiter de privilégiée, de chanceuse, bref, l'argent est un sujet tabou en France. Christine n'était pas surprise, elle a tellement l'habitude de manifester ce qu'elle veut. Sa vie n'est pas plus simple que celle des autres, seulement elle ne focalise pas sur les obstacles, elle les franchit joyeusement !

Et là, elle me lance : « Tu tombes bien, je m'apprête à aller dans une église où se produisent souvent des miracles. On dépose nos demandes ou prières dans une petite boîte pour Jésus et il les exauce, en as-tu une à me donner ? » Que répondrez-vous ? La réponse classique serait un souhait pour la famille, sauf si vous avez des soucis de santé à guérir.

J'ai dû faire un effort mental pour faire abstraction de mon entourage et demander quelque chose pour moi. « Une bonne maison d'édition qui publie cette année mon livre *Out of the Néant*, ai-je répondu. » J'évite d'utiliser le futur, on considère que cela est déjà écrit dans l'Univers. La demande est dans la petite boîte à miracles et si vous êtes en train de lire ce récit, le miracle a eu lieu.

NOTES

Chapitre 9 – La loi de l'attraction dans toute sa splendeur

Je n'ai pas prévu d'écrire des chapitres d'une moyenne de quatre ou cinq pages, c'est comme cela qu'ils sortent. Je parle d'un sujet ou d'un événement et l'enchaînement part automatiquement sur autre chose. Je n'ai pas fait un plan non plus, car il ne s'agit pas d'un roman et en tout cas, je ne me sens pas trop comme une héroïne (*rire*). J'écris de façon intuitive ou connectée et je découvre à la fin de chaque chapitre ce que j'ai rédigé. J'écris parfois en dictatexte et parfois je tape sur mon clavier.

J'ai publié un post sur LinkedIn ce matin, un débat sur l'appellation « autrice » ou « auteure », car les deux se disent. Personnellement, je n'aime aucune de ces propositions. J'aimerais tellement trouver un nom qui n'émane pas du nom au masculin, peut-être comme dictatexte, je vais en inventer un. Réfléchissons à un nom purement féminin qui n'a jamais existé au masculin. L'anglais me paraît tellement plus simple, *writer*, *author*, *publisher*, ni masculin, ni féminin, seulement une notion de personne qui écrit et l'autre qui publie.

Dimanche 8 janvier 2023

Aujourd'hui était une journée bien remplie. Ce matin, j'ai passé quelques heures complices avec mes deux petites-filles. La cadette est craquante et souriante et je n'ai pas pu m'empêcher de me blottir contre elle et d'apposer des baisers dans ses cheveux de nourrisson. Le crâne d'un bébé, si fragile, si doux, odeur d'enfance, d'innocence, de lotions pour bébé, éloigne le chagrin et crée une certaine insouciance, enrobée de douceur.

Ma petite Talia, l'aînée, s'occupait à faire le ménage avec son nouveau petit caddie d'entretien, elle est maniaque du ménage ! Tant mieux, elle viendra chez moi quand elle aura un peu plus de deux ans (*sourire*). Le ménage consistait à dire « poils, pas bon, poils, pas bon, pas poils » en frottant vigoureusement, mais de façon maladroite quelques surfaces avec sa mini serpillère. Bien entendu, je ne lui répondais qu'en anglais ce qui ne facilitait pas notre échange !

Tant qu'on n'a pas été grand-parent, on ne peut comprendre la force de l'amour qu'on ressent pour son petit-enfant, le fruit de notre descendance. Notre enfant nous fait ce cadeau merveilleux et cet amour-là, pour moi, qui ne voulais pas de petits-enfants à l'origine, est d'une puissance indescriptible. Bon, j'arrête de tergiverser, mais au moins, cher lectrice/lecteur, vous commencez à mieux me cerner, allons droit au but maintenant !

Lundi 9 janvier 2023

Si vous remontez au 31 décembre, vous verrez l'histoire de D., employée surmenée, mal payée et qui ne voyait plus sa meilleure amie toute proche géographiquement. À mon grand étonnement, en moins d'une semaine, elle a fait fonctionner la loi de l'attraction[25]. Je l'ai eue en cours, le 7 janvier 2022 et là elle s'empresse de me remercier. Quel beau cadeau elle m'offre pour cette nouvelle année !

Entre le 31 décembre et le 7 janvier, elle avait déjà parlé à son patron et il va étudier son augmentation de salaire. Il lui dit d'arrêter les heures supplémentaires et elle terminera son travail à 16 h 30 tous les jours. Ravie de ces changements positifs, cela lui permettra de faire une ou deux heures d'anglais chaque soir pour progresser plus vite. Quant à sa meilleure amie, elle avait prévu une sortie avec elle l'après-midi même de notre cours. J'étais stupéfaite de sa rapidité d'exécution et surtout des manifestations. Lorsque je lui avais parlé de cela, vous vous souvenez, je me suis juré d'arrêter de vouloir aider les autres quand ils n'ont rien demandé. Comment cesser l'accompagnement lorsque j'ai la possibilité de susciter un déclic chez l'autre, pour générer un revirement à 360° ?

---

[25] Loi de l'attraction, concept que nous attirons à nous nos pensées, mieux vaut avoir des pensées positives.

Il y a une semaine, j'ai eu un nouvel exemple de retour positif parmi mes élèves. Le 20 décembre, j'ai effectué le dernier cours de l'année avec V. Elle était abattue, elle n'aimait pas les fêtes, elle était seule et ne voyait pas comment elle pourrait lister ses résolutions quand elle ne savait pas ce qu'elle désirait. Lorsqu'une personne travaille au même poste depuis de nombreuses années, on peut imaginer qu'elle n'a pas le goût du risque ou ne veut pas avancer dans sa vie. Ça, c'est le jugement, pourtant c'est la première réflexion logique. Ce n'était pas tout à fait le cas pour V., car elle a dû se battre pour garder son emploi au cours d'une vague de licenciements.

En analysant la situation, je lui ai transmis que cela avait créé en elle une notion de « je n'ai aucune utilité pour mon employeur » et que ce sentiment de « non-valeur » ne l'a jamais quittée. Elle voulait être accompagnée pour travailler l'estime de soi, mais ne semblait pas entendre quand je déclarais pouvoir l'aider. Je conçois être en cours d'anglais et être limitée dans mes possibilités, même si souvent je fusionne les deux métiers, pour devenir coach de vie en anglais !

Elle avait terminé notre séance, en disant qu'elle allait s'enfermer pour les fêtes et réfléchir à tout cela. J'étais assez soucieuse, elle semblait au bout du rouleau et me voilà impuissante. Cependant, j'avais fait de mon mieux en lui soufflant quelques pistes pour avancer, le reste ne dépendait que d'elle. Vous imaginez que lors de notre premier cours en 2023 j'appréhendais son état psychique, morosité, tristesse, négativité, tout était possible.

Quelle ne fut pas ma surprise de voir à l'écran le 5 janvier, une V. souriante et toute contente de me souhaiter la bonne année ! Cela représente un deuxième revirement à 360° dans la même semaine ! Elle m'a expliqué avoir eu un déclic, une amie malheureuse qui se confie à elle et c'est V. qui lui dit de vivre pour aujourd'hui et d'être optimiste ! Elle voulait faire sa liste de « manifestations positives » pour 2023 après le cours. Comme l'instant présent est toujours le meilleur moment, nous les avons trouvés ensemble, en anglais, faisant d'une pierre deux coups. Lorsqu'on sait quelle route prendre, le trajet est plus plaisant et la destination plus intéressante.

Je viens de faire le point avec Tricia sur les belles retombées après notre séance d'hypnose régressive le 16 décembre et elle me demande si j'ai constaté des changements dans ma vie. Elle est tout simplement impressionnée par tout ce qui s'ouvre pour moi à la suite de notre rencontre. Voici un retour sur les thèmes spécifiques que nous avions évoqués en décembre :

— La santé de maman va miraculeusement mieux (maladie de Parkinson, dépression et mal aux jambes habituellement), elle est moins souffrante et elle est adorable avec moi !

- Les manifestations financières sollicitées sont arrivées fin 2022 et début 2023. Elle me répond « bravo, tu lâches prise ! »
- Je tente une activité de vente directe sans en avoir vraiment envie et je réalise en quelques heures que cela ne pourra pas fonctionner, ce n'est pas ma route.
- J'ai fait des canalisations extraordinaires avec Jeanne et j'ai reçu de merveilleux encouragements de la part de mes amies proches.
- Ce recueil avance bien, j'en suis déjà ici.
- Il pleut des invitations dans plusieurs régions en France – ce qui me donne l'idée de faire un « road trip » pour faire des lectures de mon livre quand il sera publié.
- Pascal, mon ami masseur, ayant de la peine que ma petite Alice (ma caravane) ne trouve pas de nouveau propriétaire, se propose de m'aider à la vendre, gratitude Pascal.

Tricia m'a rappelé que si l'argent me fuyait parfois, c'était parce que j'avais fait vœu de chasteté en tant que moine. Elle avait fait le nécessaire pour rompre ce contrat d'âme. Tricia est vraiment une belle personne et nous resterons en contact, elle suivra mes péripéties et mes progrès surtout, il s'est dégagé de notre rencontre une sororité spontanée et naturelle. Les rencontres d'âme à âme, vous verrez aussi, qu'en avançant sur notre chemin, nous en faisons de plus en plus et celles qui ne nous correspondent plus s'évaporent, comme la rosée un chaud matin d'été.

Le dernier exemple de manifestations est l'affaire de Véronique, mon amie praticienne holistique, et l'instigatrice de ma rencontre avec l'hypnose. Elle cherchait une habitation, proche de la mer pour fuir la capitale qui ne lui convenait plus. Sa formulation n'était pas tout à fait juste : « Je cherche une maison de plus de cent vingt mètres carrés, pas plus de tel budget, etc. ». En échangeant avec elle, j'ai réalisé que sa demande était limitante et ne correspondait pas à ses besoins réels, la bonne tournure de phrases fait toute la différence ! Elle a donc rédigé de nouveau sa requête : « Je manifeste, ici et maintenant, une maison proche de la mer, pour un budget de moins de X k€, d'au moins cent cinquante mètres carrés avec des dépendances pour un atelier d'art et une salle d'exposition de peintures et d'artisanat, tout ce qui me correspond parfaitement. Gratitude. »

Deux jours avant la fin de l'année 2022 et après avoir perdu un logement (pour trouver mieux), elle trouve la demeure qui lui correspond. En négociant, elle l'a obtenu en dessous du prix de son enveloppe. Après quelques travaux, elle détiendra une belle maison en pierre avec un atelier et des dépendances pour des expositions ou des stages pratiques ou même des dédicaces de livres pour ses amies (clin d'œil). Incroyable, je suis vraiment ravie pour elle et pour moi, car une amie en Vendée représente encore une belle excuse pour voyager !

Mardi 10 janvier 2023

Qui n'a pas entendu parler de lâcher prise ? L'expression du siècle qui a le chic d'agacer, car on pense savoir se détendre, mais en réalité, pas du tout, nous sommes nombreux à être dans un déni total à ce sujet.

Je vous ai déjà dit que mon incapacité à lâcher prise me valait des séances d'acuponcture, comme si cela suffisait ! J'adore les petites phrases de Dr B., acuponcteur vietnamien, expert en piquage d'aiguilles (*sourire*). Si certains patients le reconnaissent dans ce récit (il est à Limoges) vous reconnaîtrez les expressions « tout doux », « vous sentez ? », « même pas mal ? », « chaud, chaud » (lorsqu'il passe un bâton brûlant d'armoise sur les zones traitées) et avec moi son expression préférée, « aïe, aïe, aïe » !

Il a déjà beaucoup de chance de ne pas avoir cassé ses aiguilles dans mes épaules en béton. Masser les autres ne me manque pas car les épaules ne peuvent supporter qu'un temps une telle tension et cela en fait quelques années que je souffre en silence. Par contre, je suis tout à fait consciente que c'est mon choix de me mettre la pression et porter les problèmes du monde sur mes épaules. On assume qui on est ou on se tait, pour ne pas infliger nos faiblesses aux autres.

Les petites cabines, chez lui, où nous sommes allongés, recouverts de nos plaids personnels, comme des pelotes à épingles en série, ne sont pas chauffées ou très peu.

Nous sommes en pleine période de sobriété énergétique, car le seul moyen de soigner la planète est de faire croire aux gens qu'on finira l'année dans le noir. Je m'assoupis souvent et mes doux ronflements me réveillent, mais les ronflements sont aussi en série parmi les cinq autres patients qu'il traite simultanément toutes les heures dans son cabinet.

Je vous parle de l'acuponcteur, car j'ai fait une séance ce matin, cela commence fort, cette année ! Ma devise de cette année sera : « S'occuper de soi en priorité », on verra bien !

NOTES

Chapitre 10 – Le prince s'est enfui de son royaume

Vendredi 13 janvier 2023

Mon éducation britannique au sein de ma famille m'a rendue inutilement superstitieuse, parfois contre toute logique ! Je dis inutilement, car aujourd'hui je reconnais des croyances limitantes qui attirent la peur. Malgré une augmentation de salaire obtenue un vendredi 13, ma mère était restée attachée aux mythes et légendes provoqués par la superstition.

Personnellement, je n'ai pas eu la même chance. À l'âge de douze ans, je me suis retrouvée effrayée et perdue, sur un quai d'une gare inconnue, en hiver, étant montée dans le mauvais train, à la sortie d'école. J'étais sans argent pour reprendre le bon train, déjà à cette époque, j'étais protégée et la chance était avec moi. Ma génération n'avait pas encore le smartphone pour prévenir les parents, rechercher une destination et acheter un nouveau billet. Par bonheur un contrôleur compatissant a eu pitié de cette jeune écolière en larmes, et m'a mise dans le bon train. En arrivant à la maison, j'étais secouée, il était tard, en plein hiver, j'avais affronté le froid humide et glaçant à la nuit tombante et je ne faisais pas ma fière.

J'habitais en face d'un grand terrain de sport de l'école attenante et la nuit on entendait parfois des cris, était-ce de vrais cris ou des plaisantins ? Peu importe, les jeunes filles en uniforme n'y traînaient pas et rentraient chez elles, en courant, lorsque le jour cédait sa place à la nuit sinistre de cette petite ville au nord-ouest d'Angleterre.

Toute petite, j'habitais à Rock Ferry, dans l'appartement au-dessus de notre maison de la presse, le commerce familial. Elle se situait dans le quartier plutôt populaire dont les animations comprenaient des incendies, des cambriolages et même des familles entières qui venaient voler dans le magasin. L'autre moitié de la ville était un autre univers, là où se situait la maison de mes grands-parents, devenue la nôtre au décès de ma grand-mère.

Avec mes parents, nous avions rejoint ce fief pour nous y installer et aider mon grand-père, paralysé d'un côté, à la suite de son AVC et devenu un veuf dépendant. J'aimais cet endroit lorsque j'y habitais. Aujourd'hui, il y règne une ambiance de lieu un peu oublié, mon père n'ayant plus l'énergie de l'entretenir comme il l'aurait souhaité.

Les petits vitraux à chaque côté de la porte d'entrée et un grand vitrail représentant un bateau sur l'océan, me remplissaient toujours de joie. Merseyside se trouvant sur la rivière Mersey et surtout sur l'estuaire, on se situait presque à la mer ! En tout cas, j'avais vécu de bons moments dans cette maison et je suis ravie d'organiser un séjour surprise pour les quatre-vingt-dix ans de mon père. Je sens que ce sera une belle façon de clôturer ce livre et potentiellement d'en démarrer un autre !

Lors de ma dernière visite fin 2022, le chauffeur de taxi qui me ramenait de l'aéroport de Manchester jusqu'à la maison de mon enfance m'a bien fait rire avec ses récits. Quand je rentre en Angleterre, toujours en passage éclair, je quitte l'aéroport en taxi afin d'arriver rapidement et profiter de chaque minute de mon temps sur place. J'ai régulièrement des conversations passionnantes avec les chauffeurs qui semblent enchantés de comparer ma vie en France à la leur. Car oui, je ne me sens plus à ma place dans ce pays qui a été le mien pendant les vingt-cinq premières années de mon existence.

Ma séance d'hypnose vous fournit une explication partielle, j'étais mal dans ma peau et je rêvais, depuis l'âge de quinze ans, de vivre dans un pays francophone et de devenir mère d'un enfant bilingue ! Revenons au taxi, à ma ville natale et aussi, de façon amusante, au titre de ce chapitre. Ce chauffeur, on l'appellera Geoff, car on est tout de suite « potes » autour de Liverpool, où les gens s'expriment avec le cœur, de manière entière et avec beaucoup d'humour. Toujours pendant ce même trajet, Geoff me demande depuis combien de temps je suis partie et je lui apprends cette sensation bizarre que je ressens de ne plus appartenir, d'être une étrangère (*foreigner*) dans mon propre pays. Et là, il m'annonce que ma ville fait partie d'une des grandes villes les plus malfamées du district. Je suis abasourdie et il cherche à le prouver en dictant la question à son téléphone, « OK Google, is Birkenhead a dangerous town ? » La ville de Birkenhead est-elle dangereuse ?

Étonnamment, je découvre que le taux de criminalité est de 77 % plus élevé que celui de la moyenne nationale, 163 % de plus que la moyenne régionale. On y trouve de la drogue, de la violence et des crimes sexuels. Franchement, peu rassurée, je me suis enfoncée un brin dans la banquette arrière en cuir lisse, reconnaissante de la protection que le taxi me procurait.

*

Tout ce récit était parti de la date du jour, nous sommes un vendredi 13. Superstitions, l'Angleterre, ma vie, mes visites. Et le lien avec le prince qui fuit son pays ? Premièrement, je me vois un peu comme la princesse qui s'est sauvée et deuxièmement parce que je viens d'acheter la version Kindle du livre *Spare* du Prince Harry[26].

Je ne suis pas fervente supportrice de la monarchie britannique, j'aime imaginer des contes de fées, même si je suis consciente que

---

[26] Prince Harry, *Spare*, Penguin Random House, 2023.

la plupart des familles ont des secrets. L'aristocratie détient des pratiques, parfois contestables, voire sombres, toujours est-il que la presse a un rôle important à jouer, à savoir, faire éclater la vérité. Néanmoins, depuis 2020, je suis devenue plutôt quelqu'un qui ne croit plus en la parole de la presse et les médias, car la réalité est trop dangereuse à relater. Qu'un héritier (lointain soit-il) du trône britannique ose dire sa vérité, je suis parfaitement en accord avec cela. Après tout, il est persuadé que la presse britannique est responsable de la mort de sa mère adorée, la princesse Diana (mon deuxième prénom est Diane) et j'ai tendance à être d'accord.

Un drôle de phénomène est en train de se produire, là, au moment où j'écris ce chapitre. D'habitude, j'écris directement en français, sans réfléchir, mais depuis que je rédige cette partie de ma vie anglaise, je cherche mes mots et c'est ma langue maternelle qui resurgit. La traduction en français s'opère rarement en moi, seulement lors des cours quand un mot anglais surgit de ma mémoire et je ne connais pas la correspondance française.

Presque comme un phénomène « harrypotteresque », je suis catapultée de l'autre côté du quai qui sépare mon ancienne existence de mon existence actuelle. Suis-je voyageuse du temps et de l'espace ? Suis-je capable de projeter mon esprit vers n'importe quelle destination et n'importe quelle époque ? Tout est énergie et si on souhaite être en présence d'un être cher, géographiquement loin, tout est possible.

J'ai proposé à ma mère de lui lire, par téléphone, des extraits du livre «royal», ma voix douce associée à des histoires de famille «juteuses» pourrait la distraire. Aujourd'hui, elle a décliné cette proposition, me disant qu'elle était triste et pas d'humeur. J'ai fait de mon mieux pour lui raconter mes petites anecdotes du quotidien et cela l'a apaisée.

Revenons à Harry (pas Potter, mais l'ex-prince), j'étais comme la quasi-totalité de la population, persuadée qu'il manquait de respect à sa famille et manquait à ses devoirs. Notre mental est parfois comme du chewing-gum, tellement malléable qu'on peut le manipuler pour qu'il perde sa configuration originelle. Aujourd'hui, je suis surtout intéressée par le style d'écriture, même s'il a sans doute fait appel à un professionnel pour mettre les formes à son contenu. Il n'empêche, que je trouve une certaine poésie dans les descriptifs, je ne lis pas souvent en anglais et cela me fait du bien.

NOTES

Chapitre 11 – Le pouvoir de la poupée

Lundi 16 janvier 2023

Je n'avais absolument pas prévu de parler de poupées dans ce livre, mais comme je préfère vous livrer mes réflexions et mes déclencheurs de sujets, au fur et à mesure, voici l'explication de ce chapitre. Lorsque la banalité s'éloigne de mon quotidien, je l'analyse et recherche les motivations, la source du besoin qui se fait sentir, car tout a une raison. Au moment où je vous écris, Robin, Monsieur rouge-gorge (en anglais on l'appelle « Robin redbreast ») s'approche de ma porte-fenêtre pour me saluer. J'ai déjà secouru un rouge-gorge il y a quelques mois, à la suite de sa rencontre fortuite avec la fenêtre de ma cuisine. Quelques instants dans mes mains de magnétiseuse, mon intention de guérir, un petit nid improvisé le temps qu'il se rétablisse et il était reparti, depuis, il me rend visite régulièrement et j'en suis ravie.

Revenons aux poupées. Enfant, je n'aimais pas tellement cela, sauf les Action Man de mon frère. J'étais plutôt voitures miniatures et jeux masculins en général, véritable garçon manqué ! Bien entendu, aujourd'hui, les notions de jouets pour garçon ou pour fille disparaissent pour laisser la place à la mixité. Je me souviens juste d'une poupée que j'avais ramenée du Portugal. Elle portait une jupe avec au moins six ou sept jupons de toutes les couleurs, ce qui me fascinait. Cette petite poupée traditionnelle, locale, posée sur son socle en bois était, en tout cas, la seule qui avait retenu mon attention pendant plusieurs mois.

L'autre jour, dans un supermarché discount, je suis tombée sur une poupée en chiffon, garçon, avec des boutons, des scratchs et une fermeture pour l'éveil des bébés. Je n'ai pas hésité une seconde pour l'acheter, car les poupons garçons ne sont pas si répandus que ça pour l'instant. Je détiens donc une modeste collection pour mes petites-filles, lorsqu'elles viennent et pour le moment je n'ai pas eu beaucoup d'occasions de les sortir.

Ainsi me voilà l'autre soir sur internet dans un groupe de poupées Kaye Wiggs[27]. J'admire de loin le travail magnifique de cette artiste, depuis un certain temps déjà et les poupées de collection représentent de vraies œuvres créatives plutôt que des jouets. Les tarifs reflètent la qualité du travail fourni et souvent, lorsqu'on les reçoit, elles sont « brutes », c'est à dire, sans les yeux, pas de cheveux, et bien entendu, nues. On les appelle, chez les amateurs, des BJD, des *ball-jointed dolls*, puisqu'elles sont ingénieusement articulées.

Une autre marque attire mon attention et je découvre le groupe Facebook (volontairement anonyme ici). L'artiste est d'origine

---

[27] https://www.kayewiggs.com/

néerlandaise et je parcours ses créations. Je ne sais pas pourquoi, mais rares sont les poupées de collection qui sourient. Du regard fréquemment mélancolique, voire triste, aux minuscules bouches parfois boudeuses, ces mini-personnes ressemblent à des petites filles qui viennent d'être grondées.

Ce soir-là, pour éviter de commander sur un coup de tête, ma voix de la raison prend le contrôle quelques instants, « Oui, tu as eu de l'argent pour Noël, mais est-ce judicieux ? Tu ne joueras pas, alors à quoi te servira-t-elle ? Tes petites-filles n'auront pas le droit de la toucher, pourquoi l'acheter ? Encore un attrape-poussière et puis l'argent te serait plus utile ailleurs ! » Incroyable que notre mental puisse passer par toutes ces pensées culpabilisantes ! La vente se faisait en édition limitée, j'étais consciente de devoir prendre une décision sans trop tarder, je l'ai donc prise et j'ai cliqué sur le bouton « acheter ». Un sentiment de fébrilité, mêlée au soulagement, m'a saisi et au fond de moi je savais que j'avais fait le bon choix.

D'autres membres du même groupe s'emballent à chercher un prénom, à trouver les vêtements, les perruques, etc. Je n'en suis pas encore là, enfin, j'ai tout de même déniché deux perruques, des chaussures et quelques petites tenues déjà ! Quant au prénom, j'ai le temps, car la fabrication n'est même pas encore lancée et elle me parviendra dans environ six ou sept mois. Dans cet univers nouveau pour moi, je découvre que chaque créateur procède de cette façon, en précommandes d'éditions limitées, avant d'enclencher une production à grande échelle (approximativement cent exemplaires). Cela réduit les coûts pour tout le monde et garantit la qualité.

Les vêtements et accessoires arriveront bien avant « Zoë » (nom de sculpture ou du modèle), peut-être devrais-je lui fabriquer une petite garde-robe (*sourire*). Ainsi, la suite logique pour moi, c'était de m'interroger sur mes motivations concernant l'acquisition de cet article. Je me suis permise de contacter une créatrice (qui souhaite garder son anonymat), pour demander si elle savait pourquoi les gens étaient attirés par ces objets. Elle m'a livré son témoignage.

Mes questions : je suis intéressée par les retours que vous avez de votre clientèle, savez-vous identifier l'attrait des poupées, plus fréquemment achetées par les femmes, à quoi ça leur sert ? Est-ce pour vous une façon de rester connectée à l'enfant intérieur ? Pour moi, enfant, je détestais les poupées et jouais avec les voitures de mon frère. Jeune fille, j'étais l'heureuse propriétaire d'une maison de poupées parce que j'adorais les miniatures, mais lorsqu'elle a été volée je n'en ai pas réclamé une autre. Je suis en train d'analyser mon attirance pour les poupées. J'ai fait l'acquisition d'un poupon de massage, il y a quelques années (je suis aussi guérisseur et masseur) pour me connecter à mon enfant intérieur et aujourd'hui j'ai deux petites-filles... pensez-vous qu'il s'agisse d'un acte thérapeutique pour certaines personnes, celles qui ont souffert d'un manque d'attention durant l'enfance par exemple ?

Témoignage traduit de l'anglais.

« D'accord. Je vais être honnête avec vous. J'ai fait beaucoup d'introspection au cours des dix dernières années et voici ce que j'ai appris sur moi-même. Mais cela ne signifie pas que d'autres ont les mêmes raisons de "jouer" avec des poupées. C'est juste mon histoire.

Quand j'étais jeune, j'adorais les poupées, mais PAS les pouponnes. Ma première poupée était "Lady Lovely Locks" (Dame jolies mèches). Je me souviens que je n'ai pas vraiment joué avec elle, mais j'ai été émerveillée de voir à quel point elle était belle et que quelqu'un l'avait conçue et qu'une poupée pouvait être fabriquée par un humain. Mais il y avait aussi un autre intérêt pour moi.

Je n'aimais pas vraiment les autres enfants. Je n'ai jamais fait partie d'un groupe. Je me demandais pourquoi nous étions en vie et quel était le but de la vie (j'avais neuf ans). Pas vraiment les choses dont les autres enfants s'inquiétaient. Je me suis donc souvent sentie seule et incomprise. Les poupées étaient aussi pour moi une compagnie et un réconfort.

Quand j'ai eu vingt ans, tout cela a disparu. J'avais une vie normale (petit ami, travail, maison, enfant, etc.). Mais à trente ans, j'ai recommencé à me sentir insatisfaite et mécontente de la vie. Les poupées sont revenues dans ma vie. Je dois admettre que c'était pour retrouver ma joie et il y a eu un moment où cela a commencé à ressembler à une dépendance. Je n'avais jamais assez de poupées. Jusqu'au jour où j'ai découvert les "artdolls".

J'ai commencé à regarder les poupées différemment. Comme l'art. Et je voulais fabriquer des poupées moi-même. Cela m'a guérie. Maintenant, j'ai une relation saine avec les poupées. Je n'achète une poupée à une ou un collègue que si je respecte le travail de l'artiste. Quand je pense que la poupée est magnifiquement faite, je l'achète. Je ne vois donc la poupée que comme de l'art en ce moment. Je n'ai plus besoin du réconfort des poupées.

J'aime faire leurs perruques, confectionner des vêtements et tricoter. Et j'adore les photographier. Les poupées représentent une expression de ma créativité et j'espère que mes poupées rendront les gens heureux.

Donc, à mon avis, il y a une différence entre acheter une poupée comme une œuvre d'art ou collectionner des poupées. Si vous les collectionnez et que ce n'est jamais assez, il est temps de vous demander pourquoi vous en avez besoin. (Mais cela pourrait aussi être n'importe quelle autre collection comme la collecte de stylos, de legos, de livres, etc.)

Comme cela pourrait être un sujet sensible, je ne veux pas que les membres du groupe soient interrogés. Chaque personne dans la vie apprend à son rythme quand elle est prête.

Je n'ai pas besoin de savoir quelle est leur raison d'acheter des poupées. Toutes les raisons sont bonnes à cette période de leur vie. J'espère juste que les poupées rendront les gens heureux. Et je pense qu'il y a des milliers de raisons d'acheter une poupée ou d'acheter de l'art. »

En tout cas, j'ai remercié cette créatrice d'avoir pris le temps de me livrer un petit bout d'elle et je respecte son anonymat, car c'est son histoire. Elle a raison sur beaucoup de choses, particulièrement la notion de « collectionner » même si on pense qu'il s'agit d'une passion plutôt saine. Si on regarde de plus près, on constate que collectionner (parfois à outrance), est une façon de combler un vide intérieur. Il s'agit d'analyse schématisée et je ne suis pas psychologue, pour moi c'est tout simplement logique.

Alors cette nouvelle acquisition, que je ne recevrais pas avant juillet, certainement après avoir terminé ce livre, me comblera-t-elle d'un vide quelconque ? Je n'en suis pas convaincue, car je ne pense pas manger avec elle, dormir avec elle, lui parler. En revanche, je ne suis pas à l'abri de vouloir lui créer une personnalité ! Le témoignage parle de photographies aussi, j'adore la photographie et l'idée de la mettre en situation me plaît. Pour une fois, j'évite de trop analyser, mieux vaut vivre le moment et profiter du bonheur que cela nous procure, un point final !

J'avais, malgré tout, échangé avec mon ami Pascal, juste avant de prendre ma décision d'achat, sur cette envie folle d'acquérir une poupée. Il y a quelques mois, c'était une marionnette, qui m'avait séduite. À l'origine, je souhaitais apprendre la technique de marionnettiste, ou plutôt ventriloque, afin d'amuser mes petites-filles. Ensuite, j'avais regardé des tutoriels pour découvrir que si on s'amusait à jouer au ventriloque avec des enfants en bas âge, cela pourrait les traumatiser ! J'ai la fâcheuse tendance à toujours vouloir étudier un sujet, afin de le maîtriser au mieux, avant de m'y aventurer. Il s'agit d'une incapacité de perdre le contrôle de moi-même, j'en suis consciente et une prise de conscience de nos travers nous permet d'avancer.

Me voilà partie dans l'achat d'une marionnette garçon, que j'ai appelé Jonny Zen et que j'avais même présenté lors d'une conférence à un salon de bien-être. Quand j'y pense aujourd'hui, j'en ai bien honte et heureusement que j'ai décidé d'arrêter les salons ! Une amie m'avait soufflé l'idée d'utiliser la marionnette pour faire parler les enfants en souffrance. L'idée m'avait séduite, justifiant mon achat et m'encourageant à le personnaliser pour mon activité. Me voilà partie lui acheter des accessoires.

Quelle ne fut pas la surprise des vendeuses dans un magasin de jouets et ensuite dans un magasin de puériculture lorsque Jonny leur avait parlé pour demander des vêtements à sa taille ! À mon tour d'être étonnée lorsque le caissier m'avait demandé l'âge de Jonny, comme si c'était une vraie personne. Au magasin de jouets, en montrant mon sac, dans lequel j'avais glissé Jonny, trop lourd sur mon bras, la jeune caissière m'avait dit « c'est bon merci, j'ai vu que vous étiez rentrée avec un monsieur » ! Pour moi, ces réactions me semblaient surréalistes ou tout simplement justifiées par la rareté d'une vision de marionnettes qui fait du shopping !

Une fois dans la voiture, l'amie qui m'accompagnait, s'était amusée à jouer avec lui et cela m'avait gênée, c'était mon personnage que j'avais créé et qu'elle accaparait. Ma réaction excessive de petite fille gâtée était déplacée, car elle ne faisait rien de mal. Cependant, lorsqu'elle a recommencé le lendemain, cela m'avait suffi pour que j'arrête l'activité d'apprentissage et aujourd'hui il attend sagement dans la salle de jeux chez moi. Peut-être deviendra-t-il ami avec ma future poupée, je pense qu'ils seront à peu près de la même taille et la nuit, ensemble, ils créeront leurs propres histoires. Tout le monde sait que nos jouets s'animent la nuit, n'est-ce pas ?

Certaines personnes diraient qu'il s'agit de lubies ou que je me cherche, moi je dirais tout simplement que j'ai une soif d'apprentissage. Avec toutes les connaissances acquises à travers le temps, l'espace et toutes nos vies, on ne peut se souvenir de tout, mais on peut en avoir envie.

Chapitre 12 – Légitimité et transgénéalogie

Qui n'a aucun souci avec l'argent ? Vous répondez certainement « ceux qui en possèdent suffisamment », alors que ce n'est pas forcément vrai, puisque pour ma part, j'ai tendance à estimer qu'être aisé est source d'ennuis ! Et là, vous dites « j'aimerais bien avoir ce problème ! » Qu'est-ce qui vous en empêche ? Ne sortez pas les « excuses » habituelles, car nous les connaissons tous, vous ne jouez pas aux jeux de hasard, vous n'avez aucun membre de famille âgé et riche ou vous ne gagnez pas assez.

Lorsque j'entends qu'il y a assez de ressource sur cette terre pour que la population mondiale puisse vivre décemment, je veux bien le croire. Néanmoins, l'avidité, la corruption, la jalousie et la malveillance sont des facteurs (noms purement féminins de surcroît), qui donnent une mauvaise réputation à l'argent. Si vous en êtes d'accord, je vous invite à refuser vos gains, si on vous annonce que vous allez percevoir une très grosse somme. « Impossible ! », me répondrez-vous. Vous avez raison, on peut faire tellement de choses avec plus de moyens, aider plus d'individus, apporter davantage de confort dans votre existence et celle de votre entourage et même tranquilliser l'esprit.

Par conséquent, si l'Univers est capable de subvenir aux besoins de chaque Terrien, pourquoi existe-t-il les riches, les pauvres et les entre-deux ? Premièrement, certaines personnes vivent leurs soucis financiers comme une fatalité et certaines s'en échappent. La différence semble être la détermination, la foi de réussir et la persévérance, dans son travail et dans ses méthodes pour l'attirer. L'année dernière, lorsque j'ai atteint un niveau de revenus extrêmement bas (environ la moitié du SMIC), j'ai réalisé que si on ne panique pas, on arrive toujours à s'en sortir. Il faut malgré tout travailler, se sacrifier et se raisonner un certain temps, avant de voir la situation s'améliorer, mais tout est possible.

Mardi 24 janvier 2023

C'est une de mes « Christine », thérapeute en Bretagne, mais pas qui n'est pas bretonne, qui m'a parlé de son amie Christine, psychogénéalogue. Décidément, vous dites, mon répertoire de prénoms féminins n'est pas très riche, mais je n'y suis pour rien ! Elle a suggéré que je travaille la légitimité, voire le syndrome de l'imposteur et tout autre phénomène pouvant bloquer mon évolution. Pour cela, elle me conseille Christine S., experte qui décèle des informations du passé, de nos aïeux, pouvant avoir une influence sur notre vie actuelle.

Après plusieurs appels manqués, nous avons enfin réussi à nous joindre hier. Avant de fixer le rendez-vous, qui était aujourd'hui, elle m'a éclairci sur son métier et ce qu'elle décèle lors d'une séance. On sent que c'est une passionnée comme beaucoup de personnes dans le domaine du bien-être. Elle me dit pouvoir en parler pendant des heures et me prévient que notre entretien visio durera au moins deux heures. Comme entrée en matière au téléphone, elle explique l'étymologie et l'usage des noms de famille à travers les âges. L'utilisation et la construction des noms de famille, qui date d'il y a plusieurs siècles, avaient un ordre bien précis de création. Les premiers représentaient des lieux, des noms de villes (avec un « de ») et ensuite le nom de la ville. Ces personnes-là constituaient la noblesse à l'époque, par la suite il y avait les professionnels, qui portaient le nom de leur métier, par exemple Meunier. Après la profession, il y avait des parties du corps ou plutôt de physionomie, Grand, Petit, Legrand et ainsi de suite. Les noms suivants étaient parfois issus de moquerie, cela donnait un titre à la personne, par exemple, Lebavard, Leprêcheur, etc.

Toutes ces explications sont venues lorsqu'elle m'a demandé le nom de jeune fille de ma mère, qui s'appelle Rathbone. Je n'avais jamais vraiment analysé l'étymologie de son nom de famille, mais quand j'y pensais il y avait le mot « rat » et aussi le mot « bone » qui veut dire os en anglais. Elle me parlait des noms anglais qui se terminaient par « son » qui voulait dire « fils de » ainsi que les origines et le déplacement des peuples.

Je trouve cela fascinant et j'avais commencé à faire des recherches généalogiques sur ma famille. On réalise vite l'ampleur de la tâche et il est surprenant de voir le nombre de documents du siècle dernier qui sont archivés sur le web.

Elle m'avait aussi prévenu qu'elle me demanderait le choix de mes prénoms, Alison et Diane et que si je n'avais pas tous les éléments, elle pourrait faire le travail quand même. Elle est capable de faire le travail pour des personnes adoptées, mais plus on fournit d'informations, mieux c'est. J'avais déjà demandé à ma mère l'origine de mes prénoms et elle ne se souvient pas trop. A priori, le premier représentait un prénom qui lui plaisait et le second une femme qu'elle avait trouvée sympathique, m'avait-elle répondu.

Je viens de regarder sur internet l'étymologie du nom de famille Rathbone et c'est vraiment fascinant, les origines viennent bien de la région d'où je viens et datent au moins du XIIIe siècle. Le blason familial représente les mots « avec douceur et fermeté ». Cependant aucun lien avec les os de rats !

Lorsque je cherche les origines du nom de famille Bell, mon nom de jeune fille, je vois que du côté de mon père, les origines sont plus variées. Nous voyageons aussi bien en Écosse qu'en France. Parmi les ancêtres, il y a même un prêtre qui a été condamné pour espionnage au XIVe siècle. Cela me fait penser à ma vie antérieure en tant que moine, même s'il n'y a certainement pas de liens, puisque notre âme ne suit pas forcément la lignée familiale terrestre, en tout cas je ne suis pas certaine. On m'avait aussi dit que dans une autre vie, j'avais trahi mon pays (espionne-danseuse) et je suis morte en prison, d'où mon désenchantement de l'Angleterre.

Le soir du 24 janvier 2023

Stupéfiant, je n'ai pas d'autres mots plus forts qui me viennent là tout de suite, à l'issue de ma séance avec Christine. Je vais peut-être commencer par les deux affirmations que je dois exprimer dans ma langue maternelle. Elles me sont personnelles et je ne les traduirai pas, si vous êtes motivé, vous trouverez à traduire assez facilement.

I'm permanently out of family loyalty on dad's side, of having to be a boy, a successful man. Stop, it's over and I'm owning it! I am Alison, in my Identity. I have my place, I allow myself, as a girl, first of the name and fame, to be happy and to succeed in my choices and enjoy MY life.
« *I now have Lucky Girl syndrome* ».

Ce sont mes affirmations à dire et surtout à expérimenter lorsque j'en éprouve le besoin. Christine insiste sur le fait de bien les vivre ces phrases, comme une pièce de théâtre. L'émotion parcourant ces paroles crée le changement, me dit-elle. Mais tout cela était à la fin de la séance, commençons au début.

Christine détient la connaissance de la transgénéalogie, mais elle a aussi des visions, images ou messages envoyés par ses guides, qui nourrissent notre partage et nous ont permis d'avancer. Dès le début, elle a vu un homme peintre ou musicien, artiste considéré par sa famille comme étant ridicule, car voulant pratiquer un métier peu rentable. Il l'a fait quand même et il a été déshérité ou ostracisé par son entourage, ce qui suscite un sentiment d'illégitimité. Le rejet se perpétue de génération en génération. J'ai pris une mémoire familiale où les autres comparent ce que je fais à qui je suis !

Christine met en contraste la situation avec Cendrillon. Petite, son père lui disait qu'elle était belle. Lorsqu'il est mort, sa méchante belle-mère et sa belle-sœur lui font croire qu'elle est laide et qu'elle ne valait rien, mais elle n'y croyait pas. Elle a retenu qu'elle était belle et se procure de quoi aller au château. Néanmoins, sa croyance limitante que « cela ne va pas durer » termine tout le processus à minuit.

Christine me parle de la blessure de non-reconnaissance qui regroupe la totalité des cinq blessures mentionnées par Lise Bourbeau dans son livre *Les 5 blessures qui empêchent d'être soi-même*[28]. Cette non-reconnaissance est pour ce que je fais et qui je suis. Souvent les gens qui savent qui ils sont, ne se préoccupent pas de ce qu'ils font.

---

[28] *Pocket, 2013.*

Elle me dit que j'ai confiance en moi, j'écris, je procure du bien et du conseil autour de moi, mais l'estime de soi n'est pas toujours présente. Je ne suis pas toujours sûre que mon travail a une valeur. Elle me dit : « Ce n'est pas ce que tu fais qui constitue ce que tu es. »

Dans le prénom Ali-son, il y a « son », fils, j'étais attendue comme un garçon dans l'inconscient des parents (tout cela n'est pas une vérité absolue ni prouvée, mais un ressenti de sa part). Les clans aiment que le premier-né soit un fils. J'étais un garçon manqué, mon âme savait que j'aurais dû naître garçon. Je n'étais pas ce qu'on voulait que je sois. Elle analyse que je n'ai pas été bien dans ma féminité ni dans ma sexualité, je valide.

Le premier du nom dans une famille, lorsqu'il naît, a beaucoup de pression. Il n'a pas droit à l'erreur. Je confirme me mettre trop souvent la pression et parfois considérer ne pas être capable ou à la hauteur. Je suis trop exigeante envers moi-même. Si je compare cette souffrance à celle de mon fils, son père aurait voulu une fille et je n'avais pas envie d'avoir un enfant avec son père, il a subi la même chose que moi, mais à l'envers !

Des bribes de ma vie reviennent pour confirmer ces constats. Lorsque je passais mes « A Levels » (spécialisation du baccalauréat britannique, à dix-huit ans), je n'ai postulé pour aucune grande école (*University* en Grande-Bretagne), uniquement des établissements d'enseignement supérieur (*College of Higher Education* en Grande-Bretagne), persuadée de ne pas être à la hauteur. Elle me parle de réaction d'un enfant illégitime et de la maltraitance d'un bâtard. Ne soyez pas choqué en lisant ce mot, je ne le suis pas. On parle ici du terme originel d'un enfant, non reconnu, car secret, issu d'une relation interdite.

Mon ancêtre (celui qui m'a passé ce lourd héritage d'illégitimité) voulait travailler dans le monde du spectacle. Christine a entendu, « ce n'est pas un métier, saltimbanque ». Dans ma jeunesse, dans cette vie, je faisais du théâtre, en passant des niveaux d'art dramatique et de la poésie ainsi que du théâtre en concours. À la faculté, j'avais même joué le rôle principal d'Alcmène, dans la pièce *Amphitryon 38*[29] de Jean Giraudoux, plus de trois heures de pièce en français avec onze spectateurs ! Je savais qu'il ne fallait même pas songer à ce métier et je n'avais pas cherché à aller plus loin dans cette voie. Je n'ai jamais renoncé en revanche à mes talents de conteuse, cet intérêt ne m'a jamais quittée et on me dit aujourd'hui que je suis faite pour ça.

Pendant ma prise de notes durant cette séance, je sens l'émotion qui monte en moi. Elle est douce, pas violente, juste un baume pour

---

[29] *Amphitryon 38* est une pièce de théâtre en trois actes de Jean Giraudoux, écrite en 1929 et représentée pour la première fois le 8 novembre 1929 à la Comédie des Champs-Élysées dans une mise en scène de Louis Jouvet. Giraudoux prétendait fournir la 38e et dernière version du mythe d'Amphitryon, d'où le titre de la pièce. Source : Wikipédia.

apaiser mon cœur souffrant, comme une âme de ce bâtard qui n'a pas eu le droit d'exister pleinement. Christine m'explique que la conscience mène à la guérison. Savoir et comprendre, c'est guérir.

Pour mon métier, j'ai tout de même hérité du don du relationnel (le magnétisme aussi provient a priori de mes ancêtres). Elle parle de mon prénom et explique que tous les prénoms qui contiennent « li » ont un problème de lit. On m'a appelé Alison, on aurait pu m'appeler Alice. Et là, je souris et je lui raconte l'anecdote de ma caravane, Alice, mon coup de cœur erroné en 2022 !

En parlant de lit, elle me demande les métiers que j'ai effectués le plus longtemps et un d'eux consistait à vendre dans une usine de matelas ! L'autre était de « vendre » ou promouvoir ma région, pour attirer des entrepreneurs. Elle explique que lorsqu'on vend une région c'est une façon de combler notre manque ou perte (de région).

Elle entend « honte », le bâtard est né d'un soldat pendant la guerre de 1914-1918, en août 1914, les Anglais sont venus joindre leurs forces aux Français. Cet enfant avec qui j'ai des attaches (dans la mémoire des cellules, pas en réel) est issu d'une relation honteuse, d'un soldat anglais et d'une Française. Cette femme a épousé un homme qu'elle n'aimait pas lorsqu'elle s'est retrouvée enceinte d'un étranger mort à la guerre. Elle n'aimait pas son mari, qui a donné son nom au bâtard, sans l'aimer. À six ou sept ans, on demande à cet enfant de grandir et travailler. Il a peur du noir (une des histoires de mon premier livre de contes, Rêver c'est Guérir, parle de la peur de l'obscurité), car il est souvent enfermé.

Nous reproduisons ces souffrances jusqu'à ce que quelqu'un (comme moi aujourd'hui) décide de guérir pour avoir une influence positive et guérir les générations futures et antérieures. Les pièces du puzzle commencent à s'emboîter, lors de l'hypnose régressive, on m'avait confirmé que je n'aurais pas dû naître en Angleterre. Mon pays était la France, voilà pourquoi je ne me suis jamais sentie à ma place. Christine me conseille de rendre hommage à ce père, soldat, mort après avoir trouvé l'amour en France. La France m'a sauvée.

Je suis très complice avec mon père, car artiste comme lui, j'écris, il dessinait (des plans industriels). Mon grand-père maternel était peintre (en bâtiment) aussi, ma mère, d'une certaine façon, a épousé son père (c'est souvent le cas). Christine m'annonce que ma place aujourd'hui est dans l'enseignement et l'aide des autres, car mon corps est trop fatigué aujourd'hui pour continuer les massages et le magnétisme. Elle me confirme que puisque je devais naître homme ma place est bien avec les femmes. Elle « reçoit » que la bâtarde a été violée (comme moi). On finit la conversation avec regret, car il s'est passé plus de deux heures et elle doit en rester là. Je dois laisser faire le temps pour que cela commence à agir au plus profond de mes entrailles afin de réaliser et accepter qui je suis ici et maintenant. Amen.

Chapitre 13 – Les réseaux, la réalité et moi

Samedi 28 janvier 2023

Je me suis levée fatiguée ce matin sans comprendre pourquoi. Ma journée d'hier a été en dents de scie, des cours, une pause, une réunion d'entrepreneuses durant laquelle mon pitch « inspirant » ne semblait inspirer personne, une nouvelle pause et la fin des cours à vingt heures.

Les samedis, en général, j'ai une ou deux heures de cours et ensuite je m'autorise un week-end, même si j'ai des élèves qui voudraient bien caler des cours le dimanche. Je refuse, en respectant cette journée de repos, quelle idée, vouloir travailler le dimanche, suis-je la seule qui s'autorise une journée de répit ? Cette année, je m'engage à savoir dire « non », retrouver ma légitimité et savoir où je vais, tout un programme !

Le sujet des réseaux sociaux justifierait un livre entier, mais je n'en ai absolument pas envie. Les réseaux c'est lassant, c'est plein de mensonges, c'est devenu un défouloir de personnes malheureuses, malades ou en colère. Ensuite vient la catégorie, « vendeurs de vérités », qui recherchent leurs prochaines victimes ou veulent vendre des produits miracles ou publicités de formations pas chères ou prises en charge, qui ne vous aideront pas.

Autrefois, lorsque je travaillais pour ma région dans un service marketing, j'étais community manager ; publier c'est facile, être lu et considéré, c'est autre chose. Être dans l'ego et en quête de reconnaissance n'est pas bien, pourtant si on publie sur les réseaux sociaux, c'est pour valoriser notre personne ou notre activité.

Cette année, j'ai tenté l'aventure TikTok, pas vraiment ma tasse de thé (un jeune étudiant m'avait avoué s'être sevré après en avoir été accroc), mais on doit suivre les tendances, ou pas. L'expérimentation de différentes approches ne m'avance pas pour le moment. Je ne comprendrai jamais, en effet, comment une vidéo courte de ma tête sous la douche, à promouvoir les bienfaits de l'eau glacée, peut recevoir neuf vues quand ma photo de pomme en forme de fesses en obtient six cent cinquante !
Sommes-nous tous devenus des consommateurs d'images à haute vitesse et bas intérêt ? Parfois les influenceurs achètent leur public et comme la foule attire la foule, la suite est plus simple. Après plusieurs semaines de « *réels* », vidéos d'une minute, avec des conseils pour « oser », je comprends qu'un petit texte inspirant fonctionne bien mieux !

Les gens sont pressés, la vie est précieuse, pas de temps pour les inutilités des réseaux, et pourtant, une heure plus tard, on réalise qu'on y est toujours. Cela vous parle ? Pas forcément, car si vous lisez ce livre, vous passez moins de temps en ligne et votre âme sera préservée encore quelque temps (*sourire*).

Voici quelques « perles de sagesse » de mon esprit, publiées et sûrement provenant des « perles » de quelqu'un d'autre :

Si tu ne sais pas où tu veux être, tu sais déjà que tu n'es pas au bon endroit. Vous pouvez le savoir en vous posant pour écouter le corps lorsque vous visualisez les différents scénarios. AlisonB

Quand tu vois une personne que tu admires, est-ce que tu l'envies pour sa personnalité, son métier ou autre chose ? S'entourer de personnes avec plus de connaissances que toi est important pour te hisser vers le haut.
AlisonB

Tu n'es pas tes parents, ta vie n'est pas une fatalité, ton métier ne te définit pas, tu n'es pas ta maladie. Autant de raisons pour casser les programmations et devenir vraiment qui tu veux être, devenir TOI !
AlisonB

Derrière l'écran des réseaux sociaux, il existe des vraies personnes et des fausses, des vraies situations et des fausses.

Si cela fait longtemps que tes contacts n'ont pas entendu le son de ta voix, appelle-les, car tu ne sais pas vraiment comment elles vont.
AlisonB

Nous n'avons qu'une vie et nous la vivons suivant nos croyances. Mais sacrifier qui tu es et vivre sans croire est une fatalité pire que mourir.
Jeanne d'Arc

Bien entendu, ma citation préférée est celle de Jeanne, mentor, inspiratrice, guerrière, je t'aime Jeanne, merci. Et si je lui demandais son avis ?

Question : qu'en penses-tu Jeanne ?

« Vous appelez cela "réseaux" ? Pourtant le mot sous-entend une communication entre un grand nombre de personnes, est-ce la réalité, communiquez-vous vraiment entre vous ? À mon époque, on se retrouvait à l'église pour échanger avec Dieu et les humains, nos amis et nos familles. À table, à la maison, on parlait, on racontait nos projets pour demain, pas les projections d'un an ou plus, l'essentiel était le présent.

Mon cœur est peiné de lire autant de souffrances, de doléances chez les autres et ô combien de personnes se sont égarées en chemin, ont perdu la foi et la foi en elles-mêmes. Si vous passez votre temps à dire ce qui est dysfonctionnement dans votre vie, vous n'avez plus le temps de chercher ce qui peut fonctionner.

Alors, fermez les yeux un instant et écoutez le silence, car ce n'est que dans le silence que vous entendrez. Derrière vos paupières, la vie vous attend, car les yeux ouverts, vous êtes aveugle, sans vue. Un film recouvre votre réalité, tel un œil qui s'opacifie en vieillissant et devient laiteux, votre vision est brouillée et falsifiée.

La vérité est en vous, la vision n'est que lorsqu'on regarde vers l'intérieur, l'extérieur, peut vous apprendre si peu. Commencez par vous écouter, ressentir le langage du corps et du cœur, n'écoutez pas les autres derrière leurs écrans de verre, car la vie n'est pas une pièce de théâtre ni un jeu.

Vous êtes acteur, mais de votre vie, vous détenez le rôle principal. Peu importe la performance, l'important, ce sont vos ressentis, sentez-vous la vie en vous ? Est-ce que vous vibrez de toute votre âme ou est-ce que vous sentez la vie en vous s'amenuiser, s'éteindre, l'espoir et l'envie de défaillir ?

Alors, levez-vous et demandez de l'aide c'est la seule solution, si vous ne pouvez pas puiser en vous la force d'y arriver seul. Se révolter contre les injustices du monde ne sert à rien si vous vous imposez des injustices au quotidien. Que ce soit un enfant ou un partenaire qui vous manque de respect, un corps que vous maltraitez avec des aliments toxiques, un manque de mouvement dans votre corps (vous appelez cela la sédentarité), une maladie qui vous empêche de...

Non, il est temps d'agir, il y a urgence, ne le faites pas pour les autres, mais pour vous ! Vous avez déjà entendu cela, je ne vous apprends rien, pourtant vous n'écoutez pas, vous avez la vue et l'ouïe obstruées. Même dans les moments les plus sombres de mon existence, j'avais foi en moi et en mes convictions. Je savais que ma vie ne serait pas préservée indéfiniment. Mon destin était de mourir pour la cause, mais en attendant, j'étais engagée dans l'armée de Dieu et rien ne pouvait m'empêcher de faire de mon mieux.

Dans la vie, on demande cela, que vous trouviez la force de faire de votre mieux, personne ne vous reprochera votre vécu en arrivant là-haut. Vous ne serez pas jugé si vous avez agi avec votre cœur plutôt que votre tête. La seule voix de guidance est la vôtre. Si vous ne l'entendez pas alors priez et demandez de l'aide, qu'on vous montre le chemin. Prier de joie est aussi très bien, car les remerciements sont comme un pigeon voyageur, qui les livre et qui ramène les mêmes messages, fois dix, en retour.

Creusez en vous cette force avec laquelle on naît et une fois que vous la trouverez, ne la lâchez pas. Elle vous servira bien souvent et pourra même être source d'inspiration pour d'autres. Je vous aime et je suis toujours là pour guider et éclairer votre chemin. »

Ce sont ses paroles ou les miennes, je ne sais jamais, mais est-ce vraiment important ? Il est possible que mes pensées soient les siennes, en tout cas, j'ai interrompu la canalisation lorsque j'avais l'impression d'hésiter, en disant « bruit mental, pause », comme on fait en Remote Viewing[30] pour l'intuition. Je me sens toujours apaisée par ces paroles qui me font avancer. Amen.

Lundi 6 février 2023

Déjà au mois de février, que le temps passe vite cette année ! J'avais posé mon livre quelques jours, happée par les conseils sur l'importance ou pas, d'avoir un agent littéraire et un relecteur. Je suis repartie dans les remises en question, c'est bien beau de considérer que l'Univers m'envoie tout ce dont j'ai besoin, parfois l'investissement personnel est crucial aussi. Par conséquent je reprends ma plume électronique grâce aux encouragements d'une nouvelle connaissance, Virginie. Arrivée dans ma vie officiellement depuis vendredi dernier, je l'ai croisée lors d'une réunion d'entrepreneuses. Elle était à côté de moi, toutes deux des convives intimidées par cette réunion de femmes où nous avons peu échangé.

---

[30]Remote Viewing : développé dans les années 1970, aux États-Unis, il s'agit d'une véritable science de l'intuition. Un protocole scientifique limite l'intervention du mental qui créerait des « suppositions » et compte sur les ressentis physiques (les cinq sens) et le kinesthésique sous forme de croquis, réactions corporelles, visions et flashs.

Je me lance un nouveau défi d'écriture, je vais dorénavant rédiger sans employer abondamment le mot « mais » que j'emploie beaucoup trop fréquemment à mon goût.

Son appel pour me proposer une rencontre et échanger sur nos métiers m'a incitée à l'inviter à prendre un café (ou plutôt le thé, dans son cas) et je suis ravie de notre échange. Virginie est française, ancienne professeur d'anglais, elle a fait du reiki et elle a tourné dans les mêmes réseaux MLM ou Multilevel marketing (marketing de réseau) que moi. Que c'est drôle, les personnes qui s'attirent par centre de gravité sans connaître l'histoire au préalable, on va dire que nos âmes le savaient et ont voulu qu'on se voit.

Grande, brune, le sourire aux lèvres, Virginie se livre rapidement sur son parcours professionnel, ses rêves, ses projets, des petits bouts d'elle. Ensuite est venue la question, « et que fais-tu exactement » et là, l'émotion monte en moi. Le film de cette dernière année passe devant mes yeux. Les images défilent, Alice, la caravane, la rénovation dans le froid, les déceptions, la voyance, la fin d'année à chercher à sortir du néant... Je réalise, en relatant mon vécu dans ce livre, à quel point j'étais à bout. Une amie m'avait dit récemment qu'elle me ressentait très mal à une certaine époque et elle s'inquiétait pour moi et aujourd'hui elle me trouve mieux.

Avec Virginie nous abordons le sujet des réseaux et notre devoir, face aux clients ou prospects, de montrer la *positive attitude*.

Je donne mon avis à propos des sourires mensongers sur les réseaux où tout est artificialité, pourtant nous sommes d'accord qu'il n'est pas très « vendeur » de faire des vidéos larmoyantes ! Nous sommes des vendeuses de rêve, de bien-être et de positive attitude. Si nous sourions sans avoir le moral au beau fixe, personne ne nous prendra au sérieux alors éviter de publier me semble le plus judicieux.

Je suis parfois tellement peinée lorsqu'une thérapeute se livre en vidéo, se prononce être vraiment en souffrance, avoir des soucis dans sa vie et puis le lendemain dire qu'elle nous attend pour des séances avec elle. Je ne porte pas de jugement, mais l'expression « balayons devant notre propre porte » me vient à l'esprit. Personne n'est irréprochable, néanmoins on se doit de montrer l'exemple de quelqu'un qui se met en question et surtout qui se prend en charge.

La remise en question est un état permanent pour certaines personnes tandis que d'autres ont tendance à fuir, à se fuir elles-mêmes. L'autre jour, lorsque le doute a osé s'immiscer dans mon travail de rédaction et je ne comprenais pas comment je pouvais encore douter, Virginie m'a remis sur les rails. Je n'avais pas repris l'écriture pour autant. Ce n'était qu'en échangeant avec ma Christine de la Bretagne, Miss Positive, qu'elle m'a rappelé l'importance du lâcher-prise.

Elle avait lu que pour écrire un livre, on doit composer tous les jours, même si on n'a rien de spécifique à transmettre, d'après elle, on peut malgré tout, sortir des belles choses.

Il y a quelques années, j'étais en couple avec une personne qui disait que je pratiquais la « diarrhée verbale ». Je ne voudrais, pour rien au monde, vous faire subir ce tsunami littéraire (*sourire*).

Dans ces conditions, je lâche la pression, je préfère être avec vous lorsque j'ai des pensées intéressantes et surtout utiles à partager. Confortablement installée sur mon canapé, une petite guirlande clignote à ma droite et par la fenêtre, le ciel bleu, parsemé de nuages blancs tout en rondeur, m'appelle. La saison est encore à la fraîcheur et cela ne me dérange pas, car le temps est sec, même si la terre manque cruellement d'eau. Mon petit bout de poils, allongé sur le tapis, attend sagement (plongé dans ses rêves canins) que je veuille bien interrompre mon œuvre, pour aller communier avec la nature. Je vous dis à tout de suite, donc.

NOTES

Chapitre 14 – Et puis fut l'écrit

Toujours sur le sujet des réseaux sociaux, un client m'a contactée sur Messenger l'autre jour. Je dis « client », car c'était quelqu'un qui m'avait déjà consultée, avec sa nouvelle famille recomposée, il y a environ deux ans. Je suivais leurs histoires sur Facebook, des photos de bonheur, des sourires des enfants, des vacances, toutes les joies que nous aimons partager avec des inconnus.

Et puis un jour, le bonheur n'y était plus, les publications disparurent et les photos étaient absentes. Et désemparé, il commence à m'expliquer le problème. Le danger avec les réseaux c'est toujours de donner beaucoup de conseils, car dans mon métier on travaille avec le cœur surtout, ensuite la personne n'éprouve plus le besoin de venir.

J'ai demandé son numéro de téléphone et je l'ai appelé. Il ne s'agissait pas de traiter d'un sujet aussi délicat que la séparation, par ce biais, en quelques minutes. Je lui ai alors proposé un face-à-face avec son enfant, marqué par ce départ brutal de la compagne de son père.

Lorsque je reçois des personnes, l'écrit détient un rôle primordial dans la guérison de l'âme. J'ai cette capacité à écrire, de façon intuitive et la façon dont je lis mes histoires constitue la particularité des séances. Le matin du rendez-vous, un peu tardivement, j'ai décidé d'écrire un conte pour le petit garçon qui accompagnait son père. J'avais déjà écrit une séance de méditation, centrée autour de l'apaisement et la réparation d'un cœur brisé, pour le père. N'ayant que peu d'inspiration pour écrire sur le sujet de l'abandon, je me suis laissé guider. J'ai été tellement inspirée que j'ai même oublié un cours d'anglais !

Mes séances sont basées sur la psychologie positive, je démarre en demandant à la personne de dire ce qu'il y a de positif dans sa vie. C'est un exercice plus ou moins facile pour la personne qui consulte, car elle vient surtout pour partager ses problèmes et ses préoccupations. Rapidement, la liste des choses positives s'est transformée en une analyse de la dégradation de la situation dans le couple.

Je n'ai pas trop envie de raconter la séance ici, car même si la personne ne lira pas forcément ce livre, si elle le fait elle se reconnaîtra. J'espère que d'ici là, je lui aurais apporté un apaisement, lui permettant de passer au reste de sa vie. *Le triangle de Karpman*[31] est régulièrement évoqué dans les séances, une personne qui veut aider l'autre et qui prend le rôle de sauveur.

---

[31] Le triangle de Karpman, aussi appelé triangle dramatique, proposé par Stephen Karman en 1968, il met en évidence le scénario relationnel typique entre victime, persécuteur et sauveur.

L'autre, au départ dans un rôle de victime ou de malheureux, se vêt rapidement du rôle de persécuteur et c'est le sauveur qui devient victime. Cette explication est très brève et schématisée, mais c'est à peu près ça.

Nous sommes trop souvent attirés par des personnes ayant des blessures faisant écho avec les nôtres et qu'on pense pouvoir « soigner » au sein du couple. Malheureusement, ce n'est que rarement le cas. La phrase de mon client m'a touchée : « Elle a su trouver la faille en moi, mes fragilités et je me suis ouvert à elle. En osant laisser une ouverture à la carapace entourant son cœur, elle a su rentrer dans la brèche et faire résonner ses propres blessures. »

Ma séance de méditation, écrite pour lui, était axée sur la visualisation d'un cœur à remplir d'amour pour lui-même ainsi qu'une protection contre la négativité. Il n'était pas question de surprotéger de nouveau son cœur, car sinon il allait créer une nouvelle armure et ne laisserait plus jamais rentrer l'amour dans sa vie.

Mes conseils lui ont fait réaliser que dans un couple chacun arrive avec ses bagages. Ce n'est pas toujours le rêve de déballer ses bagages ensemble et de les trier. On dit bien que la période « lune de miel » s'achève lorsqu'on sait tout de l'autre et de surcroît quand la routine s'installe dans le couple.

L'harmonisation et l'apaisement de son corps ont complété cette séance et ensuite c'était au tour de son fils de dix ans. Extrêmement réservé, très attaché à son père et encore plus à son smartphone et le jeu qu'il était en train de terminer, il me suit dans la pièce. Malgré une certaine préparation de séance avec un enfant, il y a toujours une part d'improvisation pour moi, comme une inspiration qui arrive pendant notre discussion. Je lui avais écrit un conte et j'ai démarré en disant que l'histoire était géniale et que j'espérais qu'elle allait lui plaire, car c'était lui le héros de l'histoire. Lorsqu'on pose la question à un enfant « Comment vas-tu ? », la réponse est souvent « bien ». Un enfant réservé ne va pas déballer directement tous ses problèmes et je ne suis pas psychologue pour faire ce travail en profondeur. D'ailleurs, lorsque j'ai demandé au père si l'enfant était suivi par un psychologue, il m'a répondu qu'il préférait commencer par moi.

Je savais que le souci principal était de l'attachement maladif de l'enfant à son père, qui en avait la garde. Il avait une mère très peu présente et il s'était attaché à l'ex-compagne de son père, malheureusement l'attachement n'était pas forcément réciproque. Elle avait déjà ses deux enfants à gérer et les bagages de trois personnes lui suffisaient. Le petit T. se trouvait perdu, cherchant juste à trouver une maman, qui allait alléger la tâche lourde du père, celui-ci jouant le rôle des deux parents. Un enfant a besoin de suivre les deux modèles, mère et père et la tâche est tout de suite plus complexe lorsqu'un des parents est absent. Alors j'ai posé des hypothèses et je lui demandais s'il pensait que peut-être... Et à chaque réponse, je touchais la vérité du bout des doigts.

Tout l'amour qu'il avait à donner, ce petit T., il donnait à son père, surtout depuis la séparation et ils étaient déjà très fusionnels auparavant. Son père venait de m'expliquer que lorsqu'il avait dû s'absenter quelques heures, son fils était resté chez sa grand-mère. Au retour du père, T. s'était effondré, craignant qu'on l'abandonne. Le lendemain, il vomissait ses tripes et son père savait que cette peur de l'abandon créait en lui trop de souffrance et qu'il fallait agir. La souffrance de l'abandon, nous ressentons tous ce sentiment, car personne n'aime l'idée d'être quitté, de perdre un être cher et une personne peut même éprouver le sentiment d'être sans valeur. Alors subitement, calmement et sans me mettre la pression, une inspiration m'est venue et j'ai trouvé la méthode pour chasser cet abandon en lui.

Voici une retranscription de nos échanges :
— Tiens, lui dis-je, on va essayer un petit exercice, si tu veux bien, les yeux fermés, on va pratiquer en quelque sorte une téléportation de nos pensées. De cette façon, tu vas voir que ton papa ne sera jamais loin de toi, déjà il est toujours dans ton cœur et en plus tu vas pouvoir transporter tes pensées là où il se trouve. Tu sais T., tout est énergie et c'est comme l'air qu'on respire, l'énergie est partout et permet de faire voyager des odeurs, des sons et des pensées, ainsi que des sentiments.

Alors on va faire voyager ton papa et tu vas voir que même s'il s'en va de plus en plus loin de toi, tu n'auras plus peur. Je t'ai déjà expliqué que ton papa t'aime plus que tout au monde. Un enfant peut faire le pire des misères à ses parents, le propre d'un parent est de l'aimer de tout son cœur, coûte que coûte. Alors ferme tes yeux et je voudrais que tu l'imagines, tu vas projeter tes pensées comme une téléportation là où il se trouve, il est dans mon salon, qu'est-ce qu'il fait ?

— Il est sur le canapé, il regarde son téléphone.

— Très bien T., tu es rassuré, tu n'as pas peur sans lui ?

— Non, a-t-il répondu.

— Parfait, alors maintenant, tu vas le faire sortir de mon salon, si tu veux tu peux même le faire traverser le mur puisqu'il représente de l'énergie et tu peux le faire voyager là où tu veux. Alors on va dire qu'il est parti à Limoges, il avait envie d'aller dans un café. Qu'est-ce qu'il prend, tu le vois à table ? Il prend un café ou une bière ? Moi je pense que c'est une bière (*rire*).

— Non, c'est un café.

— Super, maintenant, il a envie d'aller voyager un peu plus loin, il va quitter la France, tu le vois partir dans quelle ville dans quel pays T. ?

— Il est parti en Angleterre.

— Oh c'est génial, c'est mon pays ça, tu lui demandes, par la pensée de passer le bonjour à mes parents s'il te plaît. Et alors finalement le voyage en Angleterre ça ne lui suffit pas, il va voyager en faisant le tour du monde. Je te laisse le temps de visualiser tout cela.

Maintenant, il part, il part vers la Lune, il devient astronaute, est-il habillé avec une combinaison pour le protéger, T. ?

— Non, il est habillé normalement il n'a pas besoin de combinaison.

— Parfait alors, il est vraiment un super-héros, ton papa, et comment te sens-tu, parce qu'il est très loin de toi, tu n'as pas peur ?

— Non, ça va.

— C'est absolument parfait ça, maintenant, il est temps de le faire revenir donc tu le visualises en train de revenir, s'il a envie de passer à Limoges chercher du pain en rentrant pourquoi pas. Et là, tu le vois de nouveau sur le canapé ici chez moi. Qu'est-ce qu'il fait maintenant ?

— Il est toujours sur son téléphone.

— Et toi comment tu t'es senti pendant tout ce temps, loin de lui, tu as eu peur ?

— Non, pas du tout.

— Super, T., alors tu as compris la technique, rien que par la pensée et aussi par le cœur, vous êtes liés en permanence, donc tu es toujours avec ton papa et il est toujours avec toi. Et si tu souhaites vraiment perfectionner cette technique, vous pouvez vous entraîner ensemble. L'un ou l'autre dessine en cachette, une forme, par exemple et l'autre doit deviner la forme. Il est mieux de commencer par quelque chose de simple comme les formes simples, carré, triangle, etc. Lorsque nous sommes très proches de membres de la famille, la télépathie peut devenir automatique sans même qu'on s'en rendre compte.

J'ai enchaîné avec le conte, que je lui ai raconté sans lui demander de fermer les yeux. Un enfant de dix ans a une attention limitée et déjà mon histoire était assez longue et il bâillait. Le bâillement sert aussi à se détendre. Je ne pensais pas qu'il s'ennuyait, car régulièrement dans l'histoire revenait son prénom ou celui de son père. L'histoire en elle-même était simple, un petit garçon qui habitait dans un château fort avec son père qui travaillait beaucoup et que le garçon ne voulait jamais quitter. Jusqu'au jour où Rémi le renard l'attira en dehors du château, pour lui montrer la vie et lui expliquer que les enfants finissaient par prendre leur indépendance et que parfois les adultes avaient besoin de la leur.

Je lui ai proposer quelques instants de magnétisme à distance pour harmoniser ses émotions, je savais qu'il déclinerait et cela ne me dérangeait point. La puissance de l'écrit que je venais de lui lire avait déjà commencé à faire son travail et cela suffisait. Cela fait quelque temps déjà que mes clients me disent que je soigne par les paroles et travailler avec les enfants est la chose la plus gratifiante au monde. Un enfant n'est pas formaté, enfin il commence à l'être après l'âge de sept ans, malgré tout, on arrive à rattraper le coup assez facilement, si l'enfant est consentant.

Chapitre 15 – Enfant en détresse

19 h 19, le 12 février 2023

Je viens de faire une séance, ce dimanche par visio, avec un jeune garçon et sa mère. Elle a donné son accord pour que je raconte leur histoire. Je garde toujours l'anonymat des personnes que je mentionne dans ce récit. Cet enfant est rentré de l'école la semaine dernière et à l'âge de neuf ans, il a dit à sa mère qu'il ne savait pas qui il était. Il s'interrogeait s'il était réellement un garçon, étant donné que ses camarades de classe aimaient la bagarre et pas lui, puisqu'ils étaient durs et pas lui et il avait peur d'être une fille.

Malgré son jeune âge, il ne comprenait pas pourquoi il n'y avait ni « ils » ni « elles » et plutôt des « iels » et il a avoué qu'il était très mal. Sa mère, une cliente, avait pris contact pour demander mon avis en me précisant comment elle avait manié la discussion avec son enfant jusqu'ici. Je l'ai félicitée d'avoir si bien géré la situation et je lui ai conseillé en premier lieu de se rapprocher de la maîtresse. Aujourd'hui, nous entendons trop souvent parler d'enfants en détresse qui préfèrent disparaître plutôt que gérer la discrimination à l'école.

Afin de la rassurer, je lui ai proposé d'écrire un conte personnel et intuitif par rapport aux problématiques spécifiques de son fils. Elle a bien entendu accepté avec joie et soulagement. Son fils me remerciait d'avance, il était ravi qu'on l'aide à trouver des solutions à ses craintes.

Hier soir, la magnifique nuit étoilée m'a inspirée, je m'étais couchée sans fermer les volets et mes jumelles m'ont permis d'observer ces étoiles depuis mon lit. Attirée, tel un aimant, l'aperçu stellaire en position allongée ne m'a pas suffi. Me voilà pieds nus sur la terrasse à une heure du matin en plein rêve éveillé galactique ! C'est si rare de les observer par milliers et de profiter de cette voûte céleste qui s'offrait à moi. Habituellement ma maison, en lotissement, est éclairée par les lampadaires m'empêchant de voir toute cette grandeur.

De retour au lit, la dictée de cette première inspiration arrive sur mon téléphone – merveilleuse invention et annexe de mon cerveau (*sourire*).
« Dimanche 12 février 0 h 14, rien ne peut me mouvoir plus qu'une nuit étoilée observée depuis mon lit. C'est tellement beau de voir ces myriades de petites lumières, qui brillent dans le ciel et qui appartiennent chacune à plusieurs personnes. Certaines personnes considèrent que lorsqu'on perd un être cher, il se transforme en étoile.

Nombreuses sont celles qui font des vœux, à ces étoiles. Des enfants, en fermant les yeux la nuit, prient pour que leurs rêves se réalisent. C'est si beau une nuit étoilée et si rare, car la pollution lumineuse sur Terre est telle qu'en France jusqu'à récemment, les lampadaires restaient allumés, même la nuit. Tant pis pour la planète !

Ce soir à 0 h 14 l'éclairage s'éteint et le ciel brille de mille feux. Littéralement de mille feux, je suis en paix et en communion avec tous ces anges scintillants qui m'appellent. Ils me parlent et me disent, « nous vous observons, sur cette terre, nous regardons à quel point vous vous débrouillez mal. La planète est en souffrance et vous commencez juste à le réaliser. Quel dommage, pour vous, mais cela ne nous empêche pas de briller, parfois nous brillons plus fort, parfois moins fort. Quand la nuit est claire, comme ce soir, avez-vous remarqué qu'on vous observe et que des milliards de petits yeux vous regardent de loin ? »

Oh que j'aime utiliser les nouvelles technologies à bon escient, pour créer de la magie littéraire. Revenons à ce petit garçon en détresse pour qui je devais écrire un conte. Ce n'était plus une difficulté pour moi, les étoiles m'avaient inspirée. Dans mon élan, j'ai dicté l'histoire personnalisée pour ce petit garçon, avant de tomber dans les bras de Morphée. Je ris lorsque j'écoute mon enregistrement, qui est ponctué de bâillements, j'ai quand même terminé à une heure du matin !

Ce soir a eu lieu la séance en visio avec la mère, son petit garçon dans les bras et la grande sœur qui écoutait au loin. Ce n'était pas une séance de méditation et les yeux de tout le monde étaient ouverts. Cela me permettait d'ajouter des gestes et des expressions de visage et surtout de raconter l'histoire à cœur ouvert. Lorsque je conte une histoire, je la vis, les émotions montent facilement, surtout face à cette innocence, ce petit être qui démarre à peine dans la vie et qui est déjà peiné par la vie.

Alors je vois les sourires, l'émotion, l'interrogation, la surprise – voir et vivre, tous les deux dans ce petit mot « vi ». Lorsque j'écris une histoire, l'intuition me vient, je rentre dans le cœur de la personne pour qui j'écris et son histoire, ses peines, me parviennent. C'était le cas pour ce petit bonhomme, même si c'est sa mère m'avez expliqué son désarroi.

Incroyable capacité de capter le mal-être de l'autre, oh que je remercie Dieu et l'Univers de me prêter cette possibilité merveilleuse. Je dis bien *prêté*, car pour moi, le don n'existe pas. On n'a pas un *don*, on nous a « prêté » cette capacité et si on ne l'utilise pas correctement pour faire du bien, on nous l'enlève aussi rapidement qu'il arrive.

Puis vient le débriefing pour connaître les ressentis de la mère et de son petit garçon. Il me dit être touché, que mon histoire était émouvante pour lui et que surtout tout était juste et lui correspondait parfaitement. Je commence à ouvrir grand les yeux d'étonnement, toujours persuadée d'avoir seulement deviné ou parfois de me situer légèrement à côté de la vérité. La légitimité n'était donc pas encore complètement réglée pour moi (*sourire*).

Ma cliente me confirme les similitudes surprenantes entre mon histoire et la vérité, à savoir, j'ai parlé d'un chevalier et ils venaient de regarder le chevalier en figurine du petit garçon avant la séance. Mon histoire évoque aussi des étoiles qui brillaient, ce qui correspond à leur vécu de la veille, lorsque son fils lui a fait remarquer que le ciel étoilé était magnifique. Incroyable, mais vrai. Gratitude.

NOTES

Chapitre 16 – La charge mentale de vieillir

Et si je vous parlais de personnes âgées et, en particulier de mes parents, loin de moi, vieillissants et souffrants ? Si vous êtes en train de lire ce livre, vous avez peut-être des personnes âgées dans votre entourage, sont-elles proches de vous, dans une autre région ou dans un autre pays ? Pour ma part mes parents sont en Angleterre et moi en France. L'éloignement géographique représente une situation émotionnellement éprouvante pour toute la famille.

Je vous ai expliqué que ma mère avait la maladie de Parkinson, une maladie progressive qui diminue les facultés de réflexion, d'articulation, de déglutition, sans parler d'une mobilité réduite et de l'incontinence. Autant dire que ma mère est totalement dépendante de mon père ou des auxiliaires de vie qui viennent en soutien. Je ne sais pas depuis combien de temps elle est atteinte de cette maladie, mais parfois ma frustration prend le dessus lorsque je réalise qu'elle se laisse mourir. Puis je m'efforce de me mettre à sa place, d'imaginer ce que c'est de passer de la personne dynamique que je suis aujourd'hui à une tout autre qui n'arrive plus à diriger son corps. Lorsque votre corps ne répond plus, la personne énergique que vous étiez fond comme la neige au soleil.

Samedi 18 février 2023

Au moment où je vous écris, il est 8 h 20 du matin, 7 h 20 en Angleterre, et je regarde mon père de quatre-vingt-dix ans sur la webcam installée dans leur chambre. Il tente de soulever ou rouler ma mère au lit pour lui changer sa couche trempée. C'est son quotidien, consacrer tout son temps à son épouse, ses derniers moments sur cette terre, pour cette femme avec qui il partage sa vie depuis plus de soixante ans.

Je n'ai jamais vu une personne aussi dévouée que mon père et cela me brise le cœur, je pleure en écrivant ces mots, l'émotion est trop forte pour moi aujourd'hui. D'abord, avant que vous me preniez pour une voyeuse, je vous explique la raison des webcams chez mes parents. Mon frère, les avait installées il y a de longues années de cela, étant tous les deux loin, nous avions besoin de les voir et d'être rassurés. Bien entendu, nous avions l'autorisation de nos parents, quoique réfractaire au début de l'installation, mon père s'est vite rendu compte de l'utilité.

Avec Greg, nous appelons ces webcams « BELL TV », c'est notre petite blague qui n'est pas drôle du tout. Parfois, effectivement, je m'occupe de surveiller nos parents et bien évidemment, je ne les regarde pas à longueur de journée, mais j'ai besoin de les voir pour mieux comprendre. Greg a installé trois webcams, une dans le salon, une dans la cuisine, et une dans la chambre, représentant les pièces de vie principales. D'ailleurs, aux rares occasions pendant lesquelles mon père s'absente, s'il me prévient, cela me permet de surveiller ma mère. Elle a par ailleurs un bracelet électronique pour appeler les secours en cas d'urgence.

J'ai parfois assisté, malgré moi, à des instants de tendresse, des moments où mon père prenait ma mère pour sa poupée en lui brossant les cheveux, il l'installait confortablement dans son fauteuil ou lui apposait un baiser doux sur le front. Néanmoins, ce matin il était agacé, exténué et à bout de patience, je l'entendais lui crier dessus que le médecin ne travaillait pas le samedi et surtout pas à sept heures du matin. Il cherchait à la raisonner, en disant que de toute façon un médecin ne se déplacerait pas juste pour un lit trempé. Ma mère, à bout de force dans cette vie qui l'exaspère, gémissait et pleurait simultanément.

Vous pouvez imaginer ma détresse, à la fois témoin de cette scène et incapable de venir en renfort, en tout cas pas en personne. J'étais gênée à l'idée de leur téléphoner de sitôt et surtout ils auraient compris que je les regardais, mais je ne pouvais les voir ainsi. J'avais tout de même une raison de me connecter à leur chambre ce matin au lever. Hier soir, mon père m'avait appelée pour dire que les auxiliaires de vie avaient contacté les secours pour ma mère. En arrivant, pour la lever, après sa siesta, ils avaient constaté une ampoule de sang sur sa jambe.

Par crainte de représailles, surtout en cas de dégradation de la santé de leurs bénéficiaires, ils ont préféré prévenir les secours. Ma mère se voyait déjà mourante et hospitalisée, séparée de mon père, et ne voulait plus se lever tant qu'elle n'avait pas vu les ambulanciers. L'image de la webcam n'était pas assez nette et même en grossissant l'image, je n'ai pas pu voir la taille de cette ampoule, je la devinais seulement. Parfois, mes parents ont tendance à me prendre pour leur médecin individuel. Je n'ai aucune compétence médicale, mais avec ma passion pour les remèdes naturels, et mes capacités en magnétisme, ils me demandent souvent conseil. Si vous me demandez pourquoi je n'interviens pas dans la « guérison » de ma mère, je vous réponds qu'une personne doit avoir envie d'aller mieux, ce qui n'est pas forcément son cas.

Plusieurs heures plus tard (l'attente moyenne pour voir arriver les secours en Grande-Bretagne en ce début d'année 2023 étant autour de quatre heures), deux ambulancières sont arrivées pour s'occuper de ma mère. Elles ont fait les tests, elles ont interrogé mes parents sur les antécédents cardiaques, AVC, etc. Mes parents disaient « non » à tout, l'inverse de la vérité, leurs mémoires devenant défaillantes. En France, nous avons tendance à critiquer le système britannique, néanmoins, je ne peux que constater l'efficacité et la rigueur pratiquées par des soignants à bout de souffle. Le Brexit a démuni le système de santé d'un pourcentage important de soignants, originaires des autres pays européens et repartis dans leurs pays.

Malgré des démonstrations de douleurs fictives dans la poitrine simulées par ma mère, les filles ont vite compris qu'il s'agissait d'un couple de personnes âgées avec un besoin d'attention et d'écoute et elles ont pris leur temps avant de partir au bout d'une heure. J'avais prévenu mon père qu'il ne fallait pas raconter sa vie, mais c'est plus fort que lui, il aime amuser la galerie, faire rire et tout le monde le trouve attendrissant et courageux pour son âge. Je l'aime mon père, de tout mon cœur, il a un côté têtu et un côté agaçant au possible parfois et malgré cela je l'aime. Je sais d'où je tiens ma personnalité de vouloir être le centre de l'attention, je riais beaucoup avec lui lorsque j'habitais encore à la maison et j'aime encore rire avec lui.

Je me souviens parfois, lorsque je leur rends visite, de quelques rares occasions où nous piquons une crise de fou rire avec papa, complice dans la folie de quelques instants de détente. L'épisode le plus récent était lors de ma dernière visite au mois d'octobre 2022. Mon père, qui n'aime rien gaspiller, conservait au congélateur des cerises, mais il ne savait pas comment les utiliser. Puisqu'elles étaient très acides, j'ai entrepris de faire une sorte de *Eton Mess*, avec des ingrédients, tous périmés, qui se trouvaient dans les placards. Ce dessert se fait habituellement l'été, et il est composé de meringue écrasée avec du sucre, des fraises et de la crème. Ma version improvisée consistait à faire cuire les cerises avec tout ce que je trouvais sous la main pour sucrer (miel, sucre) et ensuite verser le tout sur de vieilles meringues écrasées.

L'acidité des cerises persistait et j'ai eu l'idée étonnante d'ajouter de la liqueur bien sucrée pour donner une note de douceur supplémentaire. Nous voilà avec mon père partis vider le bar et tester toutes les liqueurs qui s'y trouvaient ! On va dire plutôt que c'est mon père qui a testé, je devais garder toute ma tête. Il était comme un petit garçon qui faisait des bêtises et je riais de son insouciance provisoire, juste quelques moments trop précieux et trop rares.

Tout cela, pour expliquer pourquoi, ce matin, j'ai pris mon courage entre deux mains et j'ai appelé mes parents. Mon père me confirme la scène que je venais d'observer sur la webcam. Les auxiliaires de vie arrivaient parfois à des heures tardives de la matinée. Cela devenait insupportable pour mes parents qui paient cher ce service qui n'a pas lieu à des horaires fixes. Les horaires des visites sont aléatoires, les auxiliaires de vie étant payés au lance-pierre et surtout en surmenage. Elles ont un nombre de visites incalculable dans la journée, je pense me souvenir qu'elles doivent gérer une soixantaine de personnes par jour, si c'est humainement possible.

Je faisais la médiatrice habituelle, à comprendre les deux côtés du problème. D'un côté, il y avait la quasi-démence de ma mère, parfois hystérique ou en pleurs et de l'autre, l'épuisement physique de mon père, qui lui faisait perdre ses moyens. J'ai fini par lui dire qu'il fallait trouver un moyen de la rouler et de glisser une alèse sous ses fesses et de lui dévêtir des vêtements mouillés.

Je sentais qu'il était à bout de patience et je n'avais pas envie d'insister à cette heure matinale pour eux. J'ai vite raccroché, puisqu'il m'a fait comprendre que je le dérangeais et un dernier coup d'œil à la webcam m'a permis de l'entendre se plaindre à mon sujet, auprès de ma mère.

— Alison voit bien que je suis occupé et qu'il est tôt, pourquoi elle m'embête au téléphone ?

— Parce qu'elle t'aime, elle nous aime et elle s'inquiète pour nous, répond ma mère avec une incroyable lucidité.

Et mon cœur s'est brisé pour la énième fois.

Le but de ce livre n'est pas de vous attrister, juste vous faire vivre des émotions telles que la joie, le bonheur, la tristesse et toutes autres émotions qui permettent d'avancer. Nous avons tant besoin de vivre ces émotions, pour comprendre ce qu'on souhaite éliminer de notre vie et surtout d'apprécier les moments plus doux.

Pour clôturer cet épisode sur la maladie, lorsqu'on lutte pour ne pas s'occuper de soi, notre corps n'est pas toujours d'accord. Certains disent que devenir infirme représente un avantage pour le malade, oui vous êtes choqués et vous vous demandez quel avantage ? Certainement, il y a l'avantage qu'on s'occupe de la personne malade, qui reçoit de l'attention qu'elle n'avait pas auparavant. Quelquefois, cela suffit pour que cette personne, inconsciemment, entretienne sa maladie. Il est toujours plus facile de rester dans sa zone de confort, même si elle éprouve un mal-être profond.

Nous reconnaissons la notion de choisir de vivre ou d'exister. Je pars du principe que si nous sommes sur cette terre, nous l'avons décidé avant de nous incarner et si nous sommes là, c'est que nous avons des actes importants à accomplir. Notre venue sur Terre n'est pas anodine et certaines personnes cherchent toute leur vie le but de leur existence sans jamais le trouver. Finalement, est-ce important de savoir pourquoi nous sommes là ? N'est-ce pas plus important de savoir comment profiter pleinement de chaque jour ?

Je suis certaine d'une chose : passer son temps à se faire du souci pour les autres, avoir peur, ressentir de la culpabilité ou des regrets n'a aucune utilité, car nous sommes ici pour vivre avant tout !

NOTES

Chapitre 17 – Rires et sentiments

Il est temps de vous faire rire, comme dans les films où l'on juxtapose les rires et les larmes pour que la personne puisse vivre pleinement une histoire. Sauf que cette histoire est la mienne et bien entendu je vis souvent des moments drôles, je suis satisfaite de mon état d'être et je suis heureuse. Être heureux n'est pas à la portée de tout le monde, j'étais comme beaucoup, je me posais tellement de questions, je me faisais des nœuds au cerveau et le rire n'était pas une activité quotidienne. Aujourd'hui, même si c'est seulement en regardant des vidéos parfois idiotes, la mélancolie ne reste que rarement chez moi, chassée par le rire et la légèreté.

Lundi 20 février 2023

Aujourd'hui, j'aurais voulu vous faire rire, il fait un temps magnifique pour un mois de février, 20° cet après-midi et je viens de terminer ma séance de sport avec ma coach sur la terrasse. Je ne m'attendais pas à m'effondrer en larmes en pleine séance. Il est vrai que mon week-end fut lourd émotionnellement, par souci de l'état psychique de mes parents. Ma coach Nelly m'explique qu'après des efforts physiques cela peut faire remonter des émotions.

On parlait de corps, cela fait un mois que je me fais coacher une fois par semaine et j'ai acheté un vélo elliptique, tout cela pour maigrir. Vous, mes lecteurs, vous êtes peut-être en train d'ouvrir grand les yeux et trouver la même problématique en vous, à savoir l'acceptation du corps et de ses changements. Pour ma part, il ne s'agit pas de la préménopause puisque je suis déjà ménopausée et j'ai bientôt 58 ans. Je mange assez sainement, même si je sais que je mange un peu trop. Alors nous avons fait le point. Je ne bois pas assez, Nelly me conseille de poser des bouteilles ou des gourdes d'eau à plusieurs endroits dans la maison et lorsque je passe devant elles, je bois. Noté. Ensuite, ne plus manger de sucre le soir, actuellement je mange deux oranges après mon repas du soir, stop. Manger lorsqu'on a faim, ce point est le moins simple pour tout le monde, car on est contraint de se restaurer lorsque nous sommes disponibles, surtout dans une journée de travail. Il est même conseillé de consommer des en-cas à dix heures le matin et pour le goûter de l'après-midi. Je me vois mal pendant mes cours d'anglais grignoter en postillonnant sur mon écran !

Nelly trouve déjà que j'ai une belle maîtrise et une bonne connaissance de mon corps, il suffit, à présent, de l'écouter par rapport à la nourriture. Je sais pertinemment que dans ma tête je dis, « ça va bien, je fais du sport maintenant je peux manger davantage ! » Non, ALISON, pas bien ! Alors, pourquoi avoir pleuré ? Puisque plus je fais du sport, plus mon poids grimpe et je suis arrivé à 70 kg pour 1,67 m.

Là, vous êtes en train de dire, pas la peine d'en faire une maladie, tu n'es pas grosse ! Il ne s'agit pas d'être grosse ou mince ou maigre, il s'agit d'être bien dans sa peau littéralement.

Il me semble avoir mentionné dans ce livre que j'ai un passé de quasi-anorexique, je dis bien quasi, car cela n'a jamais été décelé. Ma mère faisait yo-yo avec son poids, car elle se laissait mourir de faim une semaine sur deux et à douze ans je suivais son exemple et elle m'encourageait dans ce sens. À treize ans, elle voulait même me faire porter une gaine, car elle trouvait que j'avais du gras au niveau du ventre. Mon père la raisonnait en disant que je devenais adolescente et que c'était tout à fait normal. Comme par hasard en rentrant de vacances chaque été, je faisais une gastroentérite et cela me réjouissait de voir baisser les kilos sur la balance.

Ce souvenir a touché un nerf à l'instant, en me renvoyant dans ma jeunesse, les restrictions, l'autopunition de mon corps, les privations. Il en résulte qu'aujourd'hui j'ai peur du manque d'aliments. Lorsque je fais des courses, parfois j'achète par deux ou trois personnes, inconsciemment par peur de manquer. Il en est de même pour ma façon de manger, j'ai tendance à manger plus, afin d'éviter de ressentir la faim une heure plus tard. Je ne m'estime pas anorexique, loin de là, néanmoins le regard sur mon corps n'est pas assez tendre. Il est vrai que lorsque votre propre mère vous traite de grosse vache, les conséquences s'en ressentent encore des décennies plus tard.

Il est vrai qu'il faut s'aimer, plus que maigrir, néanmoins ce n'est pas une raison pour manger à outrance en disant qu'on doit accepter son corps à tout prix. À partir d'un certain âge, on prend de l'embonpoint, il est de notre responsabilité de s'entretenir et surtout de respecter notre corps. Trop faciles sont les excuses, je n'aime pas le sport, je ne mange pas tant que ça, j'ai de la marge... Non, stop, continuer dans ce sens vaudra dix kilos de plus dans dix ans. Il est temps d'agir, cette fois-ci j'ai compris et j'y arriverai parce que j'ai une détermination sans failles, il n'y a pas que Jeanne d'Arc qui était guerrière !

Mercredi 22 février 2023

Je viens de publier l'extrait suivant sur le blog de mon site, www.delassa.com. Puisqu'il contient une canalisation de Jeanne, je le glisse ici malgré sa discordance avec le sujet de « rire », car, loin de là, ce sujet est consternant :

« Je suis profondément choquée et attristée par les actualités de ce matin. Le mercredi (symboliquement la journée des enfants) 22 février, dans une école privée, une enseignante a été poignardée par un élève de seize ans. Elle est décédée peu de temps après. D'après les premières informations qui arrivent, le jeune aurait entendu une voix l'incitant à tuer cette professeur d'espagnol. »

Moi je n'entends pas de voix, mais Jeanne d'Arc s'exprime à travers moi depuis quelques mois et malgré ma peur du jugement des autres, je vous livre ici ce que je viens de canaliser de sa part.

« Le monde est tombé sur la tête, nos pauvres enfants, qu'avons-nous fait pour qu'ils aient autant d'idées meurtrières et des actes de violence ? Nous sommes tous responsables de ce qui arrive dans notre société aujourd'hui. Je dis "nous", car mon âme est toujours parmi vous et j'observe avec désarroi les déroulements désolants et dramatiques.

Les discriminations entre races, sexes, orientations, mêmes les professions, tout nous fournit des raisons pour insulter, juger et violenter autrui. Il faudra que cela cesse, vous ne voyiez pas que vos enfants sont en souffrance ? Alison vient de consacrer un chapitre de son futur livre à ce sujet, car il revient de plus en plus souvent.

Quelle est la solution à cette violence dès la petite enfance, une violence qui habille ces petits êtres de manteaux noirs pour le restant de leur vie ? Qui peut oublier ce qu'on a subi ou fait subir aux autres pendant notre jeunesse ? Tellement de personnes se baladent avec les fantômes de leurs agresseurs sur le dos.

Chers parents, j'ai envie de dire : dialoguez, rassurez, conseillez et protégez par la parole. Vous n'êtes plus à une époque où vous pouvez défendre de vos propres mains votre progéniture. Quelles solutions se présentent à vous ? Des cours de "self-défense" pour apprendre à agir en cas d'agression ? Pour petits et grands alors, car ici, il s'agit de l'adulte abattu par l'enfant.

Qui est le plus dangereux dans tout cela, l'adulte ou l'enfant ? Les adultes sont-ils les seuls responsables de leurs enfants ? J'ai envie de répondre qu'ils le sont par la force des choses, s'ils ne peuvent pas contrôler leurs propres enfants, personne ne pourra le faire à leur place. Mais qui est responsable de ces adultes qui sont responsables de leurs enfants ?

Si vous portez sur le dos des fantômes d'abus ou d'agressions passés, en tant qu'adulte, vous ne pouvez aider vos propres enfants. Sans avoir trouvé une paix intérieure pour vos anciennes souffrances, l'aide que vous apportez aux enfants sera teintée de doutes.

Les enfants violents sont issus de parents qui ont également souffert dans leur enfance. La vie (et la mort) est un cycle infini et tout cela nous suit, si nous ne prenons pas en considération les obstacles qui sont mis sur notre chemin. Lorsque vous vous promenez en forêt, sur des chemins pratiqués par tous et que vous voyez une branche tombée qui bloque le passage, la dépassez-vous ou cherchez-vous à

la déplacer pour ouvrir le chemin aux autres ?

Dans la société d'aujourd'hui, malheureusement, chacune ou chacun rencontre des obstacles à franchir, mais lorsqu'il y a partage, communication et entraide, les solutions peuvent profiter au plus grand nombre.

Alison vous parle souvent de l'enfant intérieur qui est encore en vous et il pleure, car il n'est que trop rarement en contact direct avec vous. Si vous autorisez votre enfant intérieur à prendre le contrôle de votre vie (pour se faire remarquer), vous élevez vos enfants avec votre enfant ! Des enfants qui élèvent d'autres enfants, ceci est impensable !

Inculquer le courage dans nos propres cœurs ensuite dans les cœurs des enfants est la façon d'avancer. Ayons toujours le courage d'argumenter et de nous défendre par la parole, avec bienveillance et douceur, la violence n'est jamais une solution. Comprendre et se proposer en aide aux membres de votre entourage qui pratiquent ou reçoivent de la violence.

La douceur et la tolérance apporteront un début de solution. N'attendons pas des réponses à l'extérieur de nous, rappelez-vous que ce n'est que dans le silence que nous entendons les voix de la raison. » Jeanne d'Arc

Je remercie Jeanne pour ces sages paroles, quelques pistes, rien d'innovant, la communication de nos jours nous mène à la fois à notre perte et à notre préservation. Je n'ai rien à ajouter à part de vous proposer mon aide, par le biais de séances de soutien en visio. Si vous l'adulte, vous vous sentez perdu et cet article vous bouleverse, nous pouvons avancer ensemble. Mes livres, Rêver c'est Guérir et Six contes pour l'enfant intérieur, ainsi que les contes personnalisés pour vous ou votre enfant, sont également une solution ludique pour traiter ces sujets.

Avec tout mon amour et amitié,

Alison.

NOTES

Chapitre 18 – Bêtises de jeunesse

Le chapitre précédent se devait d'être drôle et léger, mais telle la vie, le rire ne se commande pas, sauf si provoqué par une thérapie du rire. Il n'est pas inné dans la vie de tous les jours. J'ai constaté que certaines personnes rieuses le sont par nervosité et les comiques qui font rire leurs spectateurs sont parfois les personnes les plus tristes du monde.

J'évite de généraliser, mais les actualités nous parlent de célébrités du rire, toxicomanes qui ne rient pas dans leurs propres vies et qui choisissent de ne plus exercer ce métier. J'ai personnellement connu un thérapeute du rire qui, n'arrivant plus à accepter ce monde, a choisi de le quitter.

Il est temps de vous faire rire maintenant et si le rire ne vient pas, alors je vous souhaite au moins de sourire. Je suis en train de réussir ou pas, un exploit. Je veux perdre le gras de mon ventre et je me suis mise à utiliser mon vélo elliptique de façon plus assidue. Idéalement, l'acuponcteur me dit, une fois par semaine, non idéalement une fois par jour, le lapsus (*rire*). Me voilà donc sur mon vélo, j'ai fait trente minutes hier, mais la différence avec aujourd'hui est la rédaction de cet écrit en faisant mes pas.

Oh ! merveilleuse technologie moderne, qui permet à la fois de compter mes calories consommées, les kilomètres parcourus en plus d'écrire un livre, tout à la fois ! Bien entendu, faire du sport et parler en même temps permet de travailler le souffle et exerce davantage les muscles abdominaux. Je vous avoue qu'au bout de seulement quatre minutes d'effort physique, je sens que je vais devoir lâcher une des deux activités (*sourire*). Soit j'arrête de dicter mon livre, soit j'arrête le vélo. Je suis plutôt têtue comme nana, je me connais, je vais tâcher de faire les deux jusqu'au bout, c'est-à-dire pendant trente minutes.

Revenons aux bienfaits du rire, tout le monde sait que le rire rajeunit, fait travailler les abdominaux, améliore le moral et chasse la dépression. Les médecins devraient prescrire des cures de rire sous forme de soirées entre proches les plus amusants ou des dimanches après-midi devant des films comiques !

Un des livres de positivité qui m'a le plus inspirée était *Le Secret* de Rhonda Byrne[32]. Dans ce livre de témoignages, elle raconte l'histoire d'une femme à qui on a diagnostiqué un cancer du sein. Elle devait suivre un traitement. Elle refuse et elle se cloitre chez elle avec son mari à regarder des films qui font rire tous les jours, la thérapie du rire. Les résultats au bout de trois ou quatre mois sont

---

[32] Rhonda Byrne, (Jocelyne Roy, traduction), *Le Secret,* Un monde différent, 2008.

stupéfiants, car la tumeur, si elle n'avait pas disparu, avait énormément diminué et les médecins n'arrivaient pas à expliquer cela.

La pensée positive à elle toute seule ne suffit pas, bien entendu. Croire que cela va fonctionner est la meilleure solution, mais le plus important à mes yeux est d'arrêter de se faire du souci, car les soucis déclenchent des peurs et les peurs créent ou entretiennent la maladie. J'ai joué au loto pour le tirage de demain soir, le montant est conséquent, mais au fond de moi je sais que ça relève du miracle et puisque je n'y crois pas à 100 %, je risque de ne pas tirer le gros pactole.

J'adore lire les histoires inspirantes de personnes qui justement arrivent à vaincre une maladie ou d'une personne qui gagne une grosse somme d'argent lorsqu'il était à bout. Nombreux sont les célébrités, les écrivains, les chanteurs, les inventeurs en qui personne ne croyait. Les refus essuyés ne les ont pas empêché de se battre pour leurs rêves, car un rêve n'arrive pas ainsi, il faut le vouloir avec toutes ses tripes, sans éprouver un sentiment de désespoir. Le désespoir n'attire pas nos rêves, l'exaspération cependant, peut nous permettre de lâcher prise plus facilement.

J'ai une cliente, devenue amie, actuellement en galère dans tous les aspects de sa vie, aussi bien professionnel, que sentimental ou financier. Elle s'apprête à baisser les bras, elle n'en peut plus et elle se demande ce qu'elle a « fait au bon Dieu ». Je lui dis : « Tu as des rêves et tu y crois, c'est déjà bien. Ne baisse pas les bras, demande de l'aide et surtout dans tes demandes, fais comme moi et cela fonctionne. » Il m'arrive de proclamer à voix haute à mes guides, « ras-le-bol maintenant, débrouillez-vous pour m'aider, je laisse mes soucis entre vos mains, je m'en détache et vous gérez, car je crois en vous. »

En tout cas, jamais je n'aurais imaginé pouvoir pédaler en parlant, pourtant j'y suis arrivée ! Cela doit être Jeanne, l'âme de guerrière en moi, qui fait que je n'aime pas baisser les bras. J'évite de dire que je n'y arrive pas je préfère dire, « rien n'est impossible, car dans le mot il y a « possible ».

J'avais prévu d'appeler ma petite Josette d'amour, une de mes amies les plus proches, mais ce ne serait pas du tout raisonnable de ma part. Faire du vélo, et parler au téléphone en même temps me semble plutôt compromis et là j'entends la petite voix qui dit, tu sais, si tu le veux tu peux, tout est possible dans ce monde ! J'ai oublié de préciser que ce matin devant l'ordinateur il ne faisait que 16° dans ma pièce principale. Je n'avais pas voulu allumer l'insert hier soir, car tous les soirs dans mon salon, la température monte à 25° et j'étouffe. De ce fait, en milieu de matinée, j'ai allumé la cheminée. Il doit faire environ 25° dans la pièce et pour faire du vélo c'est plutôt chaud (*rire*). Vous arrive-t-il de pratiquer l'autodérision ? Pour ma part, cela m'arrive souvent, j'adore rire de moi-même, lorsque j'étais à l'école j'adorais amuser la galerie aussi.

À l'école, j'ai fait des choses atroces pour attirer l'attention des pauvres professeurs, victimes de mes bêtises. J'étais vraiment le clown de la classe, typiquement en lionne, j'avais besoin d'attirer l'attention. Cela m'a plutôt attiré des ennuis et des convocations, mais j'en étais presque fière. Je n'ai rien fait de dangereux ni d'horrible, mais quand même, j'étais bien sotte parfois.

Une fois, je me croyais amoureuse de notre professeur de musique, pourtant ce n'était pas un top model. Pas très grand, une barbe de longueur moyenne, mal entretenue et noire, sur un visage chétif, encore gringalet comme un jeune adolescent, il n'y avait que moi qui pouvais le trouver beau ! Il m'avait certainement touchée par sa sensibilité, les artistes en général sont proches de mon cœur, puisque comme moi, ce sont des rêveurs.

Ce jour-là, j'avais voulu attirer l'attention et j'avais préparé mon intervention pendant la pause matinale. Je m'étais procuré de la Super Glue et un peu de fil noir. Avec un bandage léger, je me suis confectionné sur l'avant-bras une plaie assez impressionnante. La Super Glue me brûlait la peau, pendant que je collais les deux morceaux de peau ensemble, pour faire une forme réaliste. Sous le bandage, j'avais orné ma cicatrice de quelques taches de sang au feutre rouge et j'étais prête.

Le bruit a attiré en premier M. Smith (oui, il existe vraiment des Smith en Angleterre, le nom de famille est même très populaire) et il m'a demandé pourquoi je gémissais. Le bras en avant, vautrée sur mon pupitre, j'avais l'air mal-en-point ! Je lui ai répondu, de façon théâtrale, « Je suis si souffrante, je suis tombée hier soir de mon pogo stick (bâton à ressort). J'en ai fait beaucoup et exténuée, j'ai glissé et je suis tombée, le bras sur l'angle du mur en brique dans le jardin. » Je voyais le musicien blêmir, son teint devenait pâle, presque cadavérique, et j'ai ajouté : « Vous voulez voir maître, vous voulez que j'enlève le bandage, ce n'est pas beau à voir ? » S'il avait pu s'enfuir de la classe, il l'aurait fait, il arriva néanmoins à chuchoter : « Non c'est pas la peine, repose-toi, je ne te poserai plus de questions pour le restant du cours. »

Mes complices en crime se bidonnaient au fond de la classe, et moi, moi j'en avais honte de voir mon amour de musicien devenir si pâle, je croyais qu'il allait tomber. Ce n'était vraiment pas malin de ma part et je m'en suis voulu, mais j'allais être punie ce soir en rentrant à la maison. En arrivant chez moi après l'école, je me suis empressée à défaire cette « cicatrice », si mes parents l'avaient vue, j'aurais attiré la foudre. Je ne sais pas si vous avez déjà essayé de séparer deux morceaux de peau collés à la Super Glue (*sourire*), mais je peux vous dire que même à l'eau presque bouillante, c'est mission impossible.

Ma peau rougeâtre s'est même détachée par endroits et la douleur était indescriptible et vive ; cette fois-ci les grimaces qui ornaient mon visage étaient des vraies. La plaie, une vraie cette fois-ci, me brûlait et ma mère n'a pas mis longtemps pour constater que je n'allais pas très bien. Là, j'étais plutôt très mal. Il a fallu tout avouer, ma sottise et puis la honte qui s'en est suivie. Ma mère s'est exclamée : « Va dans ta chambre, cela t'apprendra et demain tu avoueras la vérité à ton professeur ! » J'étais morte de honte, mais je savais que ma mère était capable de deviner si je ne le faisais pas. Je n'avais pas d'autre choix.

Le lendemain, la tête baissée devant ce professeur que j'aimais tant, j'ai raconté ma bêtise. Il a fait preuve de douceur et de tolérance en me répondant : « Chère Alison, je pense que tu as assez souffert pour ta bêtise non ? Oui, tu as cherché à m'humilier, tu as cherché à profiter de ma gentillesse et de ma bienveillance, mais cela s'est retourné contre toi et je ne t'en veux pas. » Subitement, les cours de musique n'avaient plus le même attrait et je n'ai pas recommencé mes stupidités de sitôt.

NOTES

Chapitre 19 – Illégitimité, le retour

Depuis que j'ai entrepris d'approfondir ma quête au cœur de moi-même, elle ne fait que s'amplifier et je creuse des galeries dans les méandres de mon être. Je compare cette quête à une recherche sur internet, vous commencez par un mot clé et deux heures plus tard vous vous trouvez sur une page à mille lieues du départ.

Jeudi 23 février 2023

Valérie est passée ce soir, cela faisait quelque temps que nous ne nous étions pas vues. Elle est mon amie qui pratique le EMDR et avec qui j'ai déjà effectué plusieurs séances. La première session a eu lieu pour gérer le trauma du décès de mon petit chien Eskymo en 2022. Une deuxième était à la suite d'une visite chez le gynécologue qui m'avait déclenché une forte émotion liée à un ancien traumatisme de viol.

Avant ces séances, je n'étais pas familière avec cette méthode, plutôt réfractaire même, le mouvement des yeux et les tapotements ne me parlaient pas du tout et je n'étais pas pressée de l'essayer. Cependant, lorsque j'en ai eu besoin pour gérer des chocs émotionnels de façon radicale et rapide, je peux vous dire que cela m'a été d'un grand secours.

Nous avons échangé de nos nouvelles, nos histoires personnelles, les souffrances que nous rencontrons lors de séances avec nos clients. Le mot « client » me déplaît, mais n'étant pas du corps médical, nous n'avons pas le droit d'utiliser le terme « patient ». Pourtant « client » désigne une personne à qui est on vend un produit ou un service, tandis qu'un patient est une personne à qui on apporte du mieux-être et une amélioration de santé.

Nos anecdotes sont toujours anonymes, il est entendu que nous ne divulguons jamais les noms des individus concernés. Cela me remplit de joie lorsque j'entends à quel point nos pratiques respectives sont efficaces pour apaiser des personnes en souffrantes psychique et physique. Nous avons aussi parlé de la difficulté de notre métier, dans un monde programmé, depuis plusieurs années, à promouvoir des médicaments, des piqûres, plutôt que les méthodes naturelles. Nous savons que nous avons besoin de continuer à creuser en nous, chasser les failles, les faiblesses et nous renforcer l'esprit pour être en mode guerrière au moment voulu. Nombreux sont ceux qui ont été critiqués, dénigrés et traités de charlatans. Pourtant nous sommes encore là, prêts à aider des personnes qui nous en feront la demande lorsque le temps viendra. J'ai dit nous, car il s'agit de toutes les personnes œuvrant dans la lumière pour le bien-être des autres, mais nous ne pouvons accompagner ceux qui ne le veulent pas.

J'ai relaté à Valérie mes dernières expériences avec la transgénéalogie, pour mettre au jour ma légitimité, que je croyais avoir travaillée et qui m'était revenue à la figure quelques jours plus tard. J'évoquais mon poids, je suis tombée hier sur mes notes du mois d'avril 2022, je pesais alors six kilos de moins qu'aujourd'hui. Pour l'instant, l'électrochoc me motive et cette semaine j'ai pratiqué du vélo elliptique quatre jours sur cinq. Nous parlons des « triggers », des déclencheurs, car malheureusement, même si on pense avoir géré une situation de notre passé, nous n'avons fait que la fuir. Parfois, nos souvenirs difficiles sont tellement enfuis, m'explique Valérie, que nous les effaçons de notre mémoire. Par contre, le corps, lui, il s'en souvient et un déclencheur est capable de tout faire remonter à la surface.

Lorsque j'évoque des souvenirs de mon enfance et les régimes de ma mère que je m'efforçais de suivre et qu'elle encourageait, je la tiens partiellement responsable de mon état d'esprit en tant qu'adulte. Manger avec culpabilité, manquer de tolérance envers son corps, se comparer aux autres, connaissez-vous déjà ce genre de pensées ?

Il y a quelques années, j'avais commencé à bien accepter mon corps, j'étais arrivée à un point qui me convenait et de toute façon je m'entretiens en promenant Eidi presque tous les jours.

J'avais enfin décidé d'aller voir un spécialiste, je ronflais de plus en plus et j'avais l'impression de ne pas avoir un sommeil reposant. Après plusieurs tests, une docteure en clinique m'annonce la nouvelle que j'appréhendais, j'étais atteinte de l'apnée du sommeil de manière assez nette. Puis elle a sorti la phrase fatidique : « Il va falloir perdre environ cinq kilos. » Lancer une telle phrase sans délicatesse ni tact, sans mettre aucune forme, faisait certainement pour elle partie de son quotidien. Pourtant les conséquences émotionnelles pour une ancienne anorexique comme moi auraient pu être catastrophiques. J'ai scruté cette femme, maigre, au visage dur et la moutarde m'est montée au nez.

— Quand même, regardez-moi, j'ai encore de la marge, je ne suis pas grosse !

— Oui, mais cinq kilos de moins ne vous feront pas de mal, m'a-t-elle répondu.

J'étais sidérée, sous le choc, se rendait-elle compte seulement qu'elle parlait à une ancienne anorexique qui venait juste d'accepter son corps ?

Deux jours plus tard, lorsqu'une société est venue m'équiper d'un appareil en urgence, le technicien en a remis une couche. Encore quelques remarques sur les fameux cinq kilos et je m'enfonçais un peu plus dans le sol. Je savais immédiatement que jamais je n'accepterais de dormir avec une trompe d'éléphant en plastique reliée à mon nez. L'angoisse qu'on ressent lorsque la machine nous rappelle à l'ordre est affreuse. Une amie m'avait rappelé que c'était mieux que de mourir d'un infarctus et j'ai dit « stop ». J'ai supporté un mois et ensuite j'ai exigé de voir une nouvelle spécialiste pour refaire le point. Vivre dans la peur de mourir à défaut de suivre les contraintes d'une personne, ce n'est pas vivre !

Entre-temps, j'avais entrepris de maigrir et je pense que j'ai dû perdre environ deux ou trois kilos, non sans mal, car la colère ne m'avait guère quittée. J'avais l'impression d'être entourée de « grossophobes », et pourtant je pense que nous sommes nombreux à avoir quelques kilos en trop et en général on n'en meurt pas.

J'ai beaucoup prié avant ce rendez-vous avec la nouvelle spécialiste, j'ai prié qu'elle me dise que finalement la machine, je n'en avais plus besoin. Je savais que ça relevait du miracle, mais quand on veut on peut, n'est-ce pas ? Ce médecin en remplaçait un autre, elle était jeune, enthousiaste et très à l'écoute. Je lui ai expliqué que je n'arrivais pas à m'y faire et que j'étais très mécontente de la façon dont on avait insisté, en m'expliquant que mon poids était obligatoirement lié avec mes apnées. À l'époque, j'étais suivie par une orthophoniste, ayant subi une dysphonie pendant plus d'un an. Mon orthophoniste m'avait parlé d'autres pathologies qui n'avaient rien à voir avec le poids et pouvant être responsables d'une apnée de sommeil.

La spécialiste a regardé mes résultats, relevés la veille par la machine et lorsqu'elle prononça les mots suivants, « Pour moi votre apnée ne nécessite pas un appareillage, je vous l'enlève », mon cœur s'est mis à chanter. J'avais presque envie de lui dire que je l'aimais, de la prendre dans mes bras ou toute autre manifestation de joie et de reconnaissance ! Mes prières avaient été entendues, pourtant qui m'aurait cru si j'avais dit qu'il y a seulement deux mois on m'avait prescrit un appareil à vie ? L'essentiel était le résultat et j'en étais ravie.

Tout cela était pour dire que Valérie m'a persuadée de faire un travail en EMDR par rapport à mon enfance, ma mère et les régimes. Comment se sentir à l'aise lorsqu'un parent vous encourage à maigrir et à regarder votre corps avec dédain ? Nous nous sommes mises d'accord pour un rendez-vous la semaine prochaine et j'étais contente de continuer à approfondir cette quête de la connaissance de soi.

Le lendemain, mon amie Véronique m'a donné le retour de son professeur de transgénéalogie et de karma par rapport à cette demande de légitimité formulée précédemment. Pour elle et son professeur, mon « héritage » d'illégitimité viendrait plutôt du côté de papa qui lui le récupère de son père. Sur quoi dois-je me concentrer lors de ma séance d'EMDR avec Valérie mercredi ? Et donc je ne sais plus si je dois travailler sur ma mère ou mon père !

Ceci est un exemple typique de problématique, lorsqu'on commence à gratter en profondeur sur un sujet. Plus on consulte, plus on interroge, plus on s'interroge, plus on s'embrouille ! Alors pour les personnes à qui cela arrive, l'essentiel est le résultat et non le chemin pour y arriver. Je me laisse guider par mon intuition, je saurai déceler lequel des deux parents me fait remonter le plus de sentiments, liés à ma question actuelle et je ferai confiance également à Valérie.

Il y a deux ans de cela, j'étais persuadée que j'avais assez travaillé sur moi et que je n'en avais plus besoin. Néanmoins, ma vie en 2022 m'a enseigné que j'ai encore énormément de choses à apprendre sur moi et sur la vie. L'école de la vie est pour la vie et il n'y a pas de diplômes à la fin, nous sommes tous de grands élèves de ce monde, jusqu'à notre départ et même peut-être au-delà.

Lundi 27 février 2023

Le week-end fut émotionnellement éprouvant. Ma mère est partie à l'hôpital avec un souci de saignements (au niveau du vagin) et mon père saignait de la poitrine. Si je devais analyser énergétiquement le symbolique des corps respectifs, je dirais que ma mère n'avait jamais travaillé son féminin sacré et que mon père en réalité saignait du cœur. Son cœur saigne parce qu'il voit sa dulcinée depuis plus de soixante ans dépérir, lui-même étant diminué physiquement, il ne se sent plus à la hauteur de lui apporter du bonheur et de la joie.

Elle doit rentrer aujourd'hui, mais à dix sept heures ce n'est toujours pas le cas. En fin de compte, ses soucis viendraient de la constipation aiguë. Mon humour hier soir en SMS avec Josette était de mauvais goût, mais je n'ai pas pu m'empêcher de lui dire que les Anglais ne connaissent pas la différence entre le vagin et l'anus et que c'était plutôt embarrassant ! L'humour m'a permis de me détendre après ce week-end à me soucier de mes parents, étant trop loin géographiquement pour leur venir en aide.

*

Samedi dernier, à midi, un premier restaurant en famille, en compagnie de mes deux merveilleuses petites-filles, que les autres clients trouvaient magnifiques, avec leurs yeux si bleus, m'a comblée. Les relations avec mon fils n'ont pas été et ne sont pas toujours simples, étant donné son caractère bien trempé (qui me rappelle trop son père) et parce que karmiquement c'est comme ça. Vous pouvez faire un grand travail sur vous, mais dans une relation vous ne pouvez obliger l'autre à de faire de même. Mon fils sait qu'il a besoin de travailler sur la colère, pourtant il n'en a absolument pas envie et je suis bien obligée de respecter son choix. Nous n'avançons pas tous à un rythme de croisière et certaines personnes vivent une vie simple, banale, sans trop de drames et sans trop d'excitation. Si cela leur convient, qui sommes-nous pour juger ?

Depuis quelques jours, il fait un froid sibérien, ce qui est plutôt surprenant lorsque je pense que lundi dernier je faisais ma séance de sport sur la terrasse en plein soleil. Et aujourd'hui en promenant Eidi, le vent nous sidérait tellement il était glacial. J'étais fière de moi cet après-midi, Nelly (ma coach sportive depuis un mois) m'a dit que j'avais une très belle énergie et les encouragements et les félicitations ne sont pas passés inaperçus.

C'est le jour et la nuit par rapport à lundi dernier, lorsque je me suis effondrée en lien avec mon corps, mon dégoût de ce dernier et le fait d'avoir pris six kilos en un an. J'ai eu un déclic et depuis une semaine, sans me priver, je mets en action les conseils et astuces qu'elle m'a fournis. Faire du sport plusieurs fois dans la semaine, ne plus manger de sucre le soir et boire davantage, ont suffi pour me motiver davantage. Je ressens déjà le changement dans mon corps et dans ma tête et lorsque je vois ce que le vieillissement peut provoquer dans le corps, je soigne dès maintenant mon capital santé, qui est précieux.

Annie était là ce week-end pour animer un atelier de lithothérapie avec l'une de ses clientes, je n'y ai pas participé, ayant d'autres occupations. Je passe déjà toute ma semaine à la maison, j'avais besoin de sortir ce week-end et voir du monde. J'ai tout de même eu quelques moments d'échanges avec elle et nous avons parlé de formation. J'adore enseigner, partager les connaissances et échanger sur les besoins des autres. Je lui disais que j'étais tentée de créer un atelier d'écriture intuitive, car c'est tellement magique de pouvoir écrire sans trop réfléchir, en laissant venir les paroles du cœur. La panne de l'écrivain, aussi appelé la maladie de la page blanche, est la hantise de tout auteur. Lorsqu'on arrive à faire taire le mental et on écrit avec le cœur, ceci ne se produit pas, en tout cas pour ma part, je n'écris que lorsque mon cœur en éprouve le besoin.

Annie m'a conseillé de ne pas trop tarder pour lancer des ateliers. Tout le monde s'y met et il y en a une foison sur les réseaux sociaux, tout le monde a quelque chose à nous apprendre et considère que nous sommes tous de futurs apprenants. Je me sentais prête de toute façon, la légitimité, même si je n'ai pas terminé ce volet de ma vie, est en bonne voie et je le ressens.

Je viens d'envoyer ma newsletter, par mail, dans laquelle je propose mes nouveaux ateliers et j'envoie de belles vibrations à ces événements, afin de partager mes ressentis sur une activité qui peut permettre une meilleure expression de soi. Mon cœur vibre à l'idée d'ajouter des cordes à mon arc et demain soir je suis interviewée sur la chaîne vidéo de mon hypnothérapeute qui m'interrogera sur mes canalisations avec Jeanne d'Arc. Je suis comblée et en harmonie avec ces beaux projets.

Chapitre 20 – Message aux femmes

Mardi 28 février 2023

Ce soir, Tricia m'interviewera sur sa chaîne vidéo[33] et ce sera une première pour moi. Mardi dernier, j'ai fait un interview sur un autre réseau social avec une autre amie et quand je revois dans la vidéo l'amour et l'énergie lumineuse qui se dégagent de mon visage, je sais que je suis à ma place.

Se présenter brièvement n'est jamais un exercice facile. Elle veut que je parle de ma vie ici depuis mon arrivée en France, il y a trente-trois ans. Comment résumer trente-trois années de ma vie en quelques phrases et en peu de temps ? On a tendance à évoquer les échecs en premier, même si pour moi l'échec n'existe pas, on ne peut guère parler de réussite. Je pense aux deux divorces, aux divers métiers que j'ai exercés, qui ne m'ont pas apporté autant de joie que j'aurais aimé et de mes efforts en général.

J'ai eu un fils, qui aura bientôt vingt-huit ans et il m'a donné deux merveilleuses petites-filles, une incroyable réussite, issue de ma relation extrêmement dure à vivre avec son père. Vivre avec une

---

[33] Tricia Brett, Arcturian Guidance, YouTube lien interview ici : http://bit.ly/46x2QTj

personne au cœur emprisonné, qui vous dit qu'il vous aime le jour où vous fermez la porte derrière vous, ce n'est guère joyeux. De toute façon, je ne pense pas que ce soit ce genre de détail personnel qui intéressera le public de cette chaîne.

Alors pour résumer ma vie depuis mon arrivée en France, je dirais qu'un temps d'adaptation m'a été nécessaire. Une Anglaise, au fin fond de la campagne française, il y a trente-trois ans, n'était pas banale et mon parcours professionnel ici s'est enrichi au fur et à mesure que les années sont passées. Tricia me demande comment s'est déroulé mon éveil et je ne pense pas vous avoir déjà raconté cela, alors allons-y.

J'étais mariée avec mon deuxième mari, Benoît. Il était directeur industriel, brillant sur le point technique mais fragile émotionnellement. Tous les soirs il rentrait et il se défoulait en verbalisant sa journée éprouvante. Je faisais l'éponge. J'étais persuadée qu'il était bipolaire, mais il refusait de se faire tester, peut-être aujourd'hui on l'appellerait HPI (haut potentiel intellectuel), puisque c'est la mode et il semblerait qu'on attribue cette étiquette à un grand nombre de personnes sensibles.

Je venais juste de commencer un nouvel emploi en tant qu'assistante commerciale et subitement je me suis retrouvée avec le dos complètement en vrac. Prise de douleurs atroces, elles m'empêchaient de m'asseoir. Pendant six semaines d'arrêt maladie (la plus longue de ma vie), j'ai effectué toute une batterie de tests, des IRM, des radios, des infiltrations et élongations ainsi que des séances de kinésithérapie. Malgré ces efforts, rien ne me soulageait, la douleur était devenue mon compagnon de route et j'ai cru devenir folle. Finalement, on m'a diagnostiqué une hernie discale, plusieurs spécialistes l'ont même vue sur les radios, jusqu'au jour où je me retrouve dans le bureau du chirurgien qui devait m'opérer. La phrase qu'il allait prononcer allait changer ma vie à jamais. « Madame Bell, votre colonne vertébrale est magnifique, j'aimerais bien la même ! Vous n'avez rien. » Abasourdie, je n'ai pas su quoi répondre, juste lui demander que faire, puisque bien évidemment, j'avais encore mal. Il a suggéré que je revienne voir le premier spécialiste, celui qui s'était trompé tout au début de ce voyage médical, vous imaginez bien que cela m'était impossible !

Dans le taxi pour rentrer chez moi, puisque je ne pouvais pas conduire, le chauffeur m'a parlé d'un magnétiseur qui faisait des miracles. J'étais prête à tout et il habitait à côté de chez moi. En attendant mon rendez-vous, l'après-midi même je n'avais plus mal et je passais l'aspirateur. C'était quand même incroyable et j'ai vite compris que ma douleur était purement psychique, je faisais une dépression. Bien entendu, une petite voix dans ma tête disait : « Arrête de faire l'éponge des malheurs de ton mari, cela te rend malade. » Aujourd'hui, je me rends compte que j'avais besoin de ces douleurs pour susciter un grand changement en moi.

Le magnétiseur m'a décoincé le plexus solaire et m'a laissé comme joli cadeau un ventre tout noir d'hématomes, il en était tellement fier, ses murs étaient décorés de photos de femmes aux ventres noirs. Il était compétent, je n'en doute pas, mais absolument pas à l'écoute, je pleurais et il ne me répondait pas. Ensuite, une amie m'a emmenée dans la campagne profonde à la rencontre d'une masseuse, une personne très mal dans sa peau avec qui le feeling n'est pas du tout passé. Deux heures plus tard après un massage sur une table branlante, dans une pièce gigantesque et glaciale, massée à l'huile froide qui sentait la citronnelle, j'étais encore plus mal-en-point !

Malgré un massage amateur, un mélange de techniques effectuées par une personne autodidacte et peu sûre d'elle, j'ai eu un déclic. En sortant de chez elle, j'ai déclaré à mon amie : « C'est ça que je veux faire, sauf que moi je veux faire du bien aux gens ! » La suite a été la reprise de mon travail quelques jours plus tard et me voilà partie pour me former dans une école de massage à Paris.

La plupart des personnes qui s'installent dans le domaine de bien-être le font à la suite d'un mal-être en elle, d'un accident ou d'autre traumatisme. Certaines sont encore trop dans la souffrance et le fait d'effectuer des séances à d'autres leur procure du bien à elles. Elles encourent néanmoins un danger d'épuisement et le ressenti peut se révéler toujours agréable pour la personne qui consulte. Je ne jette pas la première pierre, puisque lorsque j'ai démarré mon activité un an plus tard, les week-ends dans un premier temps, j'étais peu soutenue par ma famille et mal dans mon couple. On me disait que j'avais du flux qui passait dans les mains et j'ai réalisé que le bien-être ne s'arrêtait pas au massage. S'en est suivi une série de stages sur le magnétisme et des formations de soins énergétiques chez un ostéopathe. Les résultats en magnétisme étaient parfois spectaculaires, une personne venait pour une douleur et la douleur s'estompait à la fin de la séance.

J'éprouvais un besoin vital d'échanger avec la personne pour mieux cerner ses besoins, alors je me suis mise à écrire des séances de méditation adaptées. Chasser la colère, travailler sur la peur, le deuil, apaiser une maladie, chaque cas était un prétexte pour écrire une nouvelle histoire. Ces histoires, couplées à la respiration profonde, procuraient un effet de bien-être avant même de s'allonger sur la table pour le magnétisme.

Mon premier livre, publié en 2018, s'adresse aux enfants. Je n'ai aucune idée pourquoi j'ai écrit des histoires pour enfants, j'avais toujours rêvé d'écrire, mais des histoires pour enfants ne me faisaient pas particulièrement rêver. Pourtant, dès que je me suis posée devant l'ordinateur, cela est devenu une évidence. J'avais juste à écrire le titre et l'histoire sortait de mon inconscient et chaque relecture était une découverte et une révélation pour moi. Je comprends aujourd'hui que je pratiquais déjà l'écriture intuitive, je passe la commande (ou je pose une question) et elle m'est livrée en canalisation.

J'ai trouvé une maison d'édition très vite, je suis tombée un jour sur le site de Be Light Éditions[34] (BLE) et l'éditrice m'expliquait qu'elle choisissait ses auteurs avec l'aide de ses guides. Cette phrase est sortie de l'écran et quelques mois plus tard mon rêve est devenu réalité !

Lorsqu'on commence à faire un métier de praticienne bien-être, en plus d'un emploi à temps plein ou même à temps partiel, les autres ne nous voient plus comme une personne « normale ». L'adjectif qui me définissait, même dans mon entourage familial, était « *perché* ». J'étais en plein éveil et je passais par toutes les étapes, à la rencontre des anges, des guides, des médiums, des thérapeutes de tout genre, je testais pour moi et surtout pour ma culture personnelle. Cela me permettait de mieux cerner mon activité parmi les autres disciplines et mieux conseiller mes clients sur les différentes pratiques adaptées à leurs besoins.

La réponse à la question « pourquoi vouloir aider les enfants ? » n'était pas une évidence pour moi. Je me rendais bien compte que les enfants faisaient l'éponge de leurs parents et de leurs malheurs. Les parents leur infligent inconsciemment leurs propres souffrances mal gérées. Peut-être était-ce pour cette raison que j'avais besoin d'aider les enfants, avant qu'ils deviennent eux-mêmes des adultes troublés. En tout cas, lorsque les parents m'appellent pour une

---

[34] www.bledition.org

séance enfant, je demande toujours à faire une première séance avec au moins un des parents.

La pression monte légèrement pour mon interview sur les réseaux ce soir. Tricia a annoncé, en préambule, que peut-être je recevrai un message de Jeanne destiné aux femmes et pourquoi pas en lien avec le féminin sacré. Faire des canalisations à la commande je ne sais pas si je saurais faire, mais je sollicite Jeanne déjà depuis ce matin pour qu'elle m'éclaire sur le sujet. Alors, allons-y, je le pose ici avant l'interview.

Chère Jeanne, as-tu un message à la population féminine de cette terre ?
Oh chères femmes, tout d'abord sachez que je vous aime, moi, guerrière, qui naviguait dans un monde d'hommes, je n'ai jamais oublié qui j'étais, que j'étais une femme. Aujourd'hui, le monde est si masculin, il l'était déjà à mon époque, mais actuellement la concurrence entre hommes et femmes est toujours présente, surtout dans des postes équivalents. À mon époque, les femmes et les hommes ne faisaient pas le même travail et aujourd'hui ce n'est pas le cas, ce n'est plus le cas.

Vous oubliez qui vous êtes, merveilleuses créatures, car vous êtes dotées de sensibilité, de créativité, de douceur, d'intuition, mais où sont passés ces traits de caractère qui définissent si bien les femmes ? Dans une nouvelle époque où certains hommes s'interrogent sur leur sexualité, se demandent s'ils ne sont pas des femmes et aussi certaines femmes, se demandent si elles ne sont pas des hommes, le message est brouillé. Les gens ne savent plus où ils en sont.

Alors pour les femmes, ne cherchez pas à être des guerrières, j'ai fait la guerre, ce n'est pas pour que vous soyez à votre tour guerrière, puisque à force de toujours lutter et toujours se battre, on s'épuise et on finit par s'éteindre. Vous êtes mise à rude épreuve actuellement, vous êtes sollicitée, on attend de vous d'être mère, travailleuse, épouse fidèle, mais vous oubliez d'être vous. Savez-vous au moins qui vous êtes ? Lorsque vous étiez petite fille, les rêves que vous aviez, sont-ils les mêmes que vous vivez aujourd'hui ? J'en doute fort.

Pour le féminin sacré, sachez qu'il existe en chaque être un féminin et un masculin sacré. De ce fait, j'invite les hommes qui écoutent ce message à bien se connecter à leur féminin sacré et à leur masculin sacré. Tout simplement à revenir à la source et vous connecter à qui vous êtes, à qui on est destiné à être, depuis notre arrivée sur Terre. J'ai dit « notre » puisque je suis là parmi vous, je suis à vos côtés, il suffit de me solliciter comme vous pouvez solliciter Marie ou Dieu ou tout autre être en qui vous croyez.

Revenons au féminin sacré, je vois de plus en plus de femmes éprouvant du mal à accepter les relations avec les hommes, des femmes avec des soucis de sexualité, mais aussi des nouvelles maladies déclenchées par les femmes et pour les femmes. Un exemple est m'endométriose, vous êtes nombreuses à souffrir ces douleurs atroces, ces couteaux qui créent des décharges électriques à l'intérieur de vous à chaque relation. Le temps est venu de vous demander pourquoi vous n'acceptez plus cette union entre hommes et femmes.

Vous avez envie de rester une petite fille, l'insouciance de l'enfance, les rêves à foison, le monde d'hommes vous conviennent pas. Ce monde masculin vous oblige à devenir vous-mêmes des hommes, fortes de caractère, vous êtes sur tous les fronts et la douceur et la lumière que vous êtes capable de dégager, vous l'oubliez régulièrement. Vous prenez les malheurs des autres, vous ressentez les souffrances de vos enfants comme les vôtres et vos propres souffrances, qu'en faites-vous ? Le temps est venu de vous recentrer autour de votre utérus, autour des racines de l'arbre qui créent la vie, même si vous n'avez pas enfanté, on vous a créé, vous êtes cet arbre, je vous invite à vous ancrer plus souvent.

Notre sort de femme ne sera jamais celui des hommes et ne croyez pas que le leur est facile, au contraire, comme nous, ils sont obligés de cacher qui ils sont vraiment. Un homme doit être fort, chef de famille, cela a toujours été le cas même à mon époque. Les hommes sont même peut-être plus en souffrance que les femmes, puisque la société leur interdit de s'épancher et d'exprimer des émotions trop refoulées, créant des frustrations et des souffrances mentales innombrables.

Alors j'invite tous les humains à s'exprimer et surtout à ressentir, à ressentir et vivre leurs émotions, car être sans émotion est une coquille vide. Il en existe sur cette terre, parfois vous rencontrez des personnes qui semblent avoir un contrôle parfait de leur vie, il n'en est rien, elles se mentent et elles vous mentent. Le propre de l'humain est justement de savoir perdre le contrôle parfois, car le contrôle est géré par le mental.

Vous êtes brassées en ce moment, dans certains pays, vous êtes malmenées, torturées, même tuées et il ne s'agit pas d'accepter tout cela. Si vous vivez votre vie et votre destin comme une fatalité rien ne changera, les guerrières de cette terre auront œuvré pour rien. Votre destin est de montrer le chemin, de montrer qu'on peut allier force et douceur, émotion et résistance, détermination et fragilité. Si vous arrivez à capter le sens de qui vous êtes, que vous soyez homme, femme ou en transition, vous saurez capturer l'attention des autres et faire passer un message.

Ce message est clair, la souffrance est facile à trouver, difficile à vivre et inutile à pérenniser. Montrant l'exemple aux autres humains, à nos enfants, que la vie peut être vécue en franchissant les obstacles, sans s'y attarder, car la vie est ainsi faite.

Vous les femmes et les hommes de cette planète, je vous invite à lever les yeux vers le ciel et prier. Prier pour que la lumière descende sur cette terre et inonde le monde d'amour, de tolérance et de guérison. Guérir son âme commence avec soi, mais nous sommes toujours là pour vous aider, moi je suis toujours là à vos côtés, appelez-moi et je viendrai.

Ce message vient du cœur et il est pour les cœurs de toute personne qui résonne et raisonne et vibre sur la même fréquence. Ne laissons personne derrière nous, aidons-les à ouvrir les yeux pour trouver le chemin, car trop les assister n'est pas la solution. Soyez douces avec vous-mêmes, merveilleux êtres, je vous aime. Jeanne.

Que c'est beau, mon étonnement est toujours le même à la fin d'une canalisation avec Jeanne, elles sont si merveilleuses les unes après les autres ! Je commence à être persuadée que ces paroles ne viennent pas de moi. Je sers de vecteur, ou plutôt vectrice si je souhaite féminiser la mission ! Avant de commencer la canalisation, vous avez lu mes doutes à faire du sur-mesure ou à la demande. Je n'avais pas d'idée précise, de toute façon ce n'était pas à moi d'employer mon mental à cette tâche. Vous avez le résultat, force est de constater que cela ne peut venir de moi, même si je partage à 150 % les idées de Jeanne.

Le soir du mardi 28 février 2023

Quelle superbe expérience ce direct de presque deux heures avec Tricia ! Elle a parlé seule pendant presque la moitié sur l'ufologie[35] et de son analyse du film *Avatar*, vu par une éveillée. J'avoue que pour la partie ufologie je ne suis nullement initiée, mais cela ne m'empêche pas de trouver fascinantes ces informations qu'elle a dénichées et son analyse de toutes les vérités qu'on nous cache. Plus je regarde sa chaîne, plus mes yeux s'ouvrent grand, comme une impression que la plupart d'entre nous vivent avec des œillères.

En tout cas, l'expérience fut belle et j'ai lu le message de Jeanne avec émotion, force et intention. Ces paroles, dans ce livre et ailleurs, sont faites pour vous soigner, oui j'ose le dire, car on peut soigner l'âme, en la touchant profondément ou même en l'effleurant, pour créer un éveil de la conscience.

Après l'émission, une amie, en burn-out spirituel, m'a donné son retour sur les paroles de Jeanne, elle écrit, « *Le message m'a parlé, du coup j'ai eu la sensation à des moments que ça agissait quelque part en moi, oui. Un peu, car je suis dans un sale état je pense, mais j'ai une chouette sensation de répit un peu, là. Mais ouais, c'était intense dans le contenu et aussi dans l'énergie du coup. Top !* »

---

[35] Ufologie (anglicisme) : étude des ovnis et des phénomènes associés.

Ce genre de témoignage me suffit amplement pour valider la pertinence de mon travail (qui est plus une joie qu'un travail) et je n'ai plus aucun doute que ma place est ici, dans l'écrit et la retranscription de messages pour l'humanité.

NOTES

Chapitre 21 – Grâce à l'EMDR les traumas s'effacent

Mercredi 1ᵉʳ mars 2023

L'EMDR (Eye Movement Desensitization and Reprocessing ou « désensibilisation et retraitement de l'information par les mouvements oculaires ») aide la personne à retraiter une information ancienne qui est encore active et douloureuse au présent. Cela peut représenter des événements difficiles de notre passé que l'on trouve normaux en tant qu'adulte car rationnels : « cela m'a rendu plus fort », « c'est bon je l'ai déjà travaillé », « il y a des personnes qui ont vécu pire ». Mais nous ne nous rendons pas compte des conséquences réelles que cela a eu sur notre manière de nous construire. Ces événements peuvent être la source d'émotions ou de comportements inadaptés ou excessifs dans la vie quotidienne.

Le traumatisme est une expérience et non un événement. Il peut se transmettre génétiquement sur au moins trois générations. Il ne s'agit pas uniquement d'un accident de voiture ou d'une maltraitance par exemple, mais également du stress chronique et même une discrimination. Si je dois l'expliquer dans mes propres mots et ceux de Valérie, nos mauvaises expériences du passé sont stockées dans des tiroirs de notre mémoire. Enfuir la souffrance n'est jamais une solution, car régulièrement certains nouveaux vécus opèrent comme des déclencheurs. Nos tiroirs, toujours remplis de nos traumatismes, s'ouvrent, nous rappelant certaines émotions négatives. En réalité, tout événement nous ayant eu une influence négative laisse des séquelles dans nos mémoires cellulaires.

Lors d'une session d'EMDR, nous allons visualiser une scène la plus loin possible, un souvenir désagréable, qui nous affecte encore aujourd'hui. Dans le cas de ma séance aujourd'hui, c'était le dénigrement de mon corps par ma mère et par la suite par moi-même. Chaque absence d'amour de soi crée une occasion pour manquer de confiance, même lorsque nous pensons avoir évacué cela, les mémoires sont toujours présents.

Valérie m'a demandé de ressentir dans mon corps la réaction par rapport à la scène que je voyais, ou pas, car une représentation n'est pas toujours disponible. Drôle d'expérience, mon corps a repris son état d'origine lors de mon adolescence tourmentée, c'est-à-dire, mal au dos, le ventre noué, les fesses serrées et une envie de m'enfoncer dans le fauteuil. Je n'avais pas l'impression que ces émotions venaient de moi l'adulte, mais plutôt des mémoires anciennes encore présentes.

Dans la tête de la jeune fille que j'étais, je me disais, « j'ai trop d'angoisses, à quoi bon vivre de cette façon, je suis moche, je ne m'aime pas, jamais on ne m'appréciera, je ne suis pas belle. » Néanmoins, ces mémoires vécues ce soir ne m'ont pas touchée, à part quelques larmes, et aujourd'hui je ne pense pas de la même façon. Cependant, comme je n'avais rien fait pour apaiser ces souvenirs auparavant, je peux, inconsciemment, être impacté encore. Je n'ai pas un comportement d'anorexique envers les aliments, je ne me prive pas, j'ai plutôt tendance à faire des petits excès, lorsque j'ai besoin de réconfort.

Nombreux sont celles et ceux qui se réfugient dans la nourriture en cas de perte de moral. Il convient de chercher d'où vient ce besoin et de le régler une fois pour toutes. Bien entendu, l'EMDR n'est pas miraculeux, souvent plusieurs séances sont nécessaires, pourtant je reste persuadée que les effets se ressentent quasi instantanément. Les yeux suivent les doigts de Valérie, gauche, droite, droite, gauche, fatiguant, mais cela suffit pour déprogrammer le cerveau. Il se trouve ainsi libéré des images négatives. Ces mêmes images par la suite ne nous font plus d'effet néfaste.

Les mouvements des yeux sont associés à des tapotements sur les genoux lorsque les yeux fatiguent trop, ou lorsque la personne pleure et préfère garder les yeux fermés. Jamais je n'aurais imaginé que cette méthode fonctionne si bien. Prenez une scène de votre vie qui vous fait mal, et deux heures plus tard la même scène ne vous fait plus rien, vous êtes en paix avec elle et avec l'événement, tout simplement magique !

J'avais appelé Valérie, en sortant de chez mon gynécologue, je pense l'avoir déjà mentionné alors je ne vais pas m'y attarder. Un examen intime a suffi pour me déclencher le trauma d'un viol vécu à dix-sept ans avec mon premier amoureux. Ce qui était vraiment étonnant, c'est qu'avec le temps et mes souvenirs brouillés, je m'étais fait une idée de l'acte qui n'était pas précise et surtout qui n'était pas objective. En visualisant la scène six, même sept fois, avec Valérie, chaque nouvelle visite m'apportait des informations supplémentaires. Je captais mon état d'esprit avant l'événement et l'état d'esprit de mon petit ami et surtout j'ai compris qu'il ne réalisait pas le mal qu'il m'avait fait. Nous sommes tous responsables de nos propres réactions, nous blâmons l'auteur de l'acte, pourtant c'est notre comportement qui compte, rien d'autre. Vous réagissez à ces paroles, vous avez peut-être de la colère et vous vous dites, « elle n'est pas sérieuse, une personne violée, c'est normal qu'elle éprouve une réaction négative ! »

Bien entendu, il ne s'agit pas d'innocenter l'auteur de l'acte, mais notre réaction et ce que nous en faisons sont primordiaux dans la guérison de notre âme. S'enfuir c'est détruire. Une âme en souffrance ne peut pas progresser dans la vie, enfin si, elle avance tant bien que mal, péniblement, ses relations en souffrent et son évolution personnelle également.

En tout cas après avoir travaillé avec Valérie sur mes réactions à l'égard de ma mère, j'ai ressenti de la colère envers mon père.

Mon père que j'aime plus que tout au monde, j'avais l'impression de lui en vouloir, puisqu'il ne m'a pas assez préservée des paroles blessantes. Je sais pertinemment qu'il me protégeait à sa façon, en me prenant en photo et en me disant que j'étais belle, mais aujourd'hui j'ai besoin d'être en paix avec ce passé. Une nouvelle séance d'EMDR sur mon père se fera dans quelques semaines, avant de partir en Angleterre pour ses quatre-vingt-dix ans.

Je suis infiniment reconnaissante de pouvoir expérimenter ces séances, de toutes sortes, qui me font avancer sur mon chemin spirituel, personnel et professionnel. Ces expériences du style, « j'ai testé pour vous », me font espérer de tout cœur qu'elles vous serviront et vous encourageront à chercher votre bonheur et trouver votre chemin.

NOTES

Chapitre 22 – Amitié et gospel

Lundi 6 mars 2023

Quel week-end incroyable, passé avec une chère amie, Denise, mon amie de trente ans, qui habite dans une petite ville faisant partie de mon passé à mon arrivée en France. En un week-end, j'ai réussi à lui faire tout son ménage, à relancer son insert qui fonctionnait mal, à lui faire un massage d'épaules et à participer à un concert de gospel dans la petite église de sa ville.

Il faisait froid hier après-midi, dimanche, avec un soleil qui tentait de percer les nuages et s'allier au vent qui soufflait du nord. Nous savions que nous allions passer un bon moment et nous nous sommes motivées pour retrouver ses amies devant l'église, toute belle et rénovée. Sur les bancs à l'intérieur de l'église se trouvaient des petits rectangles de tissu coloré, j'ai ramassé un petit rectangle orange pour la chanson finale du concert.

Habituellement dans les églises je ne suis pas très à l'aise, certaines églises me pompent toute mon énergie, et il y règne une atmosphère dense et parfois sombre, trop d'âmes errantes, peut-être. Mais hier, à la vue du groupe de quarante personnes chanteuses et musiciennes, je savais que l'énergie ne serait que positive. Comment puis-je oublier la première chanson, dont le titre et le mot principal étaient « free », libre ?

Je savais que le gospel avait ses origines dans les communautés d'esclaves en Amérique, devenu une langue d'espoir, dans une époque où on leur interdisait de parler leur langue native. Lors de la présentation et de l'introduction du groupe, on a parlé de langage du cœur et du chœur, et si certaines ou certains en doutaient, le doute s'est vite dissipé. Une vibration forte et puissante est montée en moi, comme une joie larmoyante, bonheur mêlé à la mélancolie, qui me nouait la gorge. Si j'avais été toute seule dans cette église, je pense que je me serais autorisée à pleurer toutes les larmes de mon corps. Pleurer pourquoi ? Pleurer pour toutes les âmes perdues, les personnes maltraitées, mal comprises, peu respectées, pleurer pour la race humaine. Oui et non. Non, parce que les larmes de joie existent bien, la joie de cette musique vibrante qui se répandait dans l'air et remplissait nos cœurs. La joie d'être à côté de ma chère amie et de profiter à fond de l'instant présent, ici et maintenant. La joie de savoir et de ressentir que nous allions parler longtemps de ce moment précieux passé en musique.

Comment décrire cette avalanche émotionnelle qui m'emplissait depuis plus d'une heure ? Mon cœur débordait d'amour pour l'humanité. Ma tête se remplissait d'images, des scènes de mon vécu, de mes souvenirs de jeunesse, quand j'étais membre de l'Église baptiste (je suis protestante, mais Dieu est universel). Je me souviens des chansons, pas gospels, mais qui exaltaient nos cœurs. Le jour de mon « baptême » baptiste, tellement émue, je rentre raconter à mes parents que j'avais trouvé Dieu et qu'il m'avait « sauvée ». Ils ont pris peur de ce comportement, en apparence sectaire, et m'ont interdit d'y retourner. Mes parents athées travaillaient sept jours sur sept dans leurs commerces et n'avaient pas de temps à « perdre » avec la religion. Pour moi, la religion était le sentiment d'être soutenue par des forces invisibles, qui prenaient soin de moi et m'aidaient à enrichir mes connaissances et me procuraient de l'amour et de la vie. Je respectais la décision de mes parents sans être d'accord avec eux. Par la suite, j'ai appris à vivre avec un trou béant à la place de la communauté de pratiquants dévoués qui m'avait entourée.

À la fin du concert, je n'ai pas pu partir avant d'approcher la famille fondatrice de ce groupe, un couple et leur fille, pour les féliciter. Je leur parlais du grand moment d'émotion vécu en leur présence et l'envie de devenir leur « groupie » tellement j'avais trouvé ça extraordinaire. La qualité exceptionnelle et professionnelle de leur voix méritait au moins ce petit compliment de ma part et puis les « petits » compliments n'existent pas. N'oubliez pas que lorsque vous refusez un compliment, vous refusez le cadeau qu'on vous offre, mais la fondatrice a accueilli le mien avec les bras ouverts et un grand sourire.

En partant, j'ai frôlé le bras d'une des personnes qui ramassait les petits bouts de tissu coloré. Je l'avais reconnue dans le chœur, Agnès, une amie de loin, plutôt une connaissance, mais qui me suivait régulièrement sur les réseaux sociaux. Je lui parle de mon amour pour le chant et lorsqu'elle m'invite à me joindre à leurs superbes énergies, j'ai décliné. Leurs voix sont d'une puissance phénoménale et la mienne a été fragilisée il y a quelques années et je dois la ménager. Pendant notre échange bref, je ressentais cette boucle d'amour qui avait relié la chorale et le public, cette capacité de diffuser de l'amour et d'en recevoir en retour, ce qui est tellement précieux de nos jours. Si le monde pouvait chanter à l'unisson, chanter des mots d'amour pour l'Univers, pour l'humanité, quel beau monde nous aurions, quel paradis !

Le retour à pied chez Denise s'est fait dans le silence, encore le temps de savourer ce bourdonnement, ces vibrations musicales, qui résonnaient encore en nous. Denise me dit :

— J'en ai pris plein la tête !

— Tu n'as pas aimé ? lui ai-je demandé.

— Si, j'ai adoré, cela me remplit le cœur, m'a-t-elle répondu.

Encore un vécu, un petit bout de souvenir, qui me lie à elle et qui restera, lorsque nous ne serons plus sur cette terre. L'énergie d'amour et de complicité entre êtres humains vivra à travers les nouvelles générations, nos descendances.

Chaque être est sur cette terre pour s'aimer, se compléter, s'entraider, se comprendre, apprendre et partager.

Notre amie, dont je ne citerai pas le prénom, mais elle se reconnaîtra si un jour elle lit ce livre, n'est pas venue nous voir ce week-end. Elle savait que j'étais là et cela m'aurait fait plaisir de la voir, néanmoins elle sait que nos énergies sont aux antipodes de la sphère émotionnelle. Elle s'excuse de sa mauvaise humeur lorsqu'elle me voit ou qu'elle m'appelle (ce qui est rare, par peur de déranger), comme si son état dépressif m'atteignait.

J'ai arrêté d'absorber les malheurs des autres, cette amie est une personne adorable avec beaucoup de cœur et beaucoup d'amour à donner. Malheureusement, elle s'est éteinte il y a trente ans au décès de son mari. Elle vivait pour lui, il était son monde, son existence. À la suite d'une opération lourde du cœur, le médecin lui avait pronostiqué le nombre d'années à vivre. Cette épée de Damoclès sur la tête a frappé le coup fatal presque à la date prédite et de surcroit, un premier avril. Je viens de réaliser à l'instant que son mari aurait bien apprécié cette coïncidence, lui qui aimait rire et amuser ses proches.

L'amitié avec sa veuve s'est développée tout naturellement, car je l'ai beaucoup soutenue moralement. Je compatissais, mais je ne pouvais comprendre réellement sa douleur, n'ayant pas vu partir des personnes proches. Bien entendu, le jour où je perdrais mes parents, je ne sais pas trop comment je réagirai, nous ne sommes jamais vraiment préparés à cela.

Faire le deuil est tellement important pour pouvoir continuer sa vie, parce qu'une personne partie ne doit pas nous emporter avec elle. D'ailleurs, elle est toujours présente dans nos cœurs et pour faire honneur à la mémoire de cette personne, le mieux est justement d'arriver à être heureux de nouveau un jour. Pour mon amie, ça n'a jamais été le cas, elle s'est privée dans tous les sens du terme et aujourd'hui elle se trouve seule et cela me peine réellement.

« Chacun sa croix » comme on dit, se soucier toujours des autres nous empêche de nous occuper de nous-même. Parfois, ce sont justement des excuses pour ne pas s'occuper de soi. Ma chérie, ma chère Y., si tu lis ces mots, ne soit pas offusquée et il n'est jamais trop tard pour recommencer à vivre. Ton cher mari n'aurait pas voulu que tu te tourmentes toute ta vie. Tu as arrêté de vivre il y a trente ans, il n'est jamais trop tard, vis ta vie ma chérie, nous n'en avons qu'une.
Tu vois que tu me fais pleurer maintenant, comme cela doit être dur d'être une personne qui se complait dans son mal-être ! Non, ce n'est pas de la méchanceté de ma part, je sais qu'il est trop tard pour t'ouvrir les yeux, je te l'ai dit maintes fois. Le jour où tu as perdu l'amour de ta vie, ton cœur s'est fermé à jamais et je comprends que ce soit une forme de protection et que tu n'as pas su faire autrement.

Vous qui lisez ceci, soyez indulgent, ne me trouvez pas condescendante, je l'aime cette amie, mais j'ai du mal avec les personnes qui fuient la vie surtout quand nos défunts n'auraient jamais voulu cela. Son mari était un bon vivant, il dégageait une joie de vivre qui lui faisait profiter de chaque minute de chaque jour, car ses jours lui étaient comptés. Il ne pensait pas à cela, il vivait l'instant présent, comme nous devons le faire tous. Parfois nous l'oublions, tout simplement.

NOTES

Chapitre 23 – Nouvelle expérience à trois

Avouez-le, pendant quelques instants vous avez eu des pensées un peu coquines en voyant le titre de ce nouveau chapitre, non (*rire*) ? Rassurez-vous, vous êtes une personne normale ! Pourtant, si vous avez imaginé ce genre de livre et vous êtes déjà arrivé jusqu'ici, vous n'avez pas mangé à votre faim !

Mercredi 8 mars 2023

Ce soir est la première séance de trois séances, sur une période de trois semaines et à trois. Je permets aux deux « thérapeutes » de peaufiner leur méthode, reçue entièrement en canalisation. Ce soin vient d'ailleurs, comme une inspiration, issue d'une rencontre de deux âmes qui se connaissaient dans une autre vie.

Je vous ai perdu ou vous suivez toujours ? Véronique, formatrice reiki et praticienne des tirages quantiques et karmiques et Michel, médium, se sont connus par une hypnothérapeute QHHT® (Dolores Cannon) et ils ont compris qu'ils avec une mission à remplir. Ils habitent aux deux extrémités de la France, mais dans l'énergétique, la distance n'existe pas.

Je pars m'allonger pour me connecter à eux par la pensée et je vous ferai un retour plus tard. J'adore ma vie !

*

Alors l'expérience à trois, je l'ai vécue moyennement bien. J'étais troublée, car Véronique devait m'envoyer un message pour me dire qu'ils allaient démarrer. N'ayant pas reçu son message, j'avais commencé déjà à me relier à eux pour 19 h 30, assise sur un fauteuil dans ma salle de soins. Finalement, toujours sans nouvelle, j'ai démarré la connexion à 19 h 28 et j'ai eu des visions. Mon mental m'a généré des doutes, n'étant pas certaine qu'ils soient connectés, même si je savais leur faire confiance. J'ai ouvert mes yeux à plusieurs reprises et toujours sans voir un message de sa part, j'ai finalement arrêté vers 20 h 10, étant donné que la séance ne devait pas dépasser 30 minutes de toute façon.

En ouvrant mon Messenger, je vois un message de Véronique de 19 h 28 précisément qui disait « on démarre ». J'étais bien connectée du coup puisque de mon propre gré j'ai démarré la connexion à la même heure. Alors qu'ai-je vu ? J'ai vu et j'ai ressenti certaines choses, même s'il existe toujours la crainte que ce soit le mental et lorsque je commence à dire « c'est comme si… » je sais que c'est en partie le cas.

Voilà ce que j'ai vu : la couleur violet et Véronique en louve. Une douleur aiguë dans mon coude droit m'a perturbée, j'avais déjà à cet endroit-là une tendinite persistante, mais cela faisait quelque temps qu'elle était en sourdine. Lorsqu'on démarre la phrase avec « j'avais l'impression que... », cela peut provenir du mental, pourtant j'avais l'impression d'avoir participé à une bataille et d'avoir été blessée, voire amputée, du bras droit. J'ai vu des gladiateurs, certainement Michel en faisait partie, où peut-être était-ce Jeanne que j'avais conviée avant la séance, en renfort ou protection, je ne savais pas trop. J'ai aussi vu Véronique habillée en plumes noires, comme un corbeau, mais plutôt une sorcière, sorcière bienveillante évidemment, puisque je ne fréquente pas des sorcières méchantes ! Au niveau des sensations, une sensation très bizarre au niveau de la couronne, le dessus du crâne, comme un vortex qui m'aspirait vers le haut et une voix qui disait : « Oh ! Alison, ancre-toi reste sur Terre, ne les suit pas. »

Ma bouche faisait le poisson, étrange, j'ouvrais et je fermais la bouche, je voulais parler, mais rien ne sortait. Mon corps s'exprimait toujours par cette douleur lancinante au niveau du coude, cela pouvait venir de l'extension de mes bras, car j'avais les paumes vers les mains visualisées de mes deux compagnons.

Pour cette première séance, mes ressentis ne me semblaient pas extraordinaires, certainement par manque de confiance en mes capacités. Cependant, par la suite, Véronique m'a confirmé que

Michel lui avait parlé d'ancrage. De son côté, elle avait vu que par le passé je n'avais pas été soutenue dans mes décisions et qu'aujourd'hui je manque encore de confiance en moi. Elle a ressenti qu'il me restait encore quelques fragilités à évacuer.

Je n'ai pas encore fait un point complet avec Véronique et elle ne l'avait pas encore effectué totalement avec Michel, nous ferons le bilan à la fin des trois séances. Leurs soins s'appellent les « Trois Roues » et ce sont les guides qui leur indiquent combien de séances il convient de faire à la personne concernée. Dans mon cas, je ferai trois séances et la prochaine sera dans une semaine. Cette fois-ci, Véronique me rassure qu'elle m'appellera si je ne réponds pas à son message pour le top départ !

Dimanche 12 mars 2023

En tout cas, toutes ces expériences font partie de mon voyage, mon voyage au cœur de moi-même et entre les séances, bien évidemment je découvre la vie de façon différente chaque jour. Un exemple, aujourd'hui, le dimanche 12 mars, je suis allée au Salon de l'Habitat à Limoges. Je n'avais pas grand-chose à y faire, à part rencontrer quelques entreprises pour remplacer éventuellement mes portes-fenêtres et volets de salon.

Au premier stand de menuisier sur lequel je tombe, je vois un visage que je connais, un ancien collaborateur, qui avait quitté son poste et que je n'avais pas vu depuis un an. Il était le nouveau commercial pour cette société, je n'ai pas cherché plus loin et j'ai fait le devis avec lui. Je pars du principe que parfois nous recevons des signes. Même si j'avais décidé de faire un devis comparatif, je sais pertinemment que je l'aurais rejeté, ayant déjà fait le choix dans ma tête. Je suis convaincue que les gens sont toujours, sans exception, sur notre chemin pour une raison. Que ce soit une bonne ou une mauvaise raison, cela reste malgré tout, une raison, un apprentissage, un message, un encouragement ou un avertissement. Je n'ai pas de regret dans ma vie, par rapport aux personnes que j'ai fréquentées, puisque chaque personne m'a appris quelque chose de nouveau, soit sur moi-même soit sur la vie.

Hier, mon père m'a annoncé qu'une dermatologue venait de lui arracher cruellement une croûte sur la poitrine et qui se révèle être un carcinome, c'est-à-dire une tumeur maligne, un cancer. Il ne me semblait pas soucieux, il m'a dit : « J'ai reçu un courrier qui m'indique que c'est un cancer, mais qu'ils n'ont pas besoin de me revoir. J'ai fait des recherches sur internet, j'ai besoin de savoir ce qui va m'achever un jour, mais je ne suis pas inquiet. »

Il est certain qu'on peut considérer qu'à bientôt quatre-vingt-dix ans, pourquoi se soucier d'une quelconque pathologie ? Cet homme me surprendra toujours, je l'aime profondément, pour son courage, ses failles, ses forces et ses faiblesses. Après tout, nous en avons tous, n'est-ce pas ?

*

Je suis de nouveau sur mon vélo elliptique, j'espère que mon énergie se ressentira dans mes écrits par endroit. Je me trouve parfois philosophe, sans pour autant être donneuse de leçons, qui suis-je, nous sommes tous égaux sur cette planète et l'égalité vient de nos pensées. À une époque où certaines femmes sont mortes pour avoir montré une mèche de cheveux ou pour être tombées sur un conjoint violent, beaucoup n'oseraient pas dire que nous sommes tous égaux. Malgré cela et avec toute l'empathie que je leur porte dans mon cœur, je considère que nous pouvons toujours changer notre situation en mieux, toujours focaliser sur le positif et ne pas rabâcher nos échecs et nos souffrances.

Au marché ce matin, avec Josette, nous avons rejoint son frère au café. Ses camarades se sont bien moqués de moi, l'Anglaise. « Oui les Anglais ont pris une raclée hier soir, au rugby, à Twickenham, ils ont lamentablement perdu. » Ce même camarade me demande comment on dit *raclée* en anglais et avec mon humour oh so British, je lui réponds : « Puisque nous ne sommes jamais des perdants, le mot *raclée* n'existe pas dans notre vocabulaire ! »

Oui, j'aime taquiner et provoquer, j'aime l'autodérision et rire de mon pays natal et mon pays d'adoption, ma France bien-aimée. Je pars du principe que nous sommes beaucoup trop sérieux et que si nous prenions des choses parfois plus à la légère, on sombrerait moins vite.

Cela m'amuse d'avoir deux casquettes, une anglaise et une française, même si, de plus en plus je dis « nous les Français. » Cela me fait drôle, je me sens usurpatrice, voleuse de nationalité ! Pourtant j'estime être digne de ce titre de « française » et je le suis dans mon cœur depuis toujours. Française, britannique, hindoue, africaine, peu importe notre nationalité, nous avons tous le cœur qui bat de la même façon et nous respirons tous le même air.

Je vous laisse quelques instants, j'ai terminé mon vélo et je vais aller prendre ma douche glacée au marc de café exfoliant, récupéré chez le torréfacteur du marché ce matin ! Que je vous fasse rire, malgré mes nombreuses séances de vélo chaque semaine, entre quatre et cinq, sur une durée d'environ trente-cinq minutes par séance, je prends du poids et du gras. Je ne comprends rien, effectivement je suis un être à part ! Je sais que demain, quand j'en parlerai à Nelly, elle me dira, « décidément, à part arrêter de manger complètement, je ne sais plus quoi faire de toi ! »

Jeudi 16 mars 2023

Hier soir, j'ai fait ma deuxième séance des Trois Roues, connectée à Véronique et Michel. Puisque nous sommes toujours dans le chapitre « nouvelle expérience à trois », je peux vous en parler de cette deuxième expérience. Avant de me relier à eux j'étais agacée, contrariée par des petites choses sans importance, juste des choses qui nous empêchent d'avancer aussi vite qu'on l'aurait souhaité. Alors installée dans mon fauteuil dans ma salle de soins, face à la fenêtre, je regardais la nuit tomber, avant de fermer les yeux pour mieux ressentir leurs présences. La connexion n'était pas simple, je n'avais pas pris le temps de bien respirer et de me vider la tête et en plus j'avais faim, 19 h 30 c'était mon heure pour manger habituellement. Alors j'envoie de l'amour à Véronique et je ressens la fatigue de Michel comme un poids sur sa poitrine et une difficulté à respirer. Pour ces ressentis, je n'ai pas la confirmation de la réalité de cette sensation pour l'instant.

Pour ne pas m'assoupir, j'ai ouvert à plusieurs reprises les yeux. Pendant l'un de ces instants, les yeux ouverts, le lampadaire face à moi s'est séparé en deux. Deux faisceaux de lumière en émanaient et se rejoignaient au sol. Après la séance, j'ai bien regardé et je ne voyais qu'un lampadaire face à moi, les deux faisceaux aperçus pendant le soin devaient représenter les deux êtres joints à moi.

Voici, en vrac, mes premières images venues pendant la séance : j'avais les chevilles attachées, j'étais un aigle et je voulais m'envoler avec eux, mais impossible, car liée aux pieds et atterrée et je ne pouvais pas décoller. J'ai senti la fatigue de Véronique au niveau des genoux et je vous dis, celle de Michel au niveau de la poitrine.

Ce matin, j'ai fait le point avec Véronique et elle m'explique de nouveau, le fonctionnement du soin des Trois Roues. La première roue représente l'état physique, la deuxième roue, le corps énergétique et les liens à couper et la dernière roue, les liens karmiques et les entités qui peuvent nous soigner.

Elle était épatée, elle a vécu une première avec cette séance, parfois elle est comme moi, elle manque de confiance en ses capacités de voir et capter certaines informations. Elle s'est retrouvée avec Jeanne d'Arc et elle a eu un message très clair de sa part pour moi. Jeanne confirme que je suis susceptible de faire bien plus que des canalisations occasionnelles et me conseille fortement de me fondre dans sa propre énergie, mais pas sous forme de possession, bien entendu. Elle a récité une prière à Véronique pour moi et Véronique, pour ne pas la perdre, pendant la séance, l'a répétée en boucle et ensuite l'a notée. Heureusement qu'elle l'a notée, puisque ce matin elle ne s'en souvenait plus. Pour moi c'est la preuve que ce sont bien des messages d'ailleurs, puisque le mental ne les retient pas. Les paroles ne nous appartiennent pas dans ce cas-là et les enregistrements audio ou écrits sont précieux.

« Donne-moi ta force, ta puissance, tes connaissances, pour que je puisse trouver ma force, ma puissance, mes connaissances et être moi-même. » Jeanne d'Arc

Michel, sans avoir fait le point complet, lui touche deux mots et lui confirme que j'étais bien une vieille âme. En faisant la troisième roue, Véronique se retrouve dans une sorte de temple dédié à Marie. Jeanne s'y trouvait également, en prêtresse et moi la novice, en admiration devant elle. Jeanne est partie pour remplir une mission et je me suis retrouvée seule et désemparée. Marie m'a aidée, en me faisant un soin pour que je puisse commencer à canaliser mes guides. La connexion entre Jeanne et moi est très ancienne. Si j'arrive à retrouver ce lien très fort avec elle, je peux remonter des informations de choses vécues dans une autre vie. J'ai de multiples possibilités bien plus étendues que ce que je vis actuellement avec elle.

Cette information est une révélation et une merveilleuse confirmation pour moi. Cela me prouve que je peux et je dois, je me dois, de contacter et solliciter Jeanne beaucoup plus que je ne le fais actuellement. Maintenant que je sais qu'elle est à mes côtés, je n'ai plus de crainte, je suis en confiance, je sais qu'elle guide chacun de mes pas et j'en suis infiniment reconnaissante.

Chapitre 24 – Oh, angoisse quand tu me tiens !

Vendredi 17 mars 2023 (Sainte Patricia et anniversaire de mon neveu)

Je ne suis pas du style angoissé, cela m'arrive d'être stressée, sous tension, surtout par la pression que je me mets toute seule, mais les crises d'angoisses cela m'arrive rarement. Ma dernière crise d'angoisse remonte au mois d'octobre 2022. Je rentrais du salon de bien-être à Limoges où j'étais exposante. J'avais emmené ma caravane comme support publicitaire, elle était triste toute seule sur le parking et de plus, personne ne l'a remarquée. Les gens qui venaient sur mon stand à l'intérieur, me disaient : « Ah bon votre caravane est là ? On ne l'a pas vue ! »

Un signe supplémentaire que je ne devais pas la garder, je la sentais glisser entre mes doigts, car je n'étais pas capable ou je n'avais pas envie de la retenir. J'ai échangé avec mes amis britanniques qui possèdent un food truck qui cartonne tous les ans. Forcément, un food truck est utile et la réussite était arrivée après de longues années d'efforts pour eux. Néanmoins, moi, je me voyais de moins en moins vadrouiller la campagne en quête de clients, pour des massages assis et des contes pour enfants.

Ce fut un grand rêve, le rêve du dernier espoir pour sauver mon entreprise l'année dernière. Aujourd'hui, j'ai parcouru un grand chemin et j'ai compris que si cela n'a pas fonctionné c'est pour une raison, mon avenir est ailleurs. Alors cette crise d'angoisse ? Tout simplement ramener la caravane du salon le dimanche soir, jusque chez moi, par le périphérique d'une ville moyenne, il n'y avait pas vraiment de quoi piquer une crise d'angoisse. Pourtant, la peur m'a agrippée, m'a tétanisée alors que je conduisais vers la maison pendant quelques kilomètres et à peine quinze minutes plus tard. Après avoir peiné à stationner ma caravane sur mon allée en pente, la roue jockey motorisée est tombée en panne. Cela m'a suffi pour comprendre que c'était la fin pour Alice. Sur le canapé ce soir-là, les palpitations ne m'ont pas quittée pendant plusieurs heures.

Mes angoisses sont revenues aujourd'hui, mais mieux maîtrisées, lorsque j'ai reçu l'information d'une visite pour acheter ma caravane justement. Je me suis tout de même épargnée les trois heures de palpitations ! Avec très peu de temps pour me préparer entre mes cours, je me suis affairée à enlever la bâche et ôter les affaires stockées dans le salon. Je vérifie les placards et je range le peu d'affaires qui restaient. Et là dans un angle, je vois un soupçon d'humidité, pourtant normalement toutes les infiltrations avaient été traitées. Les angoisses, toutes les angoisses de l'année dernière, chaque mauvaise surprise, chaque pointe d'humidité, tout m'est revenu en mémoire et le ressenti de boule au ventre était le même.

À ce moment-là, j'ai eu le réflexe de solliciter Jeanne et je l'ai suppliée de m'aider, de me rassurer que ce n'était rien et que ces acquéreurs allaient tomber amoureux de la caravane et l'acheter. J'ai eu Josette juste avant que le monsieur n'arrive et elle m'a raisonnée ; agacée, elle me disait de ne pas l'imaginer déjà vendue et d'arrêter de toujours vouloir aller trop vite ! Ces paroles ont blessé ma nouvelle fragilité, car elle savait pertinemment que l'enjeu était énorme pour moi de me débarrasser de ce véhicule.

Le monsieur m'a prévenue, dès son arrivée, qu'il s'y connaissait très bien en caravanes et qu'il allait tout vérifier du fond en comble. Je n'avais rien à cacher et j'étais sûre de moi. Je lui ai raconté mon histoire, en expliquant qu'après beaucoup de déceptions et beaucoup de frais, j'avais trop peur de la tracter et je devais la laisser partir. Lui, il la visitait pour sa femme, pour un projet d'itinérance en insertion sociale. Elle allait être convertie en deux bureaux et utilisée tous les jours, un beau projet.

Il ne reste plus qu'à croiser les doigts, j'aurai une réponse dans quelques jours et je compte sur Jeanne pour qu'elle soit positive (j'ai aussi Véronique et Pascal qui ont envoyé de bonnes ondes). Je sais que l'acquéreur négociera et je suis prête à faire des concessions, je ne peux plus voir Alice et l'année compliquée qu'elle a provoquée, à chaque fois que je sors de chez moi !

Cela fait deux jours que je n'ai pas fait de sport, la première fois depuis bientôt deux mois que je manque d'assiduité. C'est impressionnant, à quel point l'anxiété épuise. Je comprends mieux certaines personnes, épuisées en permanence, surtout si elles vivent du stress au quotidien. Se mettre dans la peau des autres est toujours un bel exercice, quoique pas toujours très agréable !

J'ai mon dernier cours d'anglais dans quelques instants et ensuite je pourrai souffler, me délasser de cette journée éprouvante, que cela doit être compliqué pour les personnes qui n'ont pas de maîtrise sur leurs émotions.

Dans moins d'une heure, le soleil se couchera sur cette journée, le vent souffle doucement dans les feuillages éclairés par ce soleil mourant et ma cheminée siffle joyeusement. Cela fait quelques jours que je ne l'avais pas allumée, il a fait doux et rien qu'en l'allumant le soir, la chaleur devient vite intenable, j'ai encore le souvenir de la soirée à 31° !

Je suis tellement reconnaissante de tout ce que j'ai et de tout ce que je suis. Je dis toujours merci pour tout cela, nous attirons la chance, mais ce n'est pas toujours un long fleuve tranquille.

Chapitre 25 – Ma mission se précise

Dimanche 26 mars 2023

Je n'ai pas été très présente, un peu malade au niveau des intestins et aujourd'hui c'est le bas du dos qui me tourmente. Il s'agit tout simplement d'une évacuation émotionnelle, ayant vécu beaucoup de stress et d'angoisse la semaine dernière, le corps me le fait savoir. À chaque fois que nous sommes malades, nous nous rappelons à quel point la santé est précieuse et nous jurons qu'après rétablissement, nous remercierons notre santé tous les jours. Combien de personnes le font vraiment ?

J'ai eu ma dernière séance de canalisation à trois avec Véronique et Michel cette semaine et nous avons fait le point des trois séances vendredi. Il en ressort que je suis entourée de personnalités qui souhaitent me faire passer des messages, non seulement Jeanne, mais d'autres personnes très connues, qui sont passées de l'autre côté. Il paraît que j'ai été très proche de Jeanne et que je dois la solliciter beaucoup plus souvent que je le fais, elle est toujours à mes côtés de toute façon.

Michel élabore des réflexions (par messages qu'il reçoit en direct) sur ma nouvelle mission qui sera de faire passer des messages aux autres. J'explique à mon tour que je manque de confiance en moi, j'ai du mal à croire que je pourrais capter des messages de l'au-delà. J'ai été également marquée par une (ex) amie proche, qui avait fait le métier de médium durant plusieurs années, avant de faire un demi-tour radical et virulent en se tournant vers Dieu. Ce n'est absolument pas gênant qu'une athée se tourne vers Dieu, car la religion aide beaucoup de personnes. Les prières sont efficaces pour se faire entendre et se faire aider. Néanmoins, cette amie, ancienne amie, était d'une violence dans ses propos, a envoyé un mail à tous ses clients en leur disant qu'ils brûleraient un enfer s'ils ne se repentaient pas. Elle estimait, subitement, qu'être médium était connecté à Satan et pas à Dieu. Bref, je ne suis pas ici pour la juger, mais elle m'a jugée et ses appels devenaient de plus en plus radicalisés et fanatiques. Elle considérait avoir été possédée auparavant, mais pour moi cela a commencé à se passer après qu'elle a été possédée par une force qui la consumait. Elle était persuadée que Dieu nous punit pour nos péchés et qu'il n'y avait que Dieu qui avait le droit d'aider les autres et de faire des soins. Ses propos envers son ancien métier et ses anciennes collègues et surtout moi-même m'ont été insupportables et j'ai dû lui dire que je ne pouvais plus être son amie. Lorsque vous avez des membres toxiques dans votre entourage, cela ne sert à rien de vous acharner à vouloir rétablir une relation paisible, ce n'est absolument pas possible, il vaut mieux vous en éloigner, votre santé en dépend.

Alors en ayant expliqué cela à Michel et Véronique vendredi soir, ils m'ont proposé de continuer quelques soins pour travailler sur ma peur. Cette peur qui bloque ma nouvelle capacité d'entendre et de recevoir.

Jusqu'à ma prochaine séance dans quelques jours, je suis encouragée à faire une canalisation par jour pour recevoir des messages dans un premier temps pour moi-même. J'ai commencé hier soir, voici ce que j'ai reçu jusqu'ici.

Oui chère ALISON nous sommes là pour toi, il est temps que tu nous écoutes, surtout que tu nous entendes et que tu suives nos conseils pour pouvoir aider les autres et toi-même. Nous avons tous une puissance en nous, une puissance que nous n'imaginons même pas. Elle peut nous porter comme elle peut nous détruire, suivant la façon dont on s'en sert. Soit celle qui l'utilise à bon escient, pas dans l'ego, pas pour t'enrichir, mais pour apporter du bien à toi-même et aux autres, pour répandre la parole, la parole d'amour, de Dieu, de foi et d'espoir.

Participe à l'union de celles et ceux qui veulent changer ce monde, qui veulent sauver la planète et qui veulent faire entendre la parole émanant des êtres de lumière que nous sommes. Ne te sens jamais obligée, si cela ne te fait pas plaisir et cela ne vient pas du cœur alors tu ne le fais pas. Tu n'es pas un pantin ALISON, tu es là, tu as une mission et si tu ne cherches pas à accepter cette mission alors c'est ton choix, mais tu n'avanceras pas dans la vie, tu feras du surplace et tu seras frustrée, très frustrée et perdue.

Ta chienne, elle s'est arrêtée sur place telle une statue, elle nous entend, elle nous ressent, elle ne bouge plus et elle attend. Elle attend que tu perdes la connexion avec moi, Jeanne, pour ensuite repartir dans son panier. Incroyable les animaux n'est-ce pas, comme ils ressentent tout ?

Dort paisiblement notre petite fille, repose-toi, chaque jour t'apporte une nouvelle épreuve, un nouveau test, tout est moyen de te faire comprendre qu'il y a mieux, qu'il y a plus juste, il suffit d'ouvrir la porte et d'entrer dans le royaume de la lumière.

Lundi 27 mars 2023

Ma chère ALISON, on t'a conseillé de faire une canalisation pour recevoir des messages sans forcément poser de questions, mais tu as une question. Ta question est de savoir si tes canalisations, tu dois les inclure dans ton livre ou pas alors on te répond. Je dis bien « on », puisque tu le sais maintenant qu'il n'y a pas que moi Jeanne dans les êtres qui souhaitent rentrer en contact avec toi. Tu regardes tomber des trombes d'eau et tu attends que le message vienne pour ne pas broder, tu cherches à éviter que le mental prenne le contrôle de ces canalisations, si nouvelles pour toi. Nous te félicitions pour cette démarche qui te fait peur, même si tu en as très envie, tu es courageuse, tu sais qu'on pourrait se moquer de toi, mais ton envie d'aider les autres est plus forte.

Alors inclure dans le livre ou pas, si tu estimes qu'il y a un intérêt, que le petit message du jour puisse être quelque chose qui apporte aux autres, alors tu peux le faire. Mais attention, parfois ce message il sera très personnel, veux-tu vraiment l'inclure dans ton livre ? Pourquoi pas, c'est toi qui vois. Nous ne sommes pas là pour te commander, uniquement te conseiller.

La connexion est difficile ce soir, ce mur de pluie qui tombe depuis quelques instants, depuis que tu as commencé à échanger avec nous, te fait remonter tes angoisses par rapport à ta caravane, son étanchéité, que tu as tenté de réparer la semaine dernière. Aie confiance en nous, nous avons mis un bouclier de protection, tu peux nous croire, il ne lui arrivera rien, sois sereine et fais-nous confiance pleinement. C'est là où il commencera à se produire des miracles, le jour où tu mettras toute ta confiance entre nos mains, nous ne sommes pas là pour nuire, au contraire nous œuvrons pour le bien. Le pire de tout est que cette pluie est une bénédiction pour cette planète tourmentée et asséchée. Elle est asséchée d'amour cette planète et elle a besoin de cette pluie comme des milliards de gouttes et de larmes qui tombent sur la Terre en guise de purification, d'hydratation, pour renouveler et nourrir la Terre qui ne demande que ça.

Tu commences à entendre les messages pour les autres dans les chansons à la radio, tu cherches des messages pour toi, mais ce ne sera pas toujours par ce biais, la radio ce sera pour les autres et les messages pour toi viendront d'ailleurs. Par exemple, par l'écrit comme tu fais actuellement. Alors laisse-toi vivre, laisse-toi ressentir, laisse-toi émaner, pour mieux recevoir, nous t'aimons très fort.

Mardi 28 mars 2023

Je suis ravie ma chère ALISON, que ta confiance envers moi, envers nous, soit grandissante. Tu en vois déjà les résultats, que des bonnes nouvelles depuis hier et tu penses à dire merci, c'est bien, continue ainsi. L'abondance positive en tout vient quand on met nos projets et notre avenir entre les mains de nos guides et les êtres qui sont là pour nous aider et nous protéger. Nous sommes ravies d'être occupés de cette façon, après tout c'est notre mission, mais tellement peu de personnes nous sollicitent. Les gens ne savent pas qu'il suffit de tendre la main et que nous y apposerons nos présents, bonheur, joie, prospérité et bien d'autres présents si appréciés sur Terre.

Samedi 1ᵉʳ avril 2023

Honte à moi d'avoir mis aussi longtemps pour reprendre ma plume virtuelle. Cette dernière semaine j'ai été brassée, au niveau de la santé et émotionnellement et j'ai même eu des émotions fortes de gratitude. Mes manifestations, que j'émets depuis plusieurs semaines maintenant pour l'abondance financière, sont toutes arrivées à terme cette semaine.

Une rentrée d'argent assez inespérée, que j'attendais malgré tout, en essayant de rester positive, un remboursement de cafetière vieille de plus de six ans, me permettant de racheter une super machine et me faire plaisir, et enfin, le plus énorme, la confirmation de la vente de ma caravane, après une visite il y a plus de deux semaines. Elle part à la fin du mois à mon retour d'Angleterre et je ne serai réellement soulagée que lorsque je la verrai attelée à la voiture du futur acheteur. Néanmoins je remercie tous les êtres et l'Univers qui m'ont permis de réaliser ce souhait majeur pour 2023.

Les quelques travaux que je devais faire se sont avérés moins coûteux que prévu, alors cette semaine effectivement j'ai l'impression d'avoir gagné au loto. Le premier réflexe quand notre situation s'améliore est de dire, oui, mais pour combien de temps ? La vie est ainsi faite, elle est toujours en dents de scie, nous avons des moments forts en haut et parfois en bas, mais c'est ça qui fait la magie de la vie non ?

Mon séjour en Angleterre approche et je ne suis pas certaine que mon vol puisse partir, compte tenu des mouvements sociaux actuels, cependant, je ne vais pas être négative, car il n'est pas question que je rate l'anniversaire de mon papa. Mon frère a réservé le restaurant pour le lendemain et mes parents ne savent toujours rien de mon arrivée imminente. Je m'organise au niveau du travail afin d'être le plus libre possible pendant la semaine chez mes parents. Des cours à 7 h 30 le matin et même le dimanche, peu importe, je suis tellement reconnaissante d'avoir du travail.

Je n'ai peut-être pas fait de canalisations avec Jeanne, pourtant elle est omniprésente dans ma vie actuelle et je la sollicite bien souvent, car je sais qu'elle est ravie de me donner un coup de main dès que je demande. En croisant mes voisins ce soir, je rentrais de balade avec Eidi, je leur ai annoncé la bonne nouvelle pour la caravane, car le voisin m'avait beaucoup aidée avec les manœuvres à chaque fois que je galérais. J'ai senti le sourire grandir sur mon visage, le soulagement remplir mon cœur et ma voisine a bien compris à quel point cela m'enlevait un poids.

Mardi 4 avril 2023

J'écoute une auteure connue d'outils spirituels, qui parle de sa relation toxique avec sa mère et je l'admire. Elle ose se dévoiler devant ses « followers », ses clients, avouer ses failles et traumatismes. Les rôles s'inversent, ses clients la conseillent, tout en bienveillance bien entendu. Chacun trouve chez les autres des petits bouts de soi.

Ce livre, je ne le veux pas donneur de leçons, ni thérapie pour évacuer mes propres émotions bloquantes. J'écris pour permettre aux autres de voir que nous sommes tous imparfaits et que nous avons le droit de douter, de nous l'avouer, de nous poser des questions, d'abandonner et de nous relever.

On ne peut se laisser meurtrir par les histoires des autres, car nous en avons tous. Nous pouvons nous faire aider par quelqu'un d'autre et en complément de cette aide, demander à notre âme lorsqu'on sait se connecter à elle. Mais comment se connecter à son âme, comment l'écouter et ensuite agir ou réagir à ses propos ? Chacun sa technique, la méditation peut-être une solution et si l'idée de fermer les yeux et de vous concentrer sur vous vous horripile, alors vous pouvez au moins passer un petit moment dans le silence. Le silence permet d'entendre, on peut écouter les battements de son cœur, des bruits environnants, le tic-tac du pendule, le bruit d'une tondeuse à gazon au loin, un oiseau qu'on entend par la fenêtre ou des enfants qui jouent dans la rue. Être à l'écoute de soi-même est à la portée de tout le monde, cependant, nous sommes trop nombreux à employer davantage d'énergie à se fuir qu'à se retrouver. Se retrouver et s'accepter, d'accepter ses failles, de ressentir ses joies et ses peurs et de vouloir approfondir la connaissance de soi. Suis-je la personne que j'étais il y a quarante ans de cela, à dix-sept ans ? J'ai l'impression que non, que cette jeune fille mal dans sa peau est très loin de la femme que je suis devenue aujourd'hui.

Le vent souffle de façon constante dans la cheminée qui crépite doucement. Pourtant nous sommes au début du printemps et le ciel est splendide, un nuancier de bleu foncé au plus clair, mais l'air ambiant est frais comme un début d'avril. Je me prépare psychologiquement pour mon départ en Angleterre dans moins d'une semaine. Pourquoi se préparer psychologiquement, me demandez-vous ? Car quand on revient dans sa maison d'enfance, dans un pays qu'on ne tient plus dans son cœur depuis trop longtemps, on est comme transporté dans le passé, la machine à remonter le temps est en route et les émotions du passé remontent également.

Ça y est, j'ai annoncé à mes parents mon arrivée, pourtant je ne voulais pas. Mon frère m'a raisonné et m'a expliqué ses doutes sur la réaction de mes parents si je tenais la surprise jusqu'au bout. D'ailleurs, il avait proposé de me récupérer à l'aéroport, en me disant qu'il était hors de question de mentir à nos parents. De ce fait, il ne me laissait guère le choix.

Les choix nous en avons toujours dans la vie, et nous sommes pleinement responsable de nos choix, il y a plusieurs catégories de choix bien entendu. Il y a des choix de confort, ce qui nous évite des soucis et il y a des choix d'âme, les choix qui résonnent en nous et qui sont tout simplement justes.

NOTES

Chapitre 26 – Les femmes guides, les poèmes et moi

Dimanche 9 avril, dimanche de Pâques.

Mes séances avec Véronique et Michel étaient normalement terminées. Cependant, ils ont reçu le message de me proposer encore quelques séances pour vaincre mes peurs, par rapport à cette fameuse amie ex-médium devenue ultra croyante. J'ai donc fait cette première séance sur la peur mercredi dernier, pour ma part c'était dans la précipitation, je sortais juste d'un cours et j'avais encore mes pensées en anglais et je n'étais pas sur le sujet de connexion.

Je pense avoir réussi à me connecter à eux, mais je pensais aussi à une amie, ancienne cliente qui a un ex-mari maléfique et je l'ai vu, des plumes noires encore avec une mission de nuire dans cette vie-là. Ce sont peut-être mes nouvelles capacités qui se révèlent, il n'en est pas moins que je n'ai absolument pas envie de divulguer ces informations aux personnes concernées, car cela pourrait leur nuire dans une situation déjà délicate en famille.

En tout cas Véronique m'a fait un retour par message assez surprenant et j'en étais ravie :

Jeanne et Lady Nada sont en permanence avec toi pour t'aider à reprendre confiance. On a reparlé de poèmes. C'est un langage que tu connais, que tu maîtrises et que tu peux utiliser pour retrouver tes connexions avec l'invisible.

Tu as dans une vie précédente utilisée tes canalisations et ça s'est mal terminé c'est pour cela que tu freines en plus de ce que tu as vécu avec ton amie. C'est comme si le langage de tes messages était un langage poétique.

On t'a mis en présence de toi, petite fille hyperconnectée, avec toi dans cette vie. Elle t'a fait un soin pour éliminer les craintes et que tu retrouves une fluidité dans tes communications avec l'invisible.

Je ne vous ai pas parlé de Lady Nada, car moi-même je ne la connaissais pas, elle est Maître ascensionné et a certainement un lien avec Marie Madeleine (Marie la Magdaléenne dans les Évangiles). En tout cas, elle est omniprésente a priori, autant que Jeanne, toujours à mes côtés. Je suis ravie d'avoir des femmes aussi puissantes, là pour me soutenir. À moi de m'habituer à les solliciter régulièrement et à chercher à communiquer avec elles. Je sais qu'elles sont là, j'ai eu une synchronicité étrange l'autre jour, sans aucun message derrière, à part un ressentiment que je ne suis jamais seule. Nous ne sommes jamais seuls, il suffit de le savoir, de le croire et surtout de demander de l'aide, sans cela, la solitude reste notre seule compagnie.

*

Il est vrai que j'ai toujours aimé les poèmes ; petite fille, j'écrivais des poèmes, en anglais à l'époque. À la naissance de mon fils, j'ai écrit un poème en son honneur et cette fois-ci en français. Pendant les confinements de 2020 et 2021, j'ai écrit également une chanson pour l'humanité et je l'ai chantée tous les soirs dans mon salon avec mon tambour chamanique pour envoyer de belles vibrations au peuple de cette magnifique terre.

J'aime expérimenter cette nouvelle mission, avec vous, dans ce livre, vous participez en direct à la naissance de cette nouvelle moi, cette Alison que même moi, je ne connais pas encore. À la veille de mon départ en Angleterre, je suis à la fois sereine et tourmentée, comment est-ce possible, vous demandez-vous ? Je sais que mon séjour long d'une semaine me coûtera émotionnellement, je l'ai dit à une amie cet après-midi. Il m'était difficile de formuler ce que je ressens lorsque je revois mes parents.

Il semble affreux de dire que je cherche à faire le deuil de leur vivant, j'ai l'impression qu'ils sont déjà morts, en tout cas les parents que j'ai connus il y a quelques années ne sont plus là. Maman est dans un corps qui ne répond plus et la semaine dernière elle souhaitait que ce soit son dernier anniversaire, comme tous les ans. Papa est dans un corps maigre et affaibli, il ressemble à un déporté d'Auschwitz, horrible comparaison, pourtant il est si maigre et courbé que cela en est choquant pour moi de voir mon papa adoré ainsi.

Je voulais que ce séjour, mon départ est demain, puisse clore le dernier chapitre de ce livre, sans clore un chapitre de ma vie. On verra, rien n'est figé dans le marbre, mes pensées vagabondent et je revis ces derniers jours de fortes émotions. Vendredi soir, j'étais invitée en VIP à mon premier match de handball féminin à Limoges, un match national Limoges-Brésil, avec des jeunes femmes puissantes et passionnées. Mes deux élèves de la Fédération, Sylvie et Vanessa sont venues de Paris assister au match et surtout faire ma connaissance.

Il est toujours génial de rencontrer en vrai des personnes qu'on connaît en visio seulement et Vanessa m'a serrée fort dans ses bras, j'étais si contente de les voir toutes les deux. J'ai aussi appris que Sylvie est une ancienne joueuse nationale, rien que ça, pourtant elle est discrète et humble. En peu de temps, à côté d'elle dans les gradins, j'ai appris à m'imprégner de son énergie et je l'adore déjà. Elle est beaucoup appréciée par ses collègues et les élus qui gravitent dans cet univers, je l'ai vu avant et après le match.

Ses heures passées dans le salon VIP, entourée de personnes que je ne connaissais pas, ont été difficiles pour moi. Suis-je devenue sauvage avec l'âge ? Je ne pense pas, Vanessa et Sylvie étaient parties chacune de leur côté saluer des personnes qu'elles connaissaient du milieu et moi je me suis retrouvée toute seule, personne ne me parlait, personne ne m'abordait. Seule dans cet océan de visages, dans une salle surchauffée, où le champagne coulait à flots et les huîtres étaient proposées en abondance, j'étais loin d'être à ma place. Après le match il a fallu recommencer les discussions et je n'étais de nouveau pas à ma place.

J'ai fait plusieurs tentatives de discussion avec des élus et d'autres personnes du milieu, sans succès. Étrangement, j'étais invisible, mes phrases, coupées en plein milieu, étaient ignorées, des têtes détournées de moi, pour partir sur d'autres sujets avec d'autres personnes. Cet après-midi, quelques heures passées avec mes petites-filles, mon fils et ma belle-fille, m'ont suffi pour réaliser que pour rien au monde je ne voudrais de leur vie, j'aime vraiment ma tranquillité et mon chez-moi. Alors effectivement les peurs et les craintes de me perdre dans un monde hors de guides et de messages sont certainement fondées, puisque si je me détache de ce monde ici-bas, je m'isole encore plus. C'est toujours le danger pour les personnes qui sont dans ce milieu et je m'étais déjà éloignée une fois de ce monde invisible. Justement, je tâche de rester terre à terre et d'éviter de creuser ainsi cette brèche qui se crée entre moi et mon entourage familial. Alors je dois rester vigilante, les pieds sur terre et la tête dans les étoiles.

Tentons un poème en canalisation avec Lady Nada :

Oh femmes, puissantes et vraies, je nous aime.
La vie ne nous apprend pas comment être femme pleinement,
Elle nous guide sur un chemin qui n'est pas le nôtre,
Vous qui lisez ces paroles
Vous qui cherchez des réponses à des questions jusqu'alors jamais posées,
Je vous en donne, aujourd'hui, il est temps.
Assez de ne pas savoir qui vous êtes,
Assez de vivre dans la peur et dans l'ombre des hommes,
Il est temps de vous lever et de vous assumer femmes, puissantes femmes que vous êtes.
Il est temps de comprendre que notre rôle est de parler, d'inspirer.

La création n'émane pas de votre utérus,
Elle émane de tout votre être,
Vous êtes la création,
Vous êtes la source,
Vous êtes celle qui peut mener l'homme jusqu'au bout de ses rêves.
Faites-vous respecter, respectez-vous et le monde sera meilleur.
Nos enfants sont nos messagers, encore faut-il qu'on soit des modèles,
Si vous ne montrez pas l'exemple de la force et de la conviction,
Alors votre descendance sera faiblarde et impuissante.

À cette période de l'année, on parle de résurrection, le Christ s'est levé,

Maintenant, c'est à vous de vous lever,

Vous êtes endormies, vous êtes l'avenir de cette terre
Vous les créatrices, faites vibrer vos voix, vos corps de créatrices
et chanter l'amour universel.
Ainsi soit-il, et que vos actions soient plus fortes que vos pensées,
je nous aime.
Lady Nada.

Lundi 10 avril 2023 (papa a quatre-vingt-dix ans)

Ça y est je suis dans l'avion, ma douce France est derrière moi pour une semaine, retour aux racines. Mon cœur saigne de partir, une larme versée, à dire au revoir à ma petite Eidi. À Christine, qui en aura la responsabilité, je lui souffle, « sans pression aucune, ce petit bout c'est toute ma vie, prends-en soin s'il te plaît ». Eidi semble comprendre et habituellement trop indépendante, elle supporte un peu mieux mes bisous.

J'ai eu ma séance d'EMDR ce matin, Valérie étant bien enrhumée et on l'a faite par Skype, c'était mieux ainsi, car il me restait des choses à faire. Je préfère ne pas rentrer dans le détail de l'image de mon père qu'on a travaillée, vous livrer tout à cœur ouvert n'est pas nécessaire, notre vie privée est déjà trop dévoilée. Sur une échelle de zéro à dix, j'étais à huit et à la fin zéro. L'image qui hantait mes pensées parfois s'est d'abord floutée, pour ensuite s'effacer. Eh oui, extraordinaire comme on peut réécrire le passé pour l'embellir ou même l'effacer.

Mon frère me récupère à l'aéroport, il vient accompagné de mon neveu, petite déception, car je croyais avoir insisté pour qu'on utilise ces quarante-cinq minutes de trajet pour parler, de cœur à cœur. Sérieusement, tout va bien ? m'a-t-il répondu par SMS. Je lui ai expliqué être un peu déçue de ne pas l'avoir juste pour moi le temps du trajet. J'ai dû couper pour le décollage, ce sera la surprise à l'arrivée s'il a entendu mon appel. Peut-être je lui aurais livré des choses intimes me concernant, ou peut-être pas, car il ne me ferait pas des confidences et c'est son droit, mais c'est bien dommage.

Chaque famille a ses dysfonctionnements, après tout, la famille on ne la choisit pas, on la vit et parfois on la subit. Je ne suis pas trop à plaindre, la mienne a supporté mes changements de vie, mes déménagements à répétition (toujours en France), mes deux divorces et mes changements professionnels. Quand j'y pense, j'aime être l'aventurière de la famille, celle qui n'est pas « casée », ni d'un point de vue relationnel, ni professionnel, la vie en mouvement constant, c'est bien ça, la vie non ?

Rêver sa vie, vivre ses rêves et faire ce qu'on veut dans la vie, pour soi, le leitmotiv pour cette nouvelle étape qui s'ouvre devant moi.

Vivre la vie, la croquer à pleines dents. Cet avion est rempli de Britanniques qui ont suivi leurs rêves d'acheter un pied-à-terre en France ou pas encore, toujours au stade de rêves. Des petits bouts de vie échangés le temps d'un vol d'une heure quarante. Moi je ne parle pas, je vous écris, soucieuse de ne pas briser l'intimité fragile du jeune couple installé à mes côtés.

La jeune fille est triste, elle a pleuré dans les bras de son amoureux et avec douceur il lui tenait la main. Nous avons tous nos croix à porter, expression anglaise et appropriée en cette période pascale. Que je suis soulagée de ne pas avoir des capacités télépathiques, même si parfois j'arrive à lire dans l'âme de la personne, quand elle accepte de me laisser rentrer. Si nous avions tous de superpouvoirs tels des héros de Marvel, quel danger pour la civilisation, entre certaines mains, leurs pouvoirs puissent servir à faire du mal !

Il y a polémique actuellement sur les dangers de l'intelligence artificielle insinuant la peur que bientôt des machines vont annihiler les humains. Un peu tard pour s'affoler, et typiquement humain, vouloir courir avant de marcher et ensuite regreter de s'être éloigné de notre confort et bonheur pour tomber dans l'inconnu et l'incertain.

Chapitre 27 – La famille anglaise au complet

Mercredi 12 avril 2023

Je suis dans ma chambre en Angleterre, plus exactement dans l'ancienne chambre conjugale de mes parents, devenue la mienne lors des visites. Je viens d'effectuer un cours d'anglais par Skype, il est sept heures du matin ici et j'ai peu dormi, réveillée toutes les heures par peur de ne pas être debout pour le cours.

Je viens de montrer le jardin à mon élève jardinier, courtier en plantes précisément et je vous le décris ici. Tout à l'heure il y avait du soleil et à l'instant il est remplacé par la fameuse pluie britannique. Elle fait briller les rangées des toitures qui se présentent devant moi, leurs maisons en briques rouges sont vieilles d'une soixantaine d'années. Chaque maison a son jardin plus ou moins grand, celui de mes parents, plus grand que la moyenne, est de plus en plus difficile à entretenir pour mon père.

En tournant la caméra de mon iPad, j'ai pu montrer à mon élève passionné des jardins, celui de mes parents avec son petit bassin et la serre en verre. Souvent les maisons britanniques ont des petites serres pour préserver quelques plantes ou légumes de la météo peu clémente en Grande-Bretagne, ou même pour y manger l'été.

Nous qui vivons déjà en France un début de sécheresse par manque d'eau cet hiver, nous aimerions la pluie constante de la Grande-Bretagne. À mon arrivée il pleuvait, faisait froid et venteux et ce matin au lever, un beau soleil transforme à l'instant le ciel qui s'assombrit, prémices de cette fameuse pluie.

En dictant ce texte à mon iPad, ma voix est rauque, fatiguée, j'ai déjà pris froid, peut-être en France avant même de partir, en attendant sur les marches de la passerelle de l'avion. Le picotement dans ma gorge me rappelle à quel point il est important de communiquer avec les membres de ma famille et de leur dire que je les aime, car mon frère, ma belle-sœur, ma nièce et mon neveu partent ce matin et c'est bien dommage, j'ai passé à peine deux jours en leur compagnie.

En arrivant à l'aéroport de Manchester, j'ai mis à peine dix minutes pour descendre de l'avion et passer les contrôles, mon frère ne m'avait pas vue. Son regard était figé sur le couple de mon avion qui portait chacun dans un porte-bébé, un jumeau. Je me suis jetée dans ses bras, tellement contente de le voir, finalement seul, il avait entendu mon appel et le besoin que je ressentais d'avoir ce moment en tête-à-tête avec lui pendant le retour en voiture.

Alors il me demande si j'ai des nouvelles à lui annoncer, puisque j'ai insisté tant à le voir seul. J'ai hésité un instant, il avait commencé à me demander où j'en étais dans mes relations amoureuses et je lui ai clairement dit que les hommes, c'était terminé, j'avais assez souffert entre leurs mains et donc que c'était fini pour moi. Puis je me suis dit c'est maintenant ou jamais si je veux lui annoncer cette nouvelle, j'avais besoin de lui en parler, sans jugement, pas besoin de son avis, juste qu'il le sache, c'est tout. Je lui annonce toujours avoir eu des attirances pour des femmes et même des petites expériences dès l'âge de treize ans, j'ai démarré ma sexualité avec des filles.

Il sait que j'ai subi deux viols et il m'a demandé des détails, car il ne se souvenait pas du deuxième. Je lui avais avoué le premier, il y a quelques années de cela, chez lui à Londres. Il en avait presque pleuré de colère, me disant que s'il avait su à l'époque il aurait voulu faire du mal à mon copain, quelqu'un que toute la famille connaissait. Il m'a avoué l'avoir détesté longtemps après ma révélation. Mais tout cela c'est du passé, aucun intérêt à continuer à détester une personne qui n'est plus dans ma vie et encore moins dans mon cœur.

Je lui parle de ma séance de EMDR à ce sujet, concernant mon ami, et comment j'ai compris que lui n'avait pas réalisé qu'il m'avait violée. Greg m'a répondu que ce n'était pas possible, il avait dû réaliser. Va savoir ce qui se passe dans la tête d'un homme amoureux, qu'on a « chauffé » depuis de longs mois sans accepter de consommer, il faut croire que quelque chose lâche et le désir le dévore. Je ne lui cherche pas d'excuses, peu importe, j'ai fait la paix avec cette période de ma vie et je ne lui en veux absolument pas.

Puis mon frère me demande de lui raconter le deuxième viol. J'étais seule, en vacances aux îles de Canaries, à Tenerife plus précisément. Une journée d'excursion en 4x4 pour visiter les volcans, en jeep à plusieurs et assise à côté du conducteur, dont je ne me souviens pas du prénom, je le taquinais, je riais, j'étais moi, pleine de vie et souriante, trop souriante.

En déposant le dernier couple à l'hôtel avant moi, l'épouse m'a demandé si je ne voulais pas qu'ils restent pour m'accompagner. Elle avait certainement un pressentiment qu'il allait m'arriver quelque chose d'affreux, pas moi, confiante, naïve comme toujours, je lui assure qu'on me raccompagnera à l'hôtel sans souci. Mais la jeep a repris la direction du volcan (qu'on venait de visiter) et il m'a emmenée loin de cette ville. Malgré mes interrogations restées sans réponses, j'ai compris qu'il allait m'arriver quelque chose de potentiellement terrifiant.

Garder son sang-froid dans ces situations est essentiel, si on panique cela peut se révéler extrêmement dangereux, voire fatal. On s'arrête, mais ce n'était pas pour regarder le paysage. Je ne me souviens pas précisément du déroulement de la scène, juste cet homme, la quarantaine, assez fin, mais puissant, animé par cette envie dévorante de posséder une jeune touriste de vingt-et-un ans. J'aurais crié, mais à quoi bon, isolée sur un volcan, personne ne m'aurait entendue. Ma seule arme secrète était de serrer de toutes mes forces mon périnée, déjà extrêmement tonique, pour l'empêcher de me pénétrer. Il n'a pas insisté, et ne pouvant plus se retenir, il a terminé son voyage en se soulageant sur mon ventre à demi dévoilé.

N'ayez pas crainte chers lectrices ou lecteurs, cette scène ne me hante plus, laisser les fantômes du passé nous faire encore et toujours du mal n'est pas une bonne idée. Mieux vaut les enterrer pour qu'ils ne puissent plus jamais nous blesser. Il a rapidement repris ses esprits et en éclatant en sanglots, il s'est confondu en excuses, se justifiant par un manque de relations et une envie d'une présence féminine. Cet homme de la quarantaine était seul tout simplement et j'étais la personne sur qui il avait choisi de se défouler. Alors j'avais deux choix, je pouvais chercher à m'enfuir, à crier, pour qu'il me laisse pour morte seule dans la montagne. Où je pouvais le rassurer, en lui disant que je le comprenais, que ce n'était pas grave, mais que je voulais juste rentrer. J'ai choisi la deuxième option forcément. Je tenais à ma vie et je voulais pouvoir raconter cette histoire, si ça pouvait aider les autres.

Le retour se fit dans le silence, j'étais sous le choc, néanmoins je le cachais, je voulais vraiment qu'il me ramène. En arrivant à mon appartement de vacances, j'ai attendu qu'il soit reparti et je me suis réfugiée, les jambes encore en coton, à l'hôtel où travaillait Tanausu. Tanausu était jeune, typé, beau, un bodybuilder, une machine à muscles. Je l'avais rencontré la veille en m'efforçant de sortir seule en boîte de nuit, car je venais d'arriver sur l'île et je voulais me faire des amis.

À l'hôtel il travaillait comme garde de sécurité et sa joie de me retrouver s'est vite transformée en choc à la vue de mon apparence et ma mine déconfite. En trois mots je lui explique la situation et il demande l'autorisation à la direction de l'hôtel de me prêter une chambre pour que je prenne un bain. J'ai pu rester dans cette chambre jusqu'à la fin de son service et qu'il puisse me raccompagner à ma location. Il ne m'a pas quittée pendant une semaine, il est devenu mon garde de corps personnel.

Nous avons eu une relation longue distance pendant au moins dix-huit mois, il est venu une fois en Angleterre, à Yorkshire, où je résidais en mobil-home, sous la neige. Quelle jolie scène de voir ce dieu musclé et bronzé, danser sous la neige, la langue sortie pour attraper les flocons qu'il n'avait jamais vus de sa vie. Lors de mon retour, chez lui, sur l'île, il nous avait loué un petit appartement. Mais découvrir qu'il se piquait aux stéroïdes pour se muscler davantage et que son cœur en payait les conséquences était trop pour moi. Quelqu'un qui vous dit, « si tu m'aimes, tu accepteras que je meure pour la musculation », non ce n'était plus possible.

Revenant à mes aveux auprès de mon frère, Greg écoutait attentivement pendant que je lui justifie mon choix de ne plus vouloir une relation avec les hommes, ces créatures étranges que je ne comprendrai jamais et qui m'ont souvent manqué de respect. En quelques phrases je lui explique la seule et unique relation que j'ai eue avec une femme il y a deux ans de cela, une sociologue militante, me traitant d'homophobe tous les week-ends et insistante dans mon « éducation » de nouvelle lesbienne. Et lorsqu'elle avait insisté pour que je regarde un film Bollywood où deux femmes étaient battues jusqu'au sang par un homme car elles avaient osé s'aimer par manque d'amour, je savais qu'elle me manquait de respect et que je devais arrêter, après seulement un mois et demi de relation. Mon frère a alors compris que j'avais accompli un grand chemin dans la découverte de moi-même et que je n'étais plus prête à accepter ce comportement, que ce soit de la part d'un homme ou d'une femme.

*

Le lendemain de mon arrivée, c'est-à-dire hier, mardi, nous sommes allés tous ensemble au restaurant, cela vous semble rien d'étonnant. Pourtant, réunir trois générations à la même table lorsque nous habitons éloignés les uns des autres est un exploit en soi. Merveilleux repas dans un restaurant au bord de l'estuaire face à Liverpool. Et dire que certaines personnes pensent qu'on mange mal en Angleterre ! Je n'ai jamais mangé un repas aussi goûteux. J'ai pris du *fish and chips* et mon frère qui est végan, un burger au céleri rave, en apparence peu appétissant et qui s'est révélé vraiment délicieux.

En tout cas il y a eu convivialité et présence, et entourée de toute ma famille j'étais à la fois heureuse et fière et pendant le temps d'un repas je n'ai pas pensé à ma douce France. Le soir même, j'ai mangé dans la cuisine avec mon frère et sa famille. La table ronde étant limitée, mes parents étaient plus tranquilles devant la télé. Après le repas, des crudités pour moi et légumes grillés pour les autres, j'ai suggéré un jeu de *braintraining* (entraînement cérébral).

Chacun devait trouver un mot correspondant à une lettre de l'alphabet en répétant les mots déjà trouvés. Vingt-six mots à mémoriser pour tout l'alphabet et mon frère qui mimait chaque mot par des expressions de visage à pleurer de rire. Je me suis demandé ce matin pourquoi j'avais si mal à la poitrine, tout simplement pour avoir énormément ri ! Que cela fait du bien de rire en famille, un événement si rare pour moi, déjà puisque je suis rarement entourée d'autant de membres de ma famille et aussi parce qu'avec ma famille française l'ambiance n'est pas tout à fait aussi détendue.

Alors les au revoir ce matin à ma petite famille londonienne ne se sont pas faits sans pincement au cœur et avec maman qui pleurait comme à son habitude à chaque fois qu'elle doit nous quitter.

Vendredi 14 avril 2023

Mercredi après le départ de mon frère, qui est parti sous une vraie tempête en guise de météo de voyage, avec mes parents, nous sommes restés au chaud, fatigués de ces journées mouvementées. Aujourd'hui, mon père était décidé à m'accompagner en ville, il conduit encore pour l'instant, moi je n'ai pas conduit en Angleterre depuis trente-trois et je ne m'en sentirais pas capable, sauf en cas d'urgence. Alors, avec maman installée confortablement dans son fauteuil relax, le téléphone à côté et son biper autour du cou en cas de chute, nous voilà partis acheter quelques vêtements pour mes petites-filles et un nouveau téléphone portable pour mon père. Quelle joie pour moi de marcher main dans la main avec mon père dans un centre commercial, rien d'extraordinaire vous dites ? Tellement de personnes n'ont plus leurs parents à cet âge-là, je me sens vraiment privilégiée et je savoure chaque instant avec cet homme merveilleux qui tient ma main dans la sienne.

Fragilisé et marchant avec une canne, il a quand même encore sa toute sa tête, mon père, et au fur et à mesure que je découvre une ville qui n'est plus la mienne et qui a tellement changé, il me raconte des petits bouts de sa vie. Je me rends compte que j'ai raté trente-trois ans de la vie de mes parents, puisque j'ai fui mon pays en 1990 et qu'aujourd'hui je ne pourrai jamais récupérer ces années perdues à leurs côtés.

Attention je n'ai pas dit que je regrettais ma décision, absolument pas et je pense vous avoir déjà dit que pour rien au monde je ne reviendrais habiter en Angleterre. Mon pays est et a toujours été la France. C'est viscéral chez moi, l'histoire d'amour d'une Anglaise, française dans l'âme.

C'est surtout mon père qui regrette mon départ, il est tellement peiné de ne pas m'avoir proche de lui ni de me voir plus souvent, pourtant ensemble nous allons parfois au clash, car il est tellement obstiné cela m'arrive de perdre patience.

Aujourd'hui j'ai accompagné maman en taxi chez le coiffeur en bas de la rue. Prendre un taxi pour faire à peine un kilomètre paraît ridicule, mais elle ne peut plus marcher, seulement quelques pas, la peur au ventre de tomber, c'est ça la maladie de Parkinson. Quand je pense que mon père l'a déjà emmenée en fauteuil roulant, sachant que les trottoirs sont mal entretenus, avec des pavés qui rebiquent dangereusement et que la route est en pente ! En remontant la côte à pied toute seule ce matin, je me demande comment il a réussi cette épreuve surhumaine, de la pousser depuis le bas de cette petite côte, impraticable pour une personne normalement constituée de son âge. Déjà, monter dans une voiture quand on a peur de tomber, avoir besoin de poignées pour se tenir car les jambes ne répondent à peine, maman se sent plutôt prisonnière à la maison et le vit comme une injustice. Le coiffeur me dit qu'il s'est trompé dans les rendez-vous et m'indique les trois personnes qui attendent déjà en me proposant de laisser maman. J'avais une carte d'anniversaire à poster pour un petit garçon français et me voilà partie sous la pluie à pied, chercher un bureau de poste. J'étais étonnée par la distance à parcourir avant de le trouver. Lorsque je suis dans ma campagne française, la marche ne me fait pas peur, pourtant ici dans ma ville natale, aux trottoirs sales et dangereux et sous la pluie, je ne respirais pas le bonheur.

Et puis ma petite Eidi n'était pas avec moi, cette présence canine, boule de poils indépendante, me manque et il me tarde de la retrouver. Christine, elle, en profite au maximum et je ne sais même pas si elle va vouloir me la rendre !

De retour chez le coiffeur, maman n'était toujours pas passée, elle avait l'air à moitié endormie et démunie et j'ai pris la décision de repartir à pied à la maison et de revenir la chercher en taxi plus tard. De nouveau à la maison j'ai profité de ce temps pour passer l'aspirateur et me mettre au ménage, ces tâches repoussées depuis lundi ne pouvaient plus attendre, je pars dans quelques jours et il y a tant à faire.

Une heure plus tard, en descendant du taxi et de retour à la maison, le temps d'avancer péniblement vers la porte d'entrée, à vitesse d'escargot, maman pleurait. Elle murmurait : « Tu ne peux pas comprendre ce que c'est de ne plus pouvoir avancer avec ses jambes. » Et j'imaginais que dans sa tête elle avait l'impression de s'effacer, de disparaître, comme on dit de s'éteindre à petit feu, péniblement et lentement.

S'endurcir et ne pas prendre tout à cœur est la SEULE solution à choisir pour surmonter la peine que procure la peine d'une personne âgée. Si on sombre avec elle on ne peut plus l'aider et si on se met à sa place, alors on devient elle et c'est pire. Pour elle comme pour nous. Quelques larmes plus tard, installée de nouveau dans son fauteuil, elle reprend son rôle de celle qui commande, qui exige à boire, à manger, ses médicaments et que ça saute !

Quand mes parents ne seront plus de ce monde, ces paroles resteront et peut-être je ne me trouverai pas tolérante. Mon fils m'a déjà prévenue qu'il ne le sera pas avec moi et qu'il m'aura déjà mise en maison de retraite bien avant d'en arriver là. Il voit à quel point cela fait souffrir de voir le déclin d'un parent et il n'a pas envie de vivre ça, je le comprends même si je le trouve parfois dur avec moi. Je ne sais pas comment je serai à l'âge de mes parents, pourtant j'estime que les enfants doivent être là pour soutenir les parents plus tard, je le considère ainsi en tout cas.

Demain matin j'ai deux heures de cours, puis rien dimanche, le dernier jour entier avec mes parents, enfin pas entier car normalement je sors avec deux amis de mon frère pour changer d'air. Je n'ai pas dispensé beaucoup de cours pendant mon séjour ici et même si j'aurais préféré faire un vrai break, cela m'a permis de garder le contact avec ma vie française et un semblant de normalité. Je me sens dans un pays étranger ici.

Lundi 17 avril 2023

De nouveau dans l'avion, mon voyage s'achève par un retour dans un appareil surchauffé pour un mois d'avril et une bouteille de liquide bleue délicieuse à base de spiruline et fruits. Inutile de raconter les soins de pieds effectués à maman, le ménage et le rangement à fond, j'ai fait mon devoir et je pars tranquille. Chaque séjour qui les rapproche de la fin me fait apprécier la vie un peu plus. Ça toussote dans l'avion, l'année dernière on voyageait avec un masque, aujourd'hui on est libre, à part quelques personnes encore apeurées qui préfèrent la pseudo-protection de ce petit couvre-bouche et nez. Je suis impatiente de retrouver ma choupette Eidi en remerciant Christine pour qui ça a été un réel plaisir de la garder. De son côté, mon amie Josette profite d'une petite semaine en célibataire et se réjouit de ne pas avoir à réfléchir aux repas.

C'est drôle comme la vie des autres est loin d'être la mienne, chaque personne vit des choses différentes et j'ai fait passer un petit message de tolérance à mon père ce matin avant de partir pour l'aéroport. Les auxiliaires de vie pour maman sont arrivées comme est leur habitude depuis le démarrage, la semaine dernière, à huit heures. Mon père commence à ronchonner et je lui chuchote : « Stop, une des dames a un problème, je te raconterai. »

Dès leur arrivée, je les salue et je préviens que maman risque d'être un peu larmoyante à cause de mon départ imminent. La dame au joli accent d'Afrique du Sud me répond : « Moi aussi je pleure ce matin, mon fils de trente-sept ans est à l'hôpital, sa température est à 20° et ne remonte pas, ils ne savent pas ce qu'il a et il est déjà atteint d'un handicap lourd. »

Je lui demande son prénom et la date de naissance pour faire passer une prière là-haut et je réalise qu'on ne sait pas ce que vivent les autres. Pendant qu'elle s'occupe des autres, son fils est peut-être en danger de mort. Alors avec mon père, j'explique que chacun doit s'adapter et être tolérant, leur métier (pour l'avoir fait une semaine avec ma propre mère) est ingrat et éprouvant, respect à tous les soignants. J'ai aussi réalisé que je n'avais fait aucun soin (massage ou énergétique) aux parents. J'avais besoin de préserver mon énergie pour les soins à procurer à leur maison, afin de la choyer et leur permettre d'y vivre plus confortablement.

À mon arrivée chez moi, ce sera au tour de ma maison de recevoir mon attention. Remettre la cheminée au cœur du foyer pour réchauffer un air à température mortuaire après une semaine sans vie et sans chauffage. Retrouver ma machine à café et me faire un vrai café macchiato, après une semaine de thé à l'eau calcaire, de café soluble et de l'eau du robinet à goût chloré. Voilà pourquoi les Britanniques préfèrent boire de la bière, que je les comprends !

Chapitre 28 – Retour dans mon pays adoptif

Mardi 25 avril 2023

Cela fait huit jours que je suis rentrée, cela me paraît une éternité. Mon père est toujours stressé là-bas, il m'appelle, agacé par sa difficulté à faire fonctionner sa nouvelle tablette. Je sais d'où je tiens mon exigence avec moi-même (*sourire*), mon père veut pouvoir tout contrôler et y arriver seul sans compter sur les autres. J'aimerais être aussi indépendante que lui à l'âge de quatre-vingt-dix ans. C'est déjà merveilleux qu'il arrive à suivre la technologie. Il a laissé derrière lui les télégrammes, remplacés par des SMS, puis des mails, et les cassettes audio remplacées par les applications de musique ou des gadgets connectés au réseau auxquels on demande de passer une chanson.

Le monde a tellement changé, il bouge à une telle vitesse, nous sommes attirés dans son tourbillon, parfois sans même nous en rendre compte. Lorsqu'il m'arrive de comparer la vie d'aujourd'hui et ma jeunesse avec mes jeunes étudiants, j'ai l'impression d'être centenaire, à prononcer les paroles, « à mon époque nous n'avions pas d'ordinateur, avec mon premier ordinateur une page d'internet mettait une heure à charger ! » J'adore observer les yeux écarquillés des jeunes incrédules nés le portable à la main et qui, à l'avenir, l'auront certainement implanté sous la peau. Quelle horreur !

Demain je célèbre les vingt-huit ans de mon fils, bon sang où sont passées ces vingt-huit dernières années ? La vie que j'avais et la personne que j'étais autrefois n'ont rien à voir avec ma vie ni avec qui je suis aujourd'hui. Bébé, mon fils était beau, aux yeux bleus et au regard triste. Et il s'imprégnait des cris de mésentente échangés trop régulièrement avec son père. Le jour où je l'ai vu à deux ans et demi se réfugier sous un fauteuil pour se cacher de la dispute entre parents, je savais qu'il était temps de partir, de démanteler la famille, pour le préserver lui.

Qui n'a pas vécu de rupture ou même de divorce ? Moi j'en ai vécu deux divorces, sans doute ça laisse des séquelles, mais rester en aurait laissé davantage. Je ne suis pas le genre de personne à baisser les bras trop vite, j'attends d'arriver dans une situation où je n'ai plus de joie de vivre, où j'ai tout essayé et si les efforts ne sont pas réciproques, alors je suis toujours celle qui prend la décision. Certaines personnes éprouvent des difficultés à prendre des décisions, s'il y a une chose qui est primordiale de nos jours, c'est de savoir assumer ses choix sans les regretter.

Trop de personnes font du surplace, n'osent pas, ne savent pas, ne veulent pas perturber leur quotidien et par conséquent ne sont pas heureuses. Je n'en fais pas partie et ceci je le dis sans aucune complaisance.

Je n'ai pas honte de mes choix, car ce sont les miens. Il me semble qu'il y a un dicton : « il vaut mieux avoir des remords que des regrets » et c'est exactement ce que j'éprouve en réfléchissant à ma vie.

Vendredi 28 avril 2023

Ce soir je viens de faire la dernière séance avec Véronique et Michel, d'abord nous avons fait un point sur toutes les séances qu'ils m'ont dispensées. Véronique voulait savoir si ma vie avait changé après ce gros travail sur la légitimité et ensuite nous avons parlé de la peur. Pour moi les séances ont effectivement porté leurs fruits, puisque les quelques exemples que j'ai cités ont démontré que j'arrive à gérer ce qui pouvait auparavant déclencher des petites angoisses.

Tous les ans à la période des impôts je suis dans la peur : peur de mal déclarer, de commettre des erreurs qui seront punies par la loi, cette année j'ai su gérer en faisant appel à mes guides. Grâce à l'intervention de Véronique et Michel, qui m'encouragent à avoir davantage confiance en moi, je connais ma valeur et j'agis en conséquence. Je leur ai expliqué alors que malgré cela, je ne savais pas quoi faire des nouvelles capacités que l'on m'attribue, à savoir me connecter à d'autres femmes guides et à faire passer des messages. La réponse était simple, faire confiance, leur faire confiance et me faire confiance, car lorsqu'on pose la question aux bonnes entités, on a toujours les réponses. Véronique m'a dit : « Alors fonce. »

Il est vrai qu'au moment où j'accepte que mon activité en tant que praticienne bien-être soit au point mort, que j'écris mon livre et prends mon temps, ma profession d'enseignante prend de l'ampleur. J'ai de plus en plus de cours, je donne un maximum de moi-même et je n'ai pas d'énergie pour imaginer de nouveaux projets côté canalisations.

Voici le message envoyé par Véronique après cette séance finale :
« *Tu as la possibilité de canaliser de nombreuses femmes (dont Marie) et des entités énergétiques d'essence féminine.*
Ne te limite surtout pas, tu as de grandes possibilités au-delà même de ce que tu peux imaginer. Vas-y progressivement, mais fonce. Tu as été couronnée et félicitée pour ton évolution. Tu as une grande et belle route tracée devant toi. »

Lundi 1er mai 2023

Alors en ce 1er mai venteux et nuageux, dans un pays où l'invitation à descendre dans la rue pour défendre son travail et ses valeurs n'a jamais été aussi forte, je fais le point sur ma vie professionnelle. Je me pose la question que tout le monde se pose au moins une fois dans sa vie, suis-je où je veux être aujourd'hui ? Pour avoir échangé l'autre jour sur ce sujet avec une élève, une jeune étudiante qui n'avait pas encore démarré sa vie professionnelle, mon métier d'enseignante me fait l'effet d'être dans un vieux couple, dans une routine confortable qui convient aux deux.

Autrefois, je changeais de métier régulièrement, je ne trouvais pas ma voie ni ma voix et j'étais l'éternelle insatisfaite. À présent, je suis heureuse du chemin parcouru, et ceci sans regret. Lorsqu'on travaille par obligation, la frustration et le sentiment de révolte ne sont jamais loin. C'est le cas de le dire aujourd'hui en France, car le peuple est révolté, il focalise son énergie sur le négatif, sur ce qui ne fonctionne plus dans ce monde et dans ce pays.

Bien entendu, je ne critique le choix de personne, nous avons besoin de défenseurs de droits humains, droits des animaux, droits des femmes, et droits à la parole. Parfois, s'autoriser une certaine liberté sans attendre qu'on nous l'autorise est le comportement qui convient. Dans les médias, on entend de plus en plus de restrictions, de mise en place d'aides, pour être à la fois contraints et assistés. À nous de voir si la vie nous convient ainsi ou pas. Le choix de chaque individu est personnel.

*

Le vent a chassé les nuages, il n'en reste que quelques blancs, cotonneux, qui dessinent des formes dans un ciel bleu magnifique. Je devrais être dehors à profiter ou jardiner, encore le mot *devoir*. J'ai choisi d'être là en train d'écrire, même si le sommeil cherche à me débaucher de ma tâche, je lutte, car j'ai envie d'écrire.

Ce matin au réveil je me suis souvenue de mon rêve, digne d'un film catastrophe au début, se transformant en un roman d'amour par la suite. Comme une envie d'en écrire une histoire, j'ai noté immédiatement mes souvenirs de ce rêve afin de le pérenniser, voire de le développer pour en faire, pourquoi pas, un roman. Je l'ai interprété comme étant un message pour moi, l'amour est en route. Peut-être que si je crée par écrit cette histoire, elle se réalisera dans ma réalité. Au début de mon rêve, j'étais en danger de noyade, malgré la montée rapide de la mer, je n'ai pas éprouvé plus qu'une peur légère, comme une preuve que mes séances contre la peur avaient fonctionné. Une fois la terre ferme retrouvée, un beau sourire a fait chavirer mon cœur. Ce livre, *Out of the Néant*, relate une période, où je me noyais dans les soucis et à présent, je n'ai pas encore trouvé l'amour, mais ma vie est encore plus belle que j'aurais pu l'imaginer.

Si les personnages des livres et leurs paroles pouvaient prendre vie, sortir de la page pour arriver chez vous et raconter leurs histoires de vive voix, comme ce serait intéressant ! Quelle belle image, mieux vaut ne pas lire des histoires d'horreur dans ce cas-là, car comme avec les films d'horreur, nous risquons d'attirer le mal chez nous ! Tout le monde n'y croit pas, moi je préfère ne pas tenter le diable, comme on dit en bon français !

Mardi 2 mai 2023

Reprise des cours ce matin, deux élèves ont oublié ou bien ils étaient trop débordés, mais dans l'ensemble la matinée s'est bien passée. Là, je viens de terminer ma séance de sport sur ma terrasse et je suis installée avec un café et des biscottes pour quatre heures, en bruit de fond, le bourdonnement de ma petite piscine fraîchement mise en route et le chant des oiseaux. C'est incroyable comme le chant des oiseaux me réchauffe le cœur et me remplit d'une joie inimaginable. Ces petits êtres que beaucoup ne remarquent pas dans la frénésie de leur quotidien, moi je les bénis, je les adore et je les encourage dans mon jardin en leur fournissant des graines toute l'année. J'aimerais tant parler le langage des oiseaux, savoir ce qu'ils racontent, est-ce juste une liste courses ? « Et n'oublie pas les vers, un petit criquet si tu en trouves, même si ce n'est pas encore la saison, cela me ferait tellement plaisir ! »

Je tente d'écraser des morceaux de bananes trop mûres sur mes biscottes, qui se brisent en mille morceaux. « Ce n'est plus ce que c'était l'alimentation d'aujourd'hui », diraient nos aïeux. Je souris tendrement, ils ont vu la guerre, mon père a vu son alimentation rationnée, et de nouveau aujourd'hui certaines personnes âgées doivent compter et faire attention à ce qu'ils mangent quitte à se priver comme ils avaient fait autrefois.

Nos aïeux ne parlaient pas de stress, de burn-out, de transgenre, ni de pédocriminalité. Est-ce pour cela que ça n'existait pas, ou est-ce juste que cela constituait des sujets privés et on ne les rendait pas publics comme on fait sur les réseaux maintenant ? Les secrets de famille, il y en avait, c'est certainement le côté positif d'aujourd'hui, il n'existe plus trop de secrets, puisque tout le monde sait tout sur tout le monde !

Je soupire de soulagement, au bourdonnement d'une tondeuse au loin, la mienne je l'ai passée après mon sport et avant mon goûter. C'est précieux pour moi, d'après la chrononutrition[36], c'est le seul moment de la journée où on peut manger sucré et je ne m'en prive pas. Lorsqu'on est de nature gourmande, si on ne fait pas attention, les kilos s'empilent aussi vite que les années. Comme je tiens à m'entretenir pour rester en bonne santé le plus longtemps possible, je veille à ne pas m'autoriser trop de petits plaisirs sucrés.

---

[36] La chrononutrition est composée du mot nutrition et du mot chronos (« temps » en grec). Elle consiste à harmoniser son alimentation avec ses besoins biologiques, ou d'adapter son régime alimentaire en fonction de sa propre horloge biologique et donc, en fonction des heures.

J'étais partie en Angleterre avec de bonnes intentions de ce côté-là, des intentions qui se sont vite évaporées avec la tension émotionnelle, je me défoulais sur la seule chose qui m'apportait du réconfort, l'alimentation. Des chips tous les jours, c'est presque un plat national en Angleterre et les Britanniques en consomment une quantité faramineuse (en 2021, 163 000 tonnes vendues en Grande-Bretagne[37]). Néanmoins, j'ai été très raisonnable avec la bière et le vin ! Je consomme beaucoup moins que la plupart des Britanniques, ne buvant de l'alcool que les week-ends pour marquer la fin de la semaine.

J'ai un projet d'entreprise à lire, créée par des lycéens dans le cadre d'un cursus Entreprendre pour Apprendre. J'ai participé à un événement déjà cette année et demain je suis jury pour les présentations au concours. À Limoges cette année il n'y a qu'une équipe et j'avais peu de temps pour préparer cela cet après-midi, ne voulant pas travailler le 1er mai. Il faut savoir se respecter parfois ! L'Univers est bien fait puisque mon dernier cours de la journée vient d'être annulé. Deux heures trente de cours annulés sur quatre heures trente de cours en tout aujourd'hui… Certains cherchent à négocier pour ne pas les comptabiliser, je ne suis pourtant pas rémunérée dans ces cas-là et de leur côté ce sont leurs employeurs ou leurs fonds de formation qui prennent en charge le prix du cours.

---

[37] Source : www.statistica.com. Tableau illustrant les ventes de chips en Grande-Bretagne 2006-2021

En tout cas l'Univers me libère ma soirée pour écrire et pour relire ce projet à juger ou évaluer demain. Je n'aime pas juger, je n'avais pas spécialement envie de participer à ce jury, cependant si personne ne soutient les jeunes, prétextant d'être trop débordé, plus tard ils n'auront pas envie eux-mêmes d'aider les autres.

NOTES

Chapitre 29 – Mes guides au secours d'une jeune fille

Dimanche 7 mai 2023

Je viens de voir à la télévision le concert du couronnement en Angleterre, malgré mes origines britanniques je n'ai rien regardé de la cérémonie hier, mais ce soir j'avais envie de m'imprégner de l'ambiance de fête dans mon ancien pays. L'organisation était fantastique et le spectacle aérien composé de drones, les feux d'artifice du futur, était spectaculaire. Et je me suis demandé avec le sourire aux lèvres, qui allait payer la note d'électricité !

En attendant, j'ai passé un bon moment et l'envie de sauver cette belle planète, le message derrière, par amour, bienveillance et la protection de l'environnement, m'a beaucoup touchée. Je fatigue, il est tard, pourtant je me suis engagée à aider une jeune fille souffrante, la même jeune fille qui souffre depuis plusieurs mois et aucun médecin ne décèle ce qu'elle a. Sa maman, une cliente devenue une amie, s'inquiète, car un spécialiste a osé prononcer les paroles, « recherche de maladies rares ». Bien entendu lorsqu'on émet un doute, la peur s'installe et la maman a besoin d'être rassurée. Suis-je capable de canaliser Jeanne, Marie ou Lady Nada afin d'obtenir une réponse à cette question : souffre-t-elle d'une maladie rare ? Je ne sais pas, mais je lui dois d'essayer.

« Tu nous demandes si cette jeune fille a une maladie rare, qu'elle soit rassurée, il n'en est rien. Sa maladie vient de son cœur, émotionnel et pas de son cœur physique. Elle est brûlée, et elle brûle de l'intérieur, le feu qui brûle en elle est un feu de colère et sa peau fine et transparente reflète la couleur du feu. Elle a vécu de grandes injustices et elle continue à en vivre ce qui provoque en elle un mal-être et déclenche ses douleurs.

Elle ne peut l'admettre, même pas à elle-même, pourtant en son for intérieur elle sait ce qui la ronge. Elle se sous-estime grandement et à la fois elle se surestime. Elle se sous-estime puisqu'elle pense qu'elle ne peut pas vaincre cette maladie toute seule et elle se surestime puisqu'elle pense qu'elle peut supporter cette douleur jusqu'à ce que les médecins trouvent la solution.
La solution est en elle et il est temps qu'elle le réalise afin de mettre en action sa guérison. Telle une étoile qui brille dans le ciel il y a une grande lumière en elle et cette lumière peut la sauver. Nous l'invitons à s'autoriser à éteindre cette lumière quelques instants, à se retrouver dans le noir, dans le calme et visualiser des petites étoiles qui s'allument les unes après les autres.

Elle fait partie de l'Univers, elle peut briller plus fort que toutes ces étoiles, il est temps qu'elle retrouve sa force pour vaincre ce qui lui fait du mal. Même si l'origine de ce mal vient de l'extérieur de son foyer, l'extérieur de son corps, le résultat de cette souffrance est en elle et elle doit arriver à l'évacuer. Nous l'invitons à la prière, à implorer ses guides et nous sommes également là pour l'aider. Nous sommes les guides de toutes les femmes et les jeunes filles qui font appel à nous.

Qu'elle s'appelle Jeanne, Marie, Lady Nada ou tout autre guide qui signifie quelque chose pour elle. Nous ne pouvons aider celle ou celui qui ne le demande pas. Qu'elle se mette à genoux à côté de son lit et qu'elle demande avec ses tripes, qu'elle demande de l'aide. Garder une souffrance permet de garder la légitimité de cette souffrance, la douleur nous rappelle qu'on a mal à l'intérieur, que quelqu'un nous a fait du mal.

Garder une douleur n'est pas sain et pour l'évacuer il va lui falloir du courage, car nous pensons qu'aujourd'hui elle en a assez de cette douleur et qu'elle est prête à mettre tout en œuvre pour s'en libérer. Nous sommes là pour lui souffler sur le corps et lui apporter de la fraîcheur pour calmer ce feu de l'injustice qui brûle en elle. Qu'elle agisse rapidement afin de ne pas déclencher effectivement une réelle douleur. Nous comprenons que cette douleur est réelle pour elle, nous la croyons, nous le savons. Cependant, elle a assez enduré, il est temps qu'elle reprenne sa vie de jeune fille afin de continuer le combat contre tous ceux ou celles qui lui font du mal.

Elle ne peut pas tout verbaliser, pour certaines choses, elle n'arrive même pas à se les avouer à elle-même, pourtant ces choses-là lui font du mal, elles se manifestent en elle et il est temps que cela cesse.
On n'imagine pas la puissance de la prière, nous ne pouvons que l'encourager à prier tous les jours, matin et soir, à chaque fois que cette douleur la lance, et dans la mesure du possible qu'elle se mette à genoux et qu'elle prie, qu'elle prie jusqu'à ce que la douleur s'estompe. On peut tout guérir avec la prière, avec la foi, pourtant il faut le vouloir.
Es-tu prête, ma chérie, à quitter ce vieil ami, aux allures d'ennemi qui te fait tant de mal ? Garder une douleur pour se souvenir du mal qu'on nous a fait n'est jamais une solution. Ne t'inquiète pas, tu n'oublieras pas, mais nous t'invitons à pardonner. Oui ça paraît choquant de pardonner le mal qu'on t'a fait, pardonner est essentiel pour trouver la paix, la paix en toi et la paix dans ton corps. Soit la plus forte, soit celle qui passe outre ces injustices et pardonne, puisque ce n'est que le pardon qui peut libérer.

Cela n'empêche pas d'agir et de chercher la réparation de tes injustices plus tard, on attendant ta vie de jeune fille s'abîme, car tu n'arrives pas à avancer, cette douleur handicapante n'a pas envie de te quitter. À toi de la remercier, cette douleur, de lui dire que tu as compris le message et tu lui demandes de partir, car cela suffit et tu as envie de sérénité et bonheur.

Tes sentiments d'injustice, de colère et de frustration, laisse-les de côté pour l'instant ma chérie, notre chérie, tu t'en occuperas plus tard. Je suis Marie, je suis Jeanne, je suis Lady Nada, nous sommes tes sœurs, tes mères, tes guides, nous pouvons t'aider, il est temps d'activer la guérison en nous appelant, nous sommes là pour toi ma chérie et nous t'aimons très fort. Que ta maman soit rassurée, rien ne t'arrivera, rien de plus grave, nous formons un bouclier de protection autour de toi ma chérie, active-le tous les jours par la prière. »

Lundi 8 mai 2023

Malgré l'heure tardive, j'ai envoyé un mail à la maman qui m'a répondu quasi instantanément. Elle m'a dit que le message est très puissant et elle m'a demandé l'autorisation de faire lire à sa fille. Il est évident que ces paroles, comme toutes les paroles, créent une réaction dans le corps, elles peuvent soit soigner, soit détruire.

Si je n'ai pas assez insisté pendant ce livre sur l'importance des paroles, je le réitère ici. Tous les mots qui sortent de notre bouche nous reviennent de toute façon. Nous émanons de l'amour, alors il nous revient, lorsque nous émanons des paroles détestables, nous attirons la foudre. Si ces paroles, qui ne sont pas les miennes (je ne suis que vecteur, intermédiaire entre la Terre et les êtres de lumière), peuvent soigner, apaiser, créer un déclic de guérison en la personne, alors mon travail est fait.

Quel honneur de pouvoir partager, éclairer le chemin pour tant d'âmes qui se trouvent dans le noir, perdues, désespérées, par cette vie qu'elles incarnent sur Terre. Je crois effectivement que nous choisissons la vie que nous souhaitons incarner, par contre pour le karma, je reste mitigée dans le sens où l'on peut changer notre karma, on peut réparer ce qui a été fait à nos ancêtres, pour changer notre lignée de souffrance. Je l'ai fait.

Alors je souhaite de tout cœur que ma parole puisse déclencher des réactions, bonnes ou mauvaises, peu importe, puisqu'une réaction nous indique et nous informe que les paroles ont touché la clé de guérison. Quelle que soit votre région, chaque religion a ses prières et je suis d'accord que le pouvoir de la prière sauve des vies, peut apaiser et surtout peut donner de l'espoir.

Je comprends la notion de vouloir guérir, puisque malgré nous, nous nous attachons à notre douleur, nous *devenons* la douleur, elle fait partie de nous et changer d'état, même pour revenir vers la bonne santé, peut faire peur. D'ailleurs, parfois, lorsque nous sommes en bonne santé, nous redoutons de tomber malades ou que quelque chose arrive pour perturber le calme dans notre vie. Pour cette raison je dis *merci* tous les jours, merci pour ma vie, pour la vie, pour qui je suis et pour l'amour qui m'entoure. La vie est si simple et si compliquée à la fois, si belle et si cruelle, saisissons-la, croquons-la à pleines dents.

Alors même lorsque nous sommes malades, remercions pour notre santé, puisqu'en considérant que nous avons la santé, nous la retrouverons plus vite. Je ne publie presque plus sur les réseaux sociaux qui m'écœurent, je vois à quel point ils deviennent des défouloirs de personnes en mal-être. Des parents qui nous montrent le quotidien de leurs enfants mourant ou en situation de handicap grave.

Il est toujours bien de réaliser que notre vie est plus simple que celle d'autrui, néanmoins il y a de plus belles façons de réagir pour attirer la joie et l'amour en soi. Pour moi, le degré de toxicité et de mensonges dans ces vies inventées sur les réseaux ne peut que nous nuire et je les fuis de plus en plus. Il n'empêche que certainement je publierai la sortie de ce livre sur les réseaux, car toutes les personnes présentes sont concernées.

Soirée du 8 mai 2023

Je viens d'avoir la maman de la jeune fille, en message vocal. Elle a montré ma canalisation à sa fille, malheureusement à quatorze ans elle n'est pas encore à un niveau spirituel lui permettant de croire en tout ce que j'ai écrit. Elle est persuadée d'avoir quelque chose de grave et sa mère ne dort plus de la nuit. J'avais suggéré qu'elle fasse une séance de fasciathérapie[38], j'ai un élève fasciathérapeute qui m'a expliqué la méthode et je pense qu'elle pourrait permettre de déceler des blocages émotionnels. La mère a pris rendez-vous dans sa région, car elle a une amie qui pratique cette technique.

La mère me dit que sa fille est bien consciente qu'elle fait peut-être un blocage émotionnel, mais elle ne se rend pas compte de la gravité de ce qu'elle peut déclencher si elle se persuade d'avoir quelque chose de grave. J'ai insisté vraiment sur le fait qu'elle souhaite guérir, car là je ne ressens pas qu'elle soit prête pour cela. Je ne cherche absolument pas à la faire culpabiliser, chacun a le droit de croire en ce qu'il veut j'en suis consciente. Cependant, focaliser sur le problème et non sur la solution, voire envisager un résultat plus négatif que la réalité, n'est pas une bonne stratégie.

Je ne découragerai jamais une personne à se tourner vers la médecine traditionnelle et à poursuivre les rendez-vous pour tenter de mettre un nom sur ses douleurs. Parfois il n'y a pas de nom, à part colère, peur, injustice, certains spécialistes ont compris le lien émotionnel et d'autres restent dans leur zone de confort en recherchant dans leur spécialité uniquement. Chacun fait avec ses propres croyances et ce n'est pas toujours simple.

---

[38] Fasciathérapie : thérapie manuelle qui connecte le praticien au patient par le toucher en mobilisant les ressources propres du patient, jusque dans les cellules, pour faire face à une maladie.

Chapitre 30 – Le reste de ma vie peut commencer

Vendredi 12 mai 2023

Mon cœur bat fort, cela paraît idiot d'avoir des palpitations pour quelque chose de matériel. J'attends l'acheteur de ma caravane qui arrive après une longue route et qui sera pressé de repartir avec son nouvel achat. Cette caravane, ou plutôt la vente de cette dernière, marque la fin d'une partie de ma vie que je serai ravie de quitter. Tourner la page sur les dix-huit derniers mois a constitué la motivation de ce livre et la vente d'Alice représente la fin de ce chapitre de ma vie.

Même pour la vendre, entre la visite de la personne intéressée et son départ de la maison, j'ai attendu patiemment deux mois. Ce n'est pas courant, je n'aurais jamais mis aussi longtemps pour vendre quelque chose, comme si l'Univers me disait : « Sois sûre de vouloir tourner la page, es-tu prête ? » Et ma réponse ? Ma réponse est oui, oui et oui, plus que jamais j'ai besoin de souffler, de lâcher prise sur des choses matérielles et de comprendre que parfois nos rêves ne sont pas bons à suivre !

Autour de moi, certaines personnes sont en galère et je suis très reconnaissante de tout ce qui m'arrive, comme je l'ai été pendant mes problèmes d'ailleurs. Même entre les larmes, je remerciais mes guides d'avoir mis cette épreuve sur mon chemin, pour que j'apprenne à apprécier la vie et chaque instant, les galères comme les joies.

Alors vous comprenez que ma joie est grande et que ce ne sera pas sans émotion que je verrai repartir la petite roulotte turquoise dont j'étais tombée amoureuse le 11 novembre 2021. La personne qui me l'avait vendue m'avait vue venir, m'avait mis la pression, et moi j'ai acheté avec mon cœur, il semblait avoir des signes, pourtant l'épouse anglaise du vendeur était désagréable au possible avec moi. Je suis une personne têtue et déterminée, parfois ça porte ses fruits et parfois ça m'apprend des leçons, c'est tout.

Le temps est maussade aujourd'hui, de la pluie tant attendue et des nuages aux nuances de gris clair à gris foncé, complètent ce ciel d'adieu. Adieu à ma naïveté, adieu au projet de sauver mon activité de praticienne bien-être, adieu à l'envie de sortir de ma zone de confort encore une fois, il est temps de passer à autre chose et d'être heureuse, vraiment. D'être qui je suis, d'être moi pour moi et pas pour les autres et d'appuyer davantage sur mon intuition, ce sont mes seuls projets d'avenir proche.

Il pleut des trombes d'eau maintenant, mais le monsieur n'est toujours pas là, moi qui croyais que l'éclaircie d'il y a cinq minutes annonçait son arrivée, nous permettant de mieux atteler les deux véhicules. Ce n'est pas le cas et le ciel est bien noir et couvert. Lorsque j'avais récupéré la caravane dans la Vienne (elle y retourne, avec ce nouveau propriétaire), il faisait froid et sec, un mois de novembre en Nouvelle-Aquitaine. Mon fils avait accepté de m'accompagner pour me la ramener, rien ne lui fait peur, il a tous les permis et il est très confiant. Nous sommes malgré tout partis avec les feux et les freins qui ne fonctionnaient pas et j'étais très nerveuse malgré sa confiance. Plus tard, au garage pendant les réparations, j'ai appris que les pneus, en apparence neufs, dataient en réalité de 1999 et nous avons eu beaucoup de chance de ne pas les avoir éclatés. Au moins, cet acquéreur repart avec un véhicule entièrement rénové et des pneus neufs, qui n'auront fait que quelques kilomètres avec moi la trouillarde du service !

Samedi 13 mai 2023

Ça y est, libérée, délivrée ! L'acquéreur était pressé, avait fait plus de quatre heures de route après une intervention chirurgicale très récente et est reparti pour faire le double des kilomètres avant la nuit. Autour d'un café rapide, il m'explique le projet de partir dans les campagnes, encourager et soutenir la réinsertion professionnelle, il représente une association qui compte plusieurs antennes. Il a promis de m'envoyer l'article de presse au lancement du projet.

Les projets c'est la vie et je suis ravie que ma petite Alice apporte de l'aide aux autres, je l'avais destinée à cela après tout ! En attendant, un petit pincement au cœur en voyant l'espace vide devant chez moi et avant tout un grand soulagement. Rien que l'angoisse que j'ai ressentie à l'aider à l'atteler, vérifier l'attache et le frein a validé ma décision. Plus que jamais, j'ai appris ma leçon et en avant la vie !

Aujourd'hui est le premier anniversaire de ma petite-fille cadette et la fête en famille c'est demain. La petite moto est arrivée aujourd'hui et j'ai nettoyé le petit quad électrique trouvé d'occasion qui fera la joie de sa grande sœur en attendant que la petite puisse l'utiliser elle-même. On sera nombreux demain, toute la famille de ma belle-fille, du bruit, des cris… Je devrais aimer voir du monde, mais je pense être devenue plus privée, discrète et même sauvage.

Je me sens tellement différente des autres, cela ne me dérange pas, mais je ne reste jamais très longtemps à ce genre d'événement. Mes parents auraient aimé voir les petites demain, mais je n'ai pas osé leur dire que ce serait trop compliqué et bruyant pour faire un appel en visio.

Chapitre 31 – Là où la vie commence, une autre s'arrête

Mardi 6 juin 2023

Je n'avais pas prévu d'écrire ce matin, pourtant cela fait plusieurs semaines que je n'ai pas posé mes doigts sur le clavier (ou ma voix sur l'iPad). Je suis assez submergée par mes cours d'anglais (parfois trente heures par semaine) et j'ai même une cliente pour une séance de développement personnel vendredi et j'en suis ravie.

Mon cœur est lourd, pas pour moi, mais pour mon père adoré qui voit glisser de plus en plus sa dulcinée vers une autre vie, meilleure, je le souhaite pour elle. Ma mère est à l'hôpital depuis le 17 mai, à la suite d'une chute en arrière sur le dos. Mon père lui rend visite tous les deux jours, elle ne s'alimente presque plus, ne veut pas toujours ses médicaments et garde ses yeux fermés au monde. Nous avons attendu seize jours avant d'avoir un médecin au téléphone avec quelques informations. Une aberration, mais les hôpitaux sont toujours en sous-effectif et totalement sous l'eau. Avec mon frère, nous ne souhaitons qu'une chose, qu'elle parte pour être enfin en paix, car cela fait déjà longtemps qu'elle ne souhaite plus être prisonnière de son corps. Alors l'autre jour, en promenant Eidi, mes yeux se remplissaient de larmes en murmurant les mots, « Pars maman, n'attends pas pour faire plaisir aux autres, tu as le droit d'être en paix, si tu es prête, vas-y, pars, la vie sera bien meilleure là-haut pour toi. Tu auras trente ans de nouveau, tu pourras courir, rire et nous envoyer des messages. On s'occupera de papa je m'y engage, je suis loin, mais je l'appelle tous les jours. »

Vous avez envie de me demander pourquoi je ne vais pas faire mes adieux ? Déjà, mon père, dans le déni, serait surpris de me voir et je me sens aussi proche de maman en parlant directement à son âme. Maintenant que mon frère a eu un médecin au téléphone, il va aller ce week-end soutenir papa et voir maman. J'espère pouvoir faire une visio, c'est la moindre des choses, même si je risque d'être marquée en voyant ma mère qui ne veut plus être là.

L'autre jour, une collègue a souhaité la fête des Mères sur Facebook à toutes les « *mamanges* », j'adore ce terme et je l'adopte. Dans la première moitié de cette année déjà, trois amies ont perdu leurs mamans, des anges gardiens en plus, trois amies thérapeutes qui comprennent que leurs mamanges veillent sur elles. Pour moi, la partie essentielle d'un être est son âme, le reste n'est qu'enveloppe corporelle et présence. Oui, la présence est importante, mais je pense que la personne est toujours avec nous, à nos côtés, elle, elle vit sur un autre plan, de l'autre côté du miroir comme dirait Alice.

Le pire c'est l'attente, le temps que la personne entre deux « vies » fasse son passage. Mon père se surprend à tourner la tête vers son fauteuil pour lui parler, mais elle n'est pas là et il pleure. Nous avons souvent de la peine pour l'entourage qui reste, car celle ou celui qui part est délivré. Et si je demandais à Jeanne, Marie et Lady Nada ce qu'elles pensent de tout cela ?

« Ma chère Alison, c'est Jeanne, tu sais que je suis là, pour toi et les tiens, car oui, je suis une extension de toi et tu es une extension de ta famille, nous sommes tous unis. Tu as envie que ta maman parte oui, mais ce n'est pas si simple que cela, ta mère doit accepter de partir et pour l'instant elle culpabilise trop de quitter ton père, elle voit la peine que cela lui fait alors elle s'accroche même si elle n'en a pas envie. Il faudrait presque que ce soit ton père qui la délivre de cela, mais comment lui expliquer ?

Si tu le souhaites, plutôt que faire passer des messages à ta mère (c'est bien aussi), parle à l'âme de ton père, explique-lui qu'il peut laisser partir sa femme, qu'elle a besoin de se reposer maintenant et qu'elle sera toujours à ses côtés.

Tu aimerais lui dire à ton père directement, mais tu sais qu'il est fragile et sensible, on lui arrache sa raison d'être de plus de soixante ans de vie commune, comment ne pas être atteint d'un chagrin inconsolable ? Une partie de lui sait qu'elle sera mieux dans l'après-vie, mais son cœur crie "ne me laisse pas, je ne suis rien sans toi, je t'aime, tu es ma vie, je n'existe pas sans toi".

Oui, tu pleures ma chérie (Marie), tu l'aimes de tout ton cœur, ton père et cela te détruit de le voir si mal. Il s'occupe comme il peut, passe des heures à ranger son garage ou à jardiner, il en a besoin pour fermer son esprit à la réalité trop cruelle à laquelle il est confronté. Tu es une fille aimante et il t'est reconnaissant, même s'il aurait souhaité que tu sois plus présente physiquement.

Tu auras aussi ton frère à soutenir, il est comme toi en ce moment, il attend que votre mère soit délivrée, le jour où cela se produira pourtant, il s'écroulera de chagrin et tu seras là pour les deux hommes de ta famille. Pleure ma chérie, car là-bas, ils auront besoin que tu sois fort. » (Lapsus, elle m'a communiqué « fort », comme si je devais de nouveau devenir homme, le temps du réconfort.)

Un élève, en retard pour son cours, interrompt la connexion et je n'ai plus envie de m'y replonger, c'est douloureux et apaisant à la fois. J'ai reçu un conseil que je n'attendais pas, celui de parler à l'âme de mon père. C'est courant que notre entourage nous empêche le passage, il s'accroche et ne veut pas que la personne parte, difficile d'accepter de laisser partir quelqu'un qu'on aime.

Je vois de plus en plus de comptes sur les réseaux de personnes mourantes qui veulent laisser une trace pour leurs enfants ou proposer des leçons de courage pour les autres. Je ne sais pas si je suis d'accord avec cette pratique actuelle, qui se fait de plus en plus, mais je ne juge pas, chacun gère comme il peut. Nous pouvons être attirés par ce côté voyeur, faire intrusion dans l'intimité des personnes en fin de vie, un côté fascinant et choquant à la fois, car la curiosité de l'être humain n'a plus de limites. Pour revenir à mon père adoré, celui qui range les oreillers des personnes alitées à côté de ma mère à l'hôpital, heureusement que j'ai les webcams pour le surveiller. Oui, c'est une intrusion, mais il est consentant et il sait que je jette un coup d'œil pour veiller sur lui. Là, il est sur son ordinateur, certainement en train de passer sa commande pour se faire livrer ses courses comme tous les mardis ; a-t-il déjà commencé à diminuer la quantité d'achats alimentaires ? J'en doute.

Samedi 10 juin 2023

Comment traduire de façon fidèle la notion de « soul-destroying » ? Qui détruit l'âme, voilà ce que je ressens après la conversation lourde, terminée à l'instant avec ma mère depuis son lit d'hôpital. Greg, mon frère y est, chez mes parents, depuis jeudi soir et cela me permet de voir ma mère pour la première fois en trois semaines. Hier, elle n'était plus du tout consciente de son environnement et je n'arrivais à déchiffrer aucun mot qui sortait de sa bouche. En lui posant la question « Es-tu bien à l'hôpital ou veux-tu rentrer ? », elle a répondu : « Je n'ai pas de passeport », puis après ma deuxième tentative, « Veux-tu rentrer à la maison avec ton mari chéri ? », elle a répondu : « Je suis à la maison ».

J'étais effondrée, tout en me retenant, mais de toute façon, son regard vide m'indiquait qu'elle ne me voyait plus, elle n'était plus là. Comment faire le deuil de quelqu'un qui est encore sur terre, mais dont l'âme lutte pour rejoindre les êtres de lumière ? Je comprends mieux ce que doit subir l'entourage de personnes en fin de vie ou qui ont une maladie comme Alzheimer qui leur vole tous leurs souvenirs, atroce, ne couvre qu'une partie infime des ressentis.

Le soir, en rentrant de l'hôpital, mon frère m'a rappelée en visio, mon père à ses côtés, tête baissée, ne voulant participer ni montrer de l'émotion. Pourtant je connais la fragilité émotionnelle de papa et cela n'empêche pas qu'il soit bouleversé intérieurement. J'ai insisté sur le fait que maman ne devait pas sortir de l'hôpital que de toute façon elle ne se rendait même plus compte qu'elle y était et que papa ne tiendrait pas le choc s'il devait s'en occuper.

Je viens d'avoir un nouveau contact en visio avec maman cette fin d'après-midi. C'était compromis, mon frère m'écrivait qu'elle dormait à moitié, sa voisine de lit confirmant qu'elle avait dormi tout l'après-midi. Les dortoirs de sept personnes ne permettent pas d'avoir beaucoup d'intimité, à part un rideau qu'on peut tirer autour du lit, si besoin. De ce fait, les autres malades peuvent surveiller l'état de leurs voisines (certaines chambres sont mixtes, mais celui-ci n'accueille que des femmes).

Des bribes de phrases, reçus par texto de la part de Greg et en provenance de maman :
Je ne peux pas croire que c'est moi, une femme morte.
Je sais qu'Alison souffre, a de la peine – difficile à traduire la même émotion dite en anglais de cette façon : « I know Alison is in pain ».
Puis maman continue pour ses « petits poulets » – les petits-enfants et arrière-petits-enfants.

J'étais à la fois choquée et en joie, persuadée que son âme avait entendu le cri de la mienne. Comment pouvait-elle comprendre ma peine, puisque la veille, elle ne me voyait pas à travers ses yeux voilés ? J'étais préparée à lui donner l'autorisation de partir, sans avoir répété la conversation précise que j'allais devoir engager. Après son repas, constitué d'aliments méconnaissables et transformés en quatre tas de purée de couleurs différentes et nourrie par mon père, j'ai pu enfin lui parler. Voici notre conversation. Elle était plus lucide que la veille :

Maman – Je le dis souvent, mais si je dois partir ici, pendant que je suis à l'hôpital, ne me pleure pas, j'ai eu une belle vie et bien plus longue que beaucoup d'autres personnes.

Moi – (c'était le moment attendu, elle me créait l'ouverture parfaite et malgré la présence de mon père et mon frère je me suis lancée) :

maman, si tu éprouves le besoin de nous quitter, de partir, ne t'occupes pas de tes petits-enfants, tes enfants, ton mari, part, nous te libérons. Souvent les gens décident d'eux-mêmes, il suffit de fermer les yeux et t'endormir. Par contre, quand tu seras là-haut, tu verras comme tu seras bien et passes le bonjour à mamie et à tante Lorna aussi, elles me manquent beaucoup.

Bon, je pense que la dernière phrase était de trop, car en rentrant, mon frère m'a dit que mon père m'en voulait horriblement, qu'il trouvait mes propos très déplacés, je n'aurais pas dû dire tout cela. Mon frère n'était pas d'accord avec lui et trouve insupportables le déni et son refus d'exprimer ses émotions. En réalité, il n'y a que mon père qui empêche ma mère de partir maintenant.

Maman – Oui, parce que je ne peux pas tenir beaucoup plus longtemps comme ça…

J'avais ici la confirmation qu'elle voulait partir et si mon père l'a entendue, il n'en a pas fait de cas. Comment décrire mes émotions à ce moment-là ? Soulagée, triste et surtout surprise par son calme, sa douceur et son humilité face à ce départ contre lequel elle luttait, pour rester avec les autres. Combien de personnes se retiennent, restent dans la souffrance face à une famille qui s'accroche à elles ? Espérant que ma mère montre sa dernière force de caractère en reprenant son pouvoir.

« Reprendre son pouvoir » ou « rendre le pouvoir à quelqu'un » sont des expressions que j'utilise beaucoup en ce moment, car prendre des décisions à la place des autres n'est pas une solution. Combien de personnes sacrifient-elles leur propre bonheur ou du moins leur propre bien-être, pour les autres ?

Lundi 12 juin 2023

J'attends. Ils sont allés à l'hôpital hier, mais n'ont pas voulu faire une visio pour moi, je comprends, Greg a déjà assez à faire pour gérer tout cela. Je lui ai dit que les après-midis souvent je bloquais une partie pour écrire et qu'il pouvait m'appeler lors de la visite. Hier soir, il m'a dit que maman était mieux que jamais, je n'ai pas osé lui dire que le regain d'énergie, quelques jours avant le grand départ, est courant.

N'ayant pas de nouvelles cet après-midi, je demande innocemment par texto s'ils vont ce soir à l'hôpital. Mon frère me répond qu'ils y sont et que ma mère ne va pas fort, moins lucide, ils attendent le médecin. Miracle, un médecin va enfin nous donner quelques informations ! L'heure doit être grave. J'attends que mon frère m'écrive, tout en signalant que j'étais là si elle voulait me voir, sans pression aucune.

J'ai eu une discussion intéressante avec ma coach sportive cet après-midi. Pour ne pas tourmenter mon corps à outrance (bon, il ne faut pas exagérer, Nelly me ménage quand je le demande !), j'ai opté pour l'aquagym dans ma petite piscine hors sol. Je sais que cela fait beaucoup moins travailler le cardio et je lui ai même dit d'avoir l'impression de faire de la rééducation pour les mamies ! Who am I kidding, je *suis* une mamie ! (*Je me voile la face, la blague, je suis mamie* !)

Nelly a fait des études en psychologie et lorsque je lui parle du déni de mon père, elle me parle des étapes de deuil. Bien sûr, je n'y avais pas du tout pensé, pourtant j'avais écrit un article de blog sur le sujet ! J'avais appliqué les étapes de deuil à la rupture sentimentale, pour expliquer que le processus pouvait être similaire. Bien entendu, nous parlons ici de deuil blanc[39].

    1 – Choc et déni
    2 – Douleur et culpabilité
    3 – Colère : mon père est déjà arrivé à ce stade, mon frère confirme qu'il est en colère contre la terre entière.
    4 – Marchandage
    5 – Dépression et douleur
    6 – Reconstruction
    7 – Acceptation

---

[39] Deuil blanc : une sorte de prédeuil pour l'entourage d'une personne encore vivante, mais atteinte d'une pathologie qui altère la personne qu'elle était autrefois.

L'attente est longue, cela fait une heure depuis le dernier message de Greg. Je ne me plains pas, attendre au chevet de ma mère avec son mari de toute une vie, en grande détresse, est bien pire. Pour moi, tranquillement à la maison en train de vous écrire, c'est gérable. Le temps est lourd, couvert et l'orage menace, comme si, même la météo cherche à se joindre à toutes les injustices de ce monde. La mort, elle, n'est pas une injustice lorsqu'elle fait partie du passage naturel de la vie ici à une autre vie ailleurs. La mort subite ou le décès d'un enfant, là on peut parler d'injustice.

Quelques oiseaux osent s'approcher de la mangeoire suspendue de la tonnelle entre deux rideaux, fébriles dans l'ambiance qui précède un orage. Je laisse les graines toute l'année, c'est *open-bar* chez moi, qui veut manger ou s'abreuver peut venir. Mon père m'a transmis sa passion des oiseaux, même si je n'ai que de maigres notions d'ornithologie, je les observe avec joie et mon cœur d'enfant émerveillé.

NOTES

Chapitre 32 – Le temps s'arrête en Angleterre

Mardi 11 juillet 2023

Peut-être que ce chapitre sera le plus long de tout le livre. Cela fait un mois que je n'ai pas pu poser ma voix sur cet écran pour dicter mes pensées, il ne s'agit pas non plus d'un journal intime, je ne suis donc pas obligée de relater ce dernier mois en détail.

Ma seule semaine de vacances de l'année, avec ma meilleure amie Josette, s'est merveilleusement bien passée, en Bretagne, au Bono, petite ville portuaire aux grandes qualités. J'avais été encouragée à m'y rendre par mon amie thérapeute Christine, qui y vit depuis l'année dernière quand elle en est tombée amoureuse lors des vacances entre copines. Elle est rentrée de vacances et deux mois plus tard, elle y habitait !

Nous avons énormément marché, parfois avec ma petite chihuahua Eidi dans mon sac à dos devant, car malgré son agilité elle a tout de même bientôt quinze ans. J'ai tout fait pour bien profiter de ces vacances, abusant des desserts au caramel sous toutes leurs formes, car je savais à mon retour que je repartais pour l'Angleterre.

J'ai eu une journée entre les deux voyages pour m'organiser et prévoir un départ a priori de cinq jours, que je pourrai rallonger si besoin, si je dois prendre mes dispositions. En effet, il est devenu vite évident que les cinq jours à soutenir mon papa ne seraient pas suffisants et j'ai reporté mon départ d'une semaine. À l'heure où je vous écris, je suis encore en Angleterre, effectuant mes cours par Skype et faisant le maximum pour être aux petits soins de mon père.

Ma mère est à l'hôpital depuis bientôt deux mois et elle est maintenant arrivée en soins palliatifs. Nous la voyons en zombie, inerte, ouvrant à peine les yeux, ne pouvant articuler, pourtant d'autres amis qui lui rendent visite disent qu'elle discute bien, étrange. À l'hôpital, j'ai pu parler à plusieurs reprises à deux médecins et hier à la consultante en soins palliatifs. Apparemment, ma mère défie toutes les lois de l'univers (*sourire*), en fin de vie un jour et le lendemain à vouloir manger, plaisanter et discuter !

Je ne comprends pas, enfin je ne comprenais pas pourquoi elle s'accrochait. Je lui ai même chuchoté dans l'oreille, « maman tu peux partir » elle a réussi quand même à me répondre, « partir où ? ». Elle pense qu'elle est à la maison et par conséquent elle n'accepterait pas de quitter l'hôpital. La consultante n'a aucune intention de l'envoyer ailleurs, car son état est toujours celui d'une personne en fin de vie et elle peut même procurer les derniers soins depuis l'hôpital.

J'ai aussi participé à un rendez-vous avec mon père chez son médecin généraliste, une consultation qui devait durer quinze minutes, car leur temps est compté et qui, en réalité, a duré une heure. Que personne ne critique le système britannique de santé, bon sang, je trouve une écoute et une disponibilité que nous n'avons pas toujours en France aujourd'hui.

Depuis jeudi dernier, notre rendez-vous, le médecin généraliste de mon père m'a appelée quatre fois, nous sommes mardi matin. Le week-end dernier à une heure du matin dimanche, nous avions l'ambulance à la maison pour mon père, qui s'est mis à saigner des varices sur un pied. Ce n'est pas la première fois, plutôt la deuxième fois, et dimanche matin à sept heures je me lève pour retrouver papa de nouveau le pied en sang. Pour cette raison je suis allée à l'hôpital seule hier matin pour rencontrer la consultante, mon père devait rester à la maison pour accueillir l'infirmière qui allait procurer des soins à son pied. Il ne peut plus conduire pendant au moins une semaine. Nous prendrons un taxi cet après-midi pour voir maman, en changeant l'heure du rendez-vous nous espérant pouvoir avoir une vraie conversation avec elle cette fois-ci.

Mon père verbalise ne pas vouloir rester sans maman et ses propos m'étaient tellement alarmants que j'ai averti son médecin. Un deuxième médecin l'a appelé dans la foulée, pour l'interroger sur son état émotionnel afin de proposer son soutien si besoin. Le médecin en question s'appelle Dr Bacon ! En parallèle, son médecin généraliste m'a communiqué les résultats du test de mémoire que nous avons effectué ensemble jeudi et ils ne sont pas très bons. Effectivement, nous avons constaté sa perte de mémoire et souvent il me pose la même question trois ou quatre fois en peu de temps. Le médecin pense que cela pourrait venir d'un début de démence, néanmoins elle est d'accord avec moi qu'il subit suffisamment d'anxiété actuellement et qu'il n'est pas nécessaire de poursuivre les investigations médicales.

Mon séjour se passe, dans la mesure du possible, dans la bonne humeur, à faire rire mon père et parfois à le prendre dans mes bras lorsqu'il pleure. Pour moi, je ne pleure pas forcément devant lui. Le fait que ma mère s'accroche à la vie et que cela crée de la peine pour son entourage et prolonge sa souffrance m'est difficile. Cependant, nous ne pouvons pas programmer le départ de quelqu'un, il n'y a que cette personne qui peut décider de partir. J'aurai au moins réussi à faire réaliser à son époux qui l'aime plus que sa propre vie, que ses jours sont comptés et qu'elle ne reviendra plus à la maison.

Que cela fait du bien de pouvoir coucher mes mots, mon livre m'a manqué, pourtant, lorsque je vis des événements aussi forts, je les vis intensément et je ne peux me disperser en écrivant. Je n'ai pas non plus eu l'occasion de faire une canalisation avec Jeanne, je lui ai beaucoup parlé en Bretagne, puisque je l'ai croisée dans plusieurs églises que nous avons visitées. Lors d'une de ces visites d'église, j'ai photographié un texte qui venait de Jeanne que je vais vous livrer ici puisqu'il est magnifique.

« Seigneur, fais de moi un instrument de ta paix,
Là où est la haine, que je mette l'amour.
Là où est l'offense, que je mette le pardon.
Là où est la discorde, que je mette l'union.
Là où est l'erreur, que je mette la vérité.
Là où est le doute que je mette la foi.
Là où est le désespoir, que je mette l'espérance.
Là où sont les ténèbres, que je mette la lumière.
Là où est la tristesse, que je mette la joie.

Ô Seigneur, que je ne cherche pas tant à être consolée qu'à consoler,
À être comprise qu'à comprendre,
À être aimée qu'à aimer.

Car c'est en se donnant qu'on reçoit,
C'est en s'oubliant quand on se retrouve,
C'est en pardonnant qu'on est pardonné,
C'est en mourant qu'on ressuscite à l'éternelle vie. »
Jeanne d'Arc

Que ces paroles m'apportent un réconfort énorme est incontestable et j'espère que ce sera également le cas pour vous qui lisez ce texte. Quelle sagesse pour quelqu'un si jeune, quelqu'un imprégné de l'amour divin et encore présent aujourd'hui dans le cœur de tant de personnes qui croient en l'amour universel !

Et si je lui demande ce qu'elle a à me dire aujourd'hui ? Cela fait longtemps.

Ma chère Alison, oui tu vis des moments difficiles dans ta vie, tu pensais que cette année serait plus simple, même si au fond de toi tu sais que les moments simples ne durent pas toujours très longtemps. Tu es capable de surmonter tout ce qu'on va mettre sur ton chemin, comme beaucoup, tu traces, oui, drôle d'expression actuelle, « tracer ». Tracer veut également dire dessiner et tu dessines ton destin, ton avenir, tu l'écris, même si tu ne pourras jamais vraiment le dessiner précisément, puisque nous ne sommes pas les seuls tributaires de ce qui va se produire.

Attention à ta santé, tu ne dors pas très bien et tu te crois invincible, pourtant tu sais que même moi, Jeanne d'Arc, je ne l'étais pas ! Néanmoins, je confirme que ce n'est pas encore ton heure ! Tu es très reconnaissante d'avoir des amis qui t'épaulent lorsque tu les appelles, qui sont à l'écoute et qui approuvent les décisions que tu prends au nom de ta famille pour son bien-être.

Ta mère s'accroche, profondément liée à ton père, elle n'ose pas le quitter, elle sait à quel point cela va le détruire et qu'il va vouloir la suivre très vite. Continue à lui parler et à me demander de l'accompagner dans son départ, vous savez qu'elle est déjà partie en réalité, il ne reste d'elle que son enveloppe charnelle sur un lit d'hôpital. Un corps sans âme ne reste pas longtemps, son âme voyage, elle voyage de plus souvent vers l'au-delà et chaque fois elle a de moins en moins envie de redescendre dans son corps.

Elle attend l'approbation de son mari, l'autorisation de partir et je sais que tu penses cela impossible de sa part, tout dépendra de sa façon de le dire de ton père, mais tu vois bien qu'il y a une évolution. Tu as remarqué qu'il commence à accepter l'information que sa dulcinée est en train de partir, il ne se sent plus abandonné, il te sait à ses côtés et il t'aime énormément.

Oui, il est têtu, indépendant et autonome et tu ne pourras pas le changer maintenant. Malgré cela, il a besoin de toi plus que jamais et tu fais très bien de rester auprès de lui. Il perd la mémoire, de plus en plus, un petit bout chaque jour est en train de tomber dans l'oubli de ce qui était afin de mieux supporter le quotidien d'aujourd'hui. Ne t'inquiète pas, c'est le courant naturel des choses et de la vie et c'est une forme de protection pour lui, cela diminue sa peine.

Aide-le, ris avec lui, cuisine pour lui, tu as raison, crée des souvenirs qui seront par la suite pour toi indélébiles et précieux. Nous sommes à tes côtés, il suffit de nous demander, nous sommes toujours là pour toi et dis à ton père que c'est pareil pour lui nous pouvons l'aider s'il nous le demande.

Chapitre 33 – Réconfort en famille

Mercredi 12 juillet 2023

Je me réveille au son des mouettes, pourtant mes parents n'habitent pas au bord de la mer, plutôt pas loin d'un estuaire. Il paraît que ça s'appelle des mouettes urbaines qui ne voient jamais l'eau, en tout cas c'est ce que nous a raconté le chauffeur de taxi qui nous a conduits à l'hôpital hier en fin d'après-midi. J'ai été agréablement surprise d'entendre mon père assis à l'avant raconter au chauffeur sa vie d'enfant élevé à Liverpool et se rappeler les noms des rues et des lieux qu'il avait visités à l'époque.

Je m'attendais à voir maman davantage réveillée, puisque les autres personnes, amies et soignantes qui lui rendent visite disent toutes qu'elle est mieux réveillée en fin d'après-midi, mais hélas c'était tout le contraire. Dans ce lit d'hôpital, j'ai vu une personne qui n'est pas ma mère, les joues creusées, penchée sur un côté, de nouveau perfusée en plus d'un apport d'oxygène et les yeux ouverts. Elle nous voyait avec ses yeux laiteux, mais bougeait à peine pour suivre nos regards inquiets. Son repas venait d'arriver, jolie mosaïque de bouillie, chaque ingrédient devant être broyé de façon méconnaissable et je me disais à quoi bon forcer une personne en fin de vie à manger ? J'ai tout de suite compris qu'il ne lui restait que peu de temps et je suis allée chercher un médecin. On a appelé le chef de clinique, le premier que j'ai vu, sa tenue couleur kaki le faisant ressembler à un médecin militaire avec son accent chantant d'un pays de l'Est.

Étrange ce qu'il nous raconte, ils ont essayé désespérément de nous joindre six fois en tout, trois fois sur mon portable et trois fois sur le fixe de mon père. Étrange en effet, puisque nous n'avons aucune trace de ces six appels. Cette fois-ci, il nous explique tout, devant moi et mon père et c'est tant mieux puisqu'il faut que papa entende la vérité afin de l'intégrer, il est temps d'accepter que l'amour de sa vie est en train de le quitter. Nous avons entendu que cela fait deux jours que maman est extrêmement malade et frêle et que vraisemblablement il ne lui reste que quarante-huit heures à vivre. Le médecin nous laisse tranquilles en tenant les mains de cette femme présente dans nos vies, pour ma part depuis bientôt cinquante-huit ans et pour mon père depuis plus de soixante-cinq ans. J'échange un regard larmoyant avec mon père aux yeux rouges et ma mère déplace légèrement les mains pour attraper les nôtres. Je vois son regard inquiet qui se pose sur le visage et la tête penchée de mon père et je sais qu'elle n'ose pas le quitter. J'ai fait comprendre à mon père qu'il doit l'autoriser à partir, qu'il faut la laisser partir, car elle n'en peut plus de ce monde.

Je n'arrive pas à joindre mon frère et j'appelle ma belle-sœur qui m'apporte tout son soutien et me promet de communiquer à mon frère des nouvelles pour qu'il m'appelle plus tard. Je l'ai eu hier soir au téléphone et malgré sa résistance à voir la fragilité de ma mère dans ses derniers jours, il veut nous soutenir et il veut être là pour lui dire au revoir. Il arrive aujourd'hui dans l'après-midi par le train, ensuite nous irons tous lui dire au revoir à l'hôpital. Soudés, en famille, dans la tristesse profonde qu'on éprouve au départ imminent d'un être aimé.

En arrivant à la maison, mon père essaie de rester dans le déni et là je suis obligée de lui dire que non, on doit se fier à l'expertise des médecins et qu'il faut la laisser partir, car elle n'en peut plus, usée par ces dix dernières années de maladie de Parkinson.

Pour revenir à ma mère, elle cherchait à communiquer avec nous, impossible à comprendre, sa voix était un raclement chuchoté mêlé au bruit du ventilateur et de la petite machine aux bruits intrusifs, quoique discrets. Il était quasiment impossible de déchiffrer ses paroles et cela m'a brisé le cœur que ses derniers mots n'auraient pas été entendus. Je lui ai dit que Jeanne d'Arc était à mes côtés et qu'elle pourrait l'accompagner, qu'elle pourrait être tranquille et fermer ses yeux et dormir. Elle a réussi à nous dire de partir et mon père lui a souhaité bonne nuit.

Jeudi 13 juillet 2023

La première journée en famille hier était à la fois agréable et triste. À chaque visite à l'hôpital, mon père me tient la main et mon cœur se serre aux côtés de cet homme que j'aime plus que tout. Pour lui, je suis toujours sa petite fille, il ne peut plus tenir la main ni protéger son épouse et il a besoin de ce contact et moi aussi. À l'heure où je vous écris, il est parti à la déchetterie avec mon frère et commence déjà à faire du tri pour débarrasser les affaires de toute une vie. Il me donne quelques bijoux anciens de ma mère que je découvre pour la première fois.

Il s'agace aussi facilement qu'il pleure. Il n'arrête pas de dire « à l'allure où vous allez, je suis trop bousculé et je vais vite suivre ta mère. » Je me suis agacée, en lui disant qu'on sait qu'il a l'intention de ne pas rester après maman, mais que pour l'instant nous sommes là pour lui, que nous faisons beaucoup de sacrifices pour être présents et qu'il devrait en être reconnaissant. Il dit culpabiliser pour cela, cependant nous ne voulons pas de sa culpabilité, juste de sa bienveillance en ces temps difficiles pour tout le monde, il n'est pas le seul à avoir de la peine et parfois il l'oublie. Hier à l'hôpital, toute sa famille proche autour d'elle, maman n'avait même pas la force d'ouvrir les yeux. Elle m'a autorisé à lui nettoyer la bouche et les dents avec une petite éponge dentaire. Elle refuse depuis si longtemps, la tâche était écœurante, pourtant c'est ça l'amour inconditionnel.

Ce matin mon père me parlait des médicaments pour le cœur de maman, je lui ai fait comprendre qu'elle était en train de nous quitter. Il m'a dit être incapable de lui dire qu'il l'autorisait à partir et il a peur que les médecins débranchent les machines. Impossible, j'ai répondu, ils cherchent à la maintenir confortable, mais rien de plus.

La scène dans sa chambre d'hôpital était tragi-comique, Greg a mis *The Best*[40] de Tina Turner, aucune réaction malgré les chants en chœur de nous deux. Puis des discussions entre les deux hommes de la famille, leurs tons graves aux sons forts cassaient le silence assourdissant du lieu (je me suis mise à appeler cela « le couloir de la mort »). Malgré la musique dans la chambre, aucune réaction, épuisement total de la part de ce petit être frêle et éteint.

Qu'est-ce qui fait tenir une âme sur cette terre, au bout de sa vie, sur un fil, sans vouloir basculer de l'autre côté, là où la vie continue dans de bien meilleures conditions ? Les cris d'enfants interrompent mes pensées, il est bientôt treize heures, l'école est de sortie, car oui en Angleterre les enfants terminent l'école pour les grandes vacances le 31 juillet seulement ! Je me retrouve à comparer la Grande-Bretagne à la France, pourtant pour rien au monde je reviendrai habiter ici et malgré cela, je vois des fonctionnements

---

[40] « The Best », dans *Simply the Best* de Tina Turner (compilation), Capitol Records, 1991.

complètement différents, entre les deux pays et la France parfois me déçoit.

Ma douce France ne me décevra jamais au point de vouloir la quitter, je l'aime avec mes tripes, mon âme appartient à ce pays. Mon séjour en Angleterre se déroule comme si j'étais de passage, comme si la Grande-Bretagne était mon pays d'adoption pour quelques semaines.

Hier soir, Greg a voulu lire une partie de mon livre sur mon iPad. Je l'ai mis en garde, car certains passages à son sujet pourraient ne pas lui plaire, je n'ai rien dit de mal, mais j'ai certaines opinions qui sont certainement fausses par manque de communication et de temps avec lui. De ce fait, il a fait le malin, et avec la fonction « rechercher » il a pu lire uniquement les passages où apparaissait le mot frère ! Il maîtrise très bien le français et ça ne lui a posé aucun problème de me lire dans cette langue qui est devenue la mienne. Il m'a dit que mon livre était riche et intéressant et il m'a demandé si cela me dérangeait de me livrer à cœur ouvert mes pensées et mes secrets les plus intimes aux lecteurs. Bien sûr que non, ai-je répondu, car si le livre est stérile, sans émotion et sans contenu de la vie de la personne qui l'écrit, alors ça s'appelle de la fiction et ce n'était pas mon but. Je suis ravie que mon livre lui plaise, même si je ne sais pas quand je l'aurai terminé.

Vendredi 14 juillet 2023

J'ai l'impression qu'hier était la journée la plus difficile de ma vie, pourtant j'en suis sûre qu'il y en aura d'autres, c'est le propre de la vie. Mon père, pour s'occuper, a fait encore du tri et mon frère l'a emmené à la déchetterie. J'étais à la maison pour mes cours et pour continuer à écrire.

Ne soyez pas choqués si je vous dis qu'en début d'après-midi, n'ayant rien à faire avec mon frère, nous avons commencé à faire des préparatifs pour les obsèques. Greg a fait un modèle de carton souvenir à distribuer aux invités, la photo datait de 1974 et ma mère était magnifique, elle ressemblait à une star de cinéma. Mon père l'a regardée et n'approuvant pas notre choix de photo peu ressemblante, est allé chercher une petite photo d'identité, qu'il avait dénichée quelques jours auparavant. C'est cette photo-là qui a été choisie et qui lui ressemblait le plus.

De mon côté, j'ai commencé à constituer une liste de personnes notées dans le vieux répertoire papier et j'ai trouvé des poèmes (non religieux) sublimes qui m'ont tiré des larmes. J'en ai choisi un, avec l'approbation de Greg, puisqu'il manifeste au mieux ce que ma mère aurait souhaité. Je le traduis de l'anglais ici :

« Elle est partie » de David Harkis

Tu peux verser des larmes, parce qu'elle est partie
Ou tu peux sourire parce qu'elle a vécu
Tu peux fermer les yeux et prier pour qu'elle revienne
Ou tu peux ouvrir les yeux et voir tout ce qu'elle a laissé
Ton cœur peut être vide parce que tu ne peux plus la voir
Ou tu peux être rempli par l'amour que vous avez partagé
Tu peux tourner le dos à demain et vivre hier
Ou tu peux être heureux pour demain grâce à hier
Tu peux te souvenir d'elle et seulement qu'elle est partie
Ou tu peux chérir sa mémoire et l'entretenir

Tu peux pleurer et fermer ton esprit,
Être vide et tourner le dos
Ou tu peux faire ce qu'elle aurait voulu :
Sourire, ouvrir les yeux, aimer et continuer.

Ma mère ne croyait en rien, elle avait ses propres convictions et elles lui ont suffi. Mon père croit en Dieu. En arrivant à l'hôpital à dix-sept heures, quelle ne fut pas notre surprise de voir maman bien alerte en train de se faire nourrir ! Elle ne nous a pas reconnus immédiatement, puis lorsque j'ai demandé, en pointant du doigt chaque personne, qui c'était, elle a répondu, Gregory Bell, Alison Bell et lui c'est « le vieux » ! Son humour tranchant était présent et nous avons ri tous en chœur. Avec mon frère nous avons eu la même pensée en même temps, la veille d'un départ de cette terre, les personnes sont pleines de vie et font preuve d'un dernier élan d'énergie pour leurs proches.

Je craignais que mon père pense qu'elle irait mieux et qu'il se remette à espérer et rêver de son retour à la maison. Mes craintes n'étaient pas fondées, car très vite après le repas elle a recommencé à sombrer, les yeux à peine ouverts et elle tenait des propos insensés et incohérents. Elle évoquait un de nos anciens magasins, et demandait où était passée la caisse de la journée et qui s'en occupait en notre absence. Le plus beau reste tout de même le descriptif de là où elle se situait. Elle était dans une prairie entourée de cochons, mais ses chaussures étaient trop serrées et elle avait mal aux talons.

J'ai interpellé une infirmière, ou plutôt une auxiliaire de vie, qui passait dans la chambre pour la suivre dans le couloir et lui dire à quel point c'était compliqué et que maman s'accrochait. La première question qu'elle me pose : « Votre père lui a-t-il donné l'autorisation de partir ? » J'ai répondu que non et elle m'a répondu : « Eh bien voilà ! Il est impératif qu'il le fasse, elle ne partira pas sans cela. » J'étais sous le choc qu'une personne du corps médical ait une réponse et une solution aussi spirituelle. J'étais soulagée et j'ai vite appelé mon frère pour l'inviter à se joindre à nous dans la discussion pour décider comment persuader notre père à la laisser partir.

J'ai fini par proposer de faire le nécessaire en parlant à mon père, là tout de suite dans la chambre et que cette auxiliaire de vie me soutienne et renforce l'explication, elle en était d'accord.

Les minutes qui suivirent furent, je pense, les plus difficiles de ma vie.

Persuader mon père qu'il n'était pas en train de tuer sa femme en autorisant son départ serait terrible pour moi. Aux paroles douces de cette merveilleuse soignante, les mains sur ses épaules en soutien, mon père a compris et a pris une main de ma mère entre les siennes. À travers des yeux, rouges de larmes, il prononce les mots, d'une voix étranglée : « Bon, vas-y, pars maintenant, rejoindre ta mère, tu vas te reposer et je vais te suivre de très près. »

Je n'ai plus pu retenir mes larmes et nous étions trois êtres réunis à nous tenir les mains et les mains de ma mère dans cette épreuve impossible à apprécier sans l'avoir vécue. Nous avons laissé mon père tranquille avec elle, pour l'attendre dans le couloir. Il disait vouloir prendre un taxi plus tard, mais nous avons préféré l'attendre. Elle a mis longtemps à fermer les yeux et même fermés, ils étaient entrouverts, à peine consciente que sa vie et sa famille s'effaçaient devant elle.

S'en sont suivi de doux gémissements, des douleurs imaginaires à mon sens, car dans son état je doutais qu'elle puisse ressentir beaucoup de choses. Dans le couloir avec Greg, je tenais à remercier cette professionnelle de santé dont je ne connaissais même pas le prénom. Elle s'appelait Bonita, Bonnie pour ses collègues et elle avait un agréable accent agréable d'Afrique du Sud (j'aime bien deviner les nationalités !).

Elle nous avait aidés à un point et elle a continué à nous parler, à nous conseiller de préparer le départ de nos deux parents. Pour elle, une personne mariée depuis autant d'années (soixante-quatre ans) ressentait son cœur s'arracher au départ du partenaire et sa propre mort devenait une évidence. À mon tour d'avoir le cœur arraché, mon doux père, partir, la même année que ma mère, impossible, pourtant je dois m'y préparer et accepter de le laisser partir la rejoindre, si tel est son choix.

NOTES

Chapitre 34 – Ce n'est qu'un au revoir

Jeudi 20 juillet 2023

Mon retour en France (lundi) a provoqué en moi un mélange d'émotions, entre l'arrachement et les au revoir à mon frère, parti chez lui la veille, et à mon père le lendemain. Pour l'instant ma mère est toujours là et je pense sincèrement, à moins qu'il lui reste un bout de karma à vivre, qu'elle n'ose plus partir pour empêcher mon père de mourir de chagrin. Son cœur se brise à chaque fois qu'il la voit, pourtant, on ne peut qu'accepter et attendre.

J'ai décidé qu'il était temps de me recentrer autour de moi-même, à force de trop m'inquiéter des autres je m'oublie. J'ai envie de vivre des nouveaux projets, d'avancer dans ma vie, le quotidien, la spiritualité, les amies, la famille, pourquoi pas l'amour, vivre, tout simplement.

En échangeant avec Christine du Bono, pendant mon séjour récent en Bretagne, j'ai décidé de la suivre en Inde l'année prochaine pour faire une retraite dans l'ashram d'Amma. Guérir mon âme et mon corps, car même lorsqu'on pense que tout va bien, il y a toujours des choses à guérir. Ce sera mon objectif dans les mois à venir. Faire une vraie pause, pour me retrouver avec mon Moi supérieur, mieux apprendre à écouter mon corps et mon cœur et juste devenir moi !

On se perd dans le quotidien, la vie est seulement une distraction pour la plupart d'entre nous, pourtant elle est tellement plus. Si le décès imminent d'un proche nous apprend une chose, c'est que nos priorités sont régulièrement faites de choses non essentielles. Savoir faire de l'instant présent notre seule priorité n'est pas inné, mais crucial pour être serein.

Terminer un livre, c'est comme décider de ne plus avoir d'enfants. On sait que toute bonne chose a une fin, néanmoins la décision est difficile à prendre, presque douloureuse. Nous avons toujours une excuse pour continuer, surtout un livre autobiographique. Un de mes élèves ce matin, Christophe, me dit si justement : « Si tu attends toujours la fin d'un événement pour finir ton livre, il ne s'arrêtera jamais, tant que tu es encore en vie ! »
On dit souvent qu'un auteur « accouche » d'un livre, telle une maman qui donne naissance à sa progéniture, une mini-représentation d'elle et pour beaucoup, la suite naturelle de sa vie. Pourtant, nous les femmes, nous ne sommes pas toutes des mères et encore moins des auteures et cela ne fait pas de nous des personnes incomplètes.

Alors, comment terminer ce livre ? Est-ce vraiment une fin ou juste un au revoir, jusqu'à demain où je commencerai à écrire la suite, si je ressens que j'ai encore des perles à partager avec vous ? La vie continue en attendant, bizarrement, je démarre ce chapitre avant d'avoir terminé le livre, car je n'ai pas encore décidé ce que je souhaite écrire pour le chapitre qui clora mon histoire. Une histoire est-elle close et terminée un jour ? Bien sûr que non, même après notre mort, nous existons encore et toujours dans les esprits et les cœurs des autres et nous revenons sur Terre pour d'autres expériences, en tout cas c'est ma conviction.

À une époque où l'homme cherche à conquérir d'autres planètes, ayant bousillé celle-ci, moi je dis qu'il reste encore tellement à faire sur notre belle Gaia. Nous pouvons encore la sauver, nous pouvons encore *nous* sauver en sortant de nos petites vies et en voyant l'image en plus grande. À une époque où la population proteste dans la rue en faisant du tapage avec des casseroles et provoque même des émeutes, je ressens le besoin de vous encourager et de m'encourager à marquer une différence. Faisons en sorte que lors de notre départ de cette terre, nous laissions une trace bienfaisante.

Alors ma trace est-elle ici, dans ce récit que je vous livre, à cœur ouvert ? Si je laisse parler mon ego il va dire qu'il espère vous avoir marqué, ému, fait rire, si je laisse parler mon cœur, il dirait, peu importe, l'essentiel est de « ressentir » tout simplement. On ne peut rester de marbre en lisant un livre, on se glisse dans la peau de l'autre, comparant la vie des personnages à la nôtre ou parfois à nos rêves.

Une chose est certaine, lorsqu'on a goûté à la liberté d'écrire et faire parler son âme ainsi que nos guides, on est mordu et on a envie de continuer. Écrire son histoire est un rêve pour beaucoup, une réalité pour d'autres et un projet pour un certain nombre. J'ai envie de vous dire, si cela vous tente, foncez et que personne ne vous en empêche. Ce sera au minimum un souvenir précieux pour votre famille ou pourquoi pas une œuvre qui deviendra un best-seller !

Que devient la vie après ceci ? Elle passe au prochain chapitre et puis le prochain et encore un autre, la vie ne s'arrête jamais, puisque après la vie il y en a d'autres. Vous ne me croyez pas ? C'est votre droit absolu, même si, se limiter à une seule vie me semble complexe, car en une vie nous n'avons pas le temps de tout expérimenter. Je ne vous ai pas livré ma conviction que les personnes que nous côtoyons ou nous rencontrons, sont des personnes fréquentées dans d'autres vies.

Alors si mon histoire vous parle, posez-vous la question : n'ai-je pas déjà rencontré cette personne un jour, au coin d'une rue, en train de rêvasser et de sourire à la vie ?

***

Table des matières

OUT OF THE NÉANT 1

Préface 1

Introduction 8

Chapitre 1 – Être ou ne pas être 13

Chapitre 2 – Un petit bout de qui je suis 21

Chapitre 3 – Rencontre avec mes autres « moi » 29

Chapitre 4 – S'aider ou se faire aider ? 75

Chapitre 5 – Message pour l'humanité 86

Chapitre 6 – L'intuition, notre arme secrète 93

Chapitre 7 – Mes déboires avec la voyance 108

Chapitre 8 – Le hasard, vous dites ? 116

Chapitre 9 – La loi de l'attraction dans toute sa splendeur ... 123

Chapitre 10 – Le prince s'est enfui de son royaume 132

Chapitre 11 – Le pouvoir de la poupée 138

Chapitre 12 – Légitimité et transgénéalogie 147

Chapitre 13 – Les réseaux, la réalité et moi 157

Chapitre 14 – Et puis fut l'écrit 167

Chapitre 15 – Enfant en détresse 175

Chapitre 16 – La charge mentale de vieillir 180

Chapitre 17 – Rires et sentiments 188

Chapitre 18 – Bêtises de jeunesse 196

Chapitre 19 – Illégitimité, le retour 203

Chapitre 20 – Message aux femmes 213

Chapitre 21 – Grâce à l'EMDR les traumas s'effacent 226

Chapitre 22 – Amitié et gospel 231

Chapitre 23 – Nouvelle expérience à trois 238

Chapitre 24 – Oh, angoisse quand tu me tiens ! 248

Chapitre 25 – Ma mission se précise 252

Chapitre 26 – Les femmes guides, les poèmes et moi 263

Chapitre 27 – La famille anglaise au complet 272

Chapitre 28 – Retour dans mon pays adoptif 286

Chapitre 29 – Mes guides au secours d'une jeune fille 296

Chapitre 30 – Le reste de ma vie peut commencer 304

Chapitre 31 – Là où la vie commence, une autre s'arrête 308

Chapitre 32 – Le temps s'arrête en Angleterre 319

Chapitre 33 – Réconfort en famille 326

Chapitre 34 – Ce n'est qu'un au revoir 337